*Gewidmet allen, die unsere Gesellschaft voranbringen
und für ihre Visionen und Träume kämpfen.*

An alle, die anders denken:
die Rebellen,
die Idealisten,
die Visionäre,
die Andersdenker,
die, die sich in kein Schema pressen lassen,
die, die Dinge anders sehen.
Sie beugen sich keinen Regeln,
und sie haben keinen Respekt vor dem Status quo.
Wir können sie zitieren, ihnen widersprechen,
sie bewundern oder ablehnen.
Das Einzige, was wir nicht können,
ist, sie zu ignorieren,
weil sie Dinge verändern,
weil sie die Menschheit weiterbringen.
Und während einige sie für verrückt halten,
sehen wir in ihnen Genies.
Denn die, die verrückt genug sind zu denken,
sie könnten die Welt verändern,
sind die, die es tun.

Think Different,
Apple-Werbekampagne, 1997

Juri Schnöller

PUBLIC ARENA PLAYBOOK

Mit digitaler Kommunikation die Gesellschaft verändern

MURMANN

INHALT

In der Public Arena

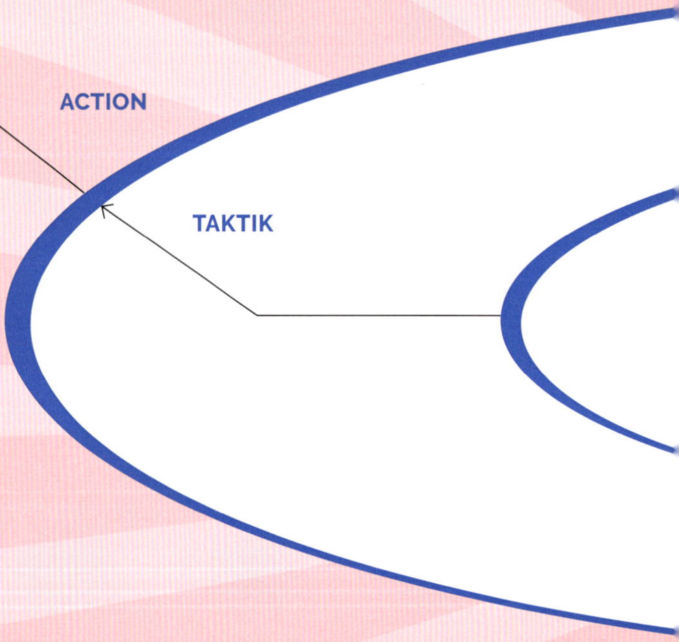

SET UP

Wie musst du dich organisieren, damit deine Botschaften gehört werden? Im Set up erklären wir, welche Infrastruktur notwendig ist.

TAKTIK

Kommunizieren kann jeder. Aber nur wer die richtige Taktik wählt, ist im Vorteil und punktet bei seiner Zielgruppe in der Public Arena.

ACTION

Geschichten erzählen, Content kreieren, Krisen bewältigen: Wir zeigen, worauf man achten sollte, wenn man mit seiner Community in den Dialog geht.

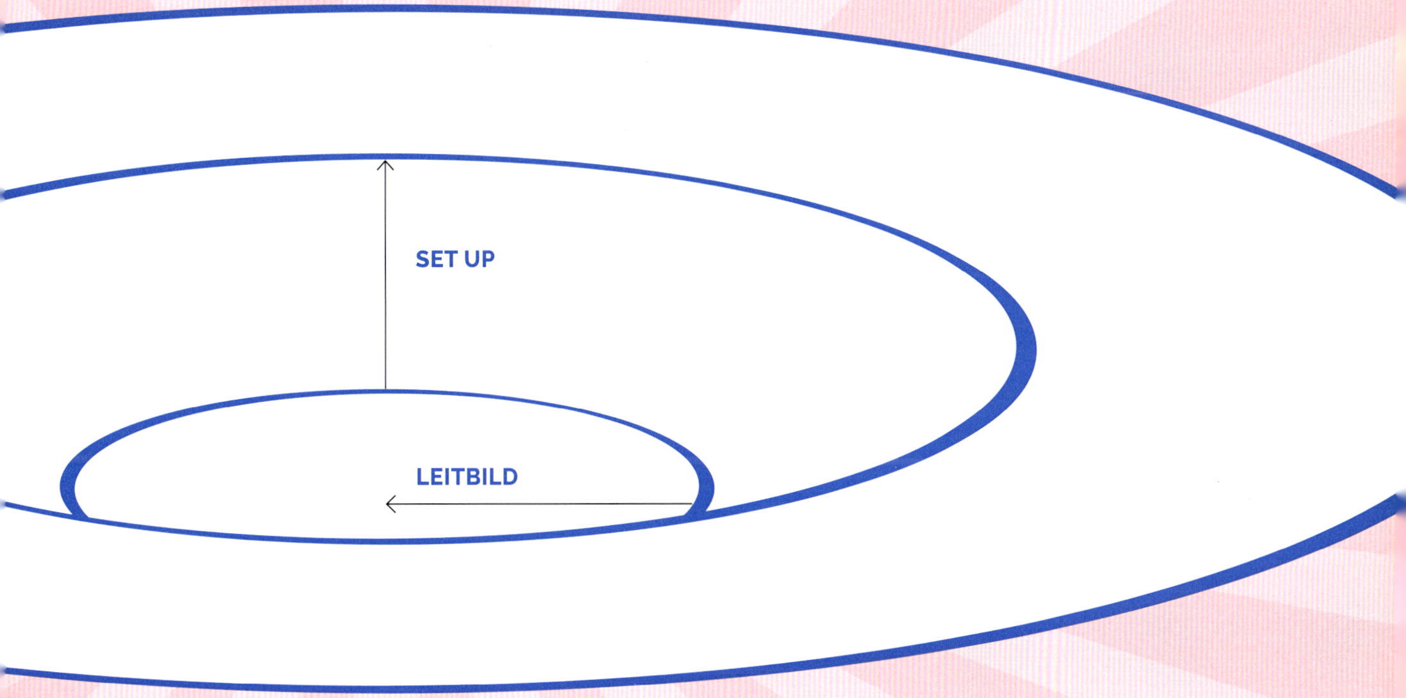

Willkommen in der Arena der Möglichkeiten!

Am Anfang einer gesellschaftlichen Veränderung steht immer eine Idee, eine Erzählung und jemand, der bereit ist, diese zu kommunizieren. Veränderung beginnt mit denjenigen, die bereit sind, den Status quo und auch sich selbst infrage zu stellen. Etwas anders als bisher zu machen. Nicht nur an sich selbst und die eigene Optimierung im Alltag, sondern auch an andere und die Gesellschaft zu denken. Nicht nur sagen, was alles schlecht läuft, sondern konkret aufzeigen, wie diese Probleme auch gelöst werden können. Auf eine kommunikative Reise aus innerer Überzeugung aufzubrechen, Menschen dabei mitzunehmen, sie zu begeistern oder mit guten Argumenten zu informieren und auf diesem Weg für eigene Positionen, Ideen und Ideale zu streiten. Das ist der Startpunkt dieses Buches. Hier beginnt die Reise des *Public Arena Playbook*. Es wird zu deiner Reise. Sie beginnt mit dir und dem Willen, Neues zu lernen und an deiner digitalen Kommunikation zu arbeiten.

Der Austausch von Meinungen, die Vielfalt von Überzeugungen und der friedliche Wettstreit um Macht – sie bilden den Herzschlag unserer Demokratie. Ihm zugrunde liegen der Glaube an eine bessere und gerechtere Zukunft und das Wissen, etwas bewegen zu können. Das macht Politik so faszinierend und anziehend, das ist der Ur-Funke jeder Auseinandersetzung. Pluralismus ist kein statisches Konstrukt, sondern im permanenten Fluss gesellschaftlicher Entwicklungen, bei denen immer wieder neue Herausforderungen oder Probleme auftauchen und sich Werte und Normen einer Gesellschaft laufend weiterentwickeln. In den zynischen Alltagsgeplänkeln der Machtspiele mag dieser Idealismus zwar oft verblassen. Aber die Chance, Menschen für etwas begeistern zu können – das ist der Polarstern eines jeden, der im Geschäft der politischen Kommunikation mitmischt.

Dieses Buch ist keine theoretische Abhandlung über politische Kommunikationswissenschaft oder eine Bestandsaufnahme akademischer Diskurse über digitale Medienentwicklung. Wir möchten allen, die bereit sind aufzubrechen, um mit ihren Themen im digitalen Raum an einer besseren Gesellschaft zu arbeiten, eine praxistaugliche Lektüre für den Alltag liefern.

Ein sicheres Erfolgsversprechen für das Erreichen der eigenen Ziele im digitalen Raum kann es dabei nicht geben. Aber wir bieten dir eine methodische Toolbox mit den bewährtesten Werkzeugen aus vielen Jahren digitaler Kampagnenerfahrung. Sie ist ein hilfreicher Navigator für die komplexen, oft schwer verständlichen Situationen, in denen die richtige Kommunikation gefragt ist. Im US-amerikanischen Kampagnensprech würde man vom »Cutting Through The Noise« sprechen – von der

Das ist die Public Arena

Notwendigkeit also, das Wichtige vom Unwichtigen zu trennen. Genau das will dieses Playbook.

Ob du Kommunikationsreferent:in für einen Verband bist, Kommunalpolitiker:in, Abgeordnete in einem Parlament, Mitarbeiter:in einer Behörde, Aktivist:in, Pressesprecher:in für ein Unternehmen oder einfach nur interessiert an politischer Kommunikation im digitalen Raum: Dieses Buch ist interaktiv, interdisziplinär und liefert dir ein umfassendes Framework sowie zahlreiche konkrete Tools und Strategien, um die eigenen kommunikativen Ziele im digitalen Raum zu erreichen. Es richtet sich an alle, die Kommunikation nutzen möchten, um den gesellschaftspolitischen Diskurs zu prägen und mit eigenen Argumenten, Visionen, Ideen und Positionen zu bereichern. Natürlich unterscheidet sich die digitale Kommunikationsstrategie eines Abgeordneten von einer »Corporate Social Responsibility«-Strategie eines Unternehmens oder der Informationskampagne einer lokalen NGO. Deshalb haben wir den Fokus insbesondere auf Methoden gelegt, die interdisziplinär, in unterschiedlich großen Organisationen und bei den verschiedensten Kommunikationsanliegen funktionieren.

Aber warum gerade jetzt? Die Regale im Buchladen sind voll von Online-Marketing-Handbüchern, die YouTube-Playlists und Werbungen quellen über von Masterclasses, Optimierungskursen, Seminaren, Workshopangeboten und mehr oder meist weniger seriösen Gurus und selbst ernannten Coaches. Braucht es noch eine weitere Anleitung, ein Playbook, das sich explizit mit digitaler Kommunikation für den gesellschaftlichen Raum beschäftigt? Ja, mehr denn je sogar.

Denn bei Politik- und Gesellschaftsthemen geht es nicht darum, Produkte möglichst kostenoptimiert digital zu verkaufen oder eine Reichweitenmaximierung für Influencer auf Instagram zu erzielen. Es geht darum, Menschen mit Visionen zu begeistern, sie zu involvieren und ihnen gute Informationsangebote zu machen. Unser Anliegen ist es, wirklich etwas zu verändern in einer Zeit, in der viele politische Themen unsere Gesellschaft elektrisieren. Sowohl auf der inhaltlichen Politikebene als auch im strukturellen Wirkungsverhältnis zwischen staatlichen Institutionen, Parteien und digitalen Medien befindet sich derzeit sehr viel im Umbruch. Wir sind auf dem Weg in eine dominant digitale Informationsgesellschaft. Social Media wird zum zentralen Ort, an dem sich Meinungs- und Willensbildung abspielen wird.

Dafür braucht es Orientierung und maßgeschneiderte Leitfäden, die entscheidende Unterschiede im Detail zum kommerziellen Online-Marketing aufweisen. Der in Deutschland bekannte Politikberater und Autor Frank Stauss hat es einmal bei einer von uns organisierten Konferenz auf den Punkt gebracht: »It's not about selling shoes.« Politische Kommunikation im Digitalen ist mehr, als Schuhe zu verkaufen. Hier setzt dieses Playbook an: Wir wollen helfen, wertebasiert und wirksam gesellschaftliche digitale Kommunikation zu entwerfen und mit Menschen in Interaktionen zu treten.

Das Verhältnis von Staat und Bürger:innen, Parteien und Wähler:innen, Unternehmen und Kund:innen und NGOs beziehungsweise Bewegungen zu ihren Aktivist:innen verändert sich aktuell durch die digitale Kommunikation fundamental. Jederzeit können temporäre Shitstorms entstehen oder unglaubliche Dynamiken erzeugt werden. Communitys entstehen, und einzelne Personen erreichen mit ihren Inhalten mehr Menschen als die *Tagesschau*. Was alle Organisationen in der Public Arena eint: Sie müssen in der Lage sein, ihre Botschaften prägnant und effektiv an Sympathisanten und Interessierte zu vermitteln. Nur wer Aufmerksamkeit erlangt, kann gehört werden. Nur wer gehört wird, verändert etwas.

FÜR DIE VIELEN, NICHT DIE WENIGEN

Wenn wir an politische Kommunikation und Social Media denken, denken wir an Obama oder Trump. An viele nervige Twitter-Debatten und politische Memes. Wir denken an große Kampagnen oder an die Bundeskanzlerin auf Instagram. Wir denken vielleicht auch an Bewegungen wie Fridays for Future oder Black Lives Matter. An Spindoktoren in PR-Büros in der Berliner Friedrichstraße. An *House of Cards* oder Cambridge Analytica. Es wird von »Big Data Analytics«, emotionalen Videospots, hochspezialisierten Kampagnenteams oder perfekter Inszenierung gesprochen. Aber das ist der falsche Ansatz.

Diese Wahrnehmung hat einen entscheidenden Fehler. Sie betrachtet aufgrund der Verknappung medialer Aufmerksamkeit und der mangelnden Berichterstattung nur etwa ein Prozent der digitalen politischen Kommunikation. Es ist der winzige Teil der Akteure, der über Geld, digitales Know-how, Medienpräsenz, Personal und viele andere Ressourcen verfügt. Aber: Nur sehr wenige Kampagnen weltweit können das anwenden, was als »State of the Art« im digitalen Marketing gilt.

FALSCHE WAHRNEHMUNG DER POLITISCHEN KOMMUNIKATION

Die Realität im täglichen Maschinenraum der Demokratie sieht anders aus. Es sind Bürgermeister:innen, lokale Bürgerinitiativen, Kommunen, NGOs, Stadt- und Gemeinderäte, soziale Vereine und Verbände, die gesellschaftliche Kommunikation abseits der Headlines und Nachrichten täglich praktizieren und vorantreiben. Dort gibt es kein Scheinwerferlicht und nur in den seltensten Fällen medialen Applaus. Ihnen mangelt es oft nicht nur an Geld und Personal, sondern vor allem an Zeit, sich mit den rasanten Entwicklungen im Digitalen zu beschäftigen. Genau so ist der Gedanke entstanden, das *Public Arena Playbook* zu schreiben: Wir wollen unser Wissen so vielen Menschen wie möglich zugänglich machen, unabhängig vom jeweiligen Geldbeutel.

Seit ein damals noch junger und unbekannter Senator namens Barack Obama 2004 seine historische Rede auf dem Parteitag der Demokraten hielt, haben mich politische Wahlkämpfe und die Kommunikation im digitalen Raum fasziniert und elektrisiert. Ich bin seit mehr als acht Jahren selbst begeistert auf diesem Feld aktiv. Ich habe in den digitalen Kampagnen von Barack Obama, Angela Merkel und Jean-Claude Juncker arbeiten dürfen. 2016 gründete ich schließlich mit Jochen König als Mitgründer und Stefan Wacker als Chief Digital Officer Cosmonauts & Kings. Die Vision: ein Unternehmen zu schaffen, das an der Schnittstelle von Kommunikation, Daten, Digitalem und Politik gesellschaftliche Akteure befähigt, sich souverän und wirkungsvoll im digitalen Raum zu bewegen. Wir wollten etwas anders machen. Nicht nur reden, sondern auch umsetzen. In diversen Wahlkämpfen in Deutschland und Europa, beim Entwickeln von Konzepten, der Planung von Kampagnen, Workshops, Recherchen und zahlreichen Brainstormings fiel mir dabei immer wieder auf, wie spärlich die deutschsprachige Literatur in diesem Bereich aufgestellt ist. Und das, obwohl unsere Welt und auch Deutschland sich in einer fundamentalen Umbruchphase befinden. Die Zeit war also mehr als reif.

Dieses Buch richtet sich bewusst an Macher:innen und Menschen, die mit ihrem Wirken einen positiven Beitrag zu unserer Gesellschaft liefern wollen, im Großen wie im Kleinen. Die den Status quo und ein »Das haben wir schon immer so gemacht« nicht akzeptieren möchten. Es liefert auch einen Wertekompass, der zeigt, wie im digitalen Raum kommuniziert werden sollte, um konstruktiv zur Stärkung unserer pluralistischen Debattenkultur beizutragen.

WERDE TEIL DER PUBLIC ARENA COMMUNITY

Für uns war es eine lange Reise von der Idee bis zu dem, was du jetzt in deinen Händen hältst. Das Playbook wurde mit dem Public-Arena-Team von Cosmonauts & Kings erstellt. Wir haben unser gesamtes Wissen aus mehr als fünf Jahren Arbeit und Hunderten Kampagnen und Strategien gesammelt, um Denker:innen und Visionäre, die mit Herz, Mut und Ideen im digitalen Raum vorangehen wollen, zu befähigen. Neben den Methoden bietet das Playbook weitere Vertiefungen in Form von Interviews mit Expert:innen: Mit dabei sind Barack Obamas ehemaliger Digitalchef Teddy Goff, Bundesgesundheitsminister Jens Spahn, die Menschenrechtsaktivistin Düzen Tekkal und viele weitere.

»Digital First« und eine hohe Anwendungsmöglichkeit – das ist der Leitgedanke dieses Buchs. Deshalb finden sich alle Interviews und Tools zum kostenfreien Download auf der eigenen Internetseite. Dort gibt es weitere Interviews, einzelne Masterclasses für spezifische Fragen und eine Tool-Sektion mit allen Werkzeugen, die du benötigst. Gemeinsam mit anderen Public-Arena-Akteuren kannst du dich in der eigenen LinkedIn-Gruppe vernetzen und zu digitalen Kommunikationsthemen austauschen. Nutze die Kraft einer echten Community für deinen Kommunikationserfolg!

Jetzt liegt es nur noch an dir, deine Ideen auch in die Tat umzusetzen. Vorab sei klar gesagt: Das Playbook hat nicht den Anspruch, alle Kommunikationsaspekte in ihrer denkbar möglichen Tiefe abzubilden. Das wäre auch bei so wenigen Seiten gar nicht möglich. Es gibt von Krisenkommunikation über digitale Kreativprozesse bis hin zu Datenkompetenz viele weiterführende und weitaus geeignetere Lektüren, die dir bei Interesse das gesamte Spektrum des jeweiligen Fachbereichs eröffnen. Das Buch ist daher gefüllt mit entsprechenden Querverweisen als Leseempfehlung zu spannenden Publikationen, Artikeln, Reports oder relevanten Studien. Im Anhang des Buches findet sich in der Wissensbibliothek eine Auflistung aller Lektüren zu den jeweiligen Themenkomplexen. Modelle, Strategien und Methoden werden im Folgenden kompakt und auch teilweise vereinfacht dargestellt, um eine möglichst breite Anwendungsmöglichkeit zu gewährleisten.

Mein größtes Anliegen ist es, mit diesem Playbook die noch immer sehr junge Disziplin digitaler Kommunikation im gesellschaftlichen Raum weiterzuentwickeln und mit neuen Denkanstößen aus praktischer Perspektive zu bereichern. Es werden noch viele Lektüren, Guidelines, Bücher und Paper folgen, die sich noch tiefer mit spezifischen Problemen und Lösungen beschäftigen werden. Vielleicht bist du nach diesem Playbook ja selbst motiviert, etwas beizutragen. Aus Gründen der Lesbarkeit verwenden wir im folgenden Playbook in generischen Zusammenhängen folgende Ansprache: Leser:innen.

Bringe die Veränderung, die du sehen möchtest, in deine Organisation, deine Kommunikationsarbeit oder Kampagne und begib dich auf diese spannende Reise, denn: Wer, wenn nicht wir – wer sonst? Wenn nicht jetzt – wann sonst? Es ist Zeit.

Viel Spaß beim Lesen. Per aspera ad astra!

Die Public Arena im digitalen Zeitalter

Bevor wir uns an die Tools und Taktiken machen, gilt es zu definieren, was diesen digitalen Raum der Öffentlichkeit eigentlich kennzeichnet. Wir schreiben dieses Buch mit dem Grundverständnis, dass offene, transparente und zugängliche Diskussionen sowie das Ringen um Mehrheiten den Kern der Meinungs- und Willensbildung in unserer Demokratie bilden. Gleichzeitig verstehen wir sie als ein System, das ein dauerhaftes gesellschaftliches Experiment für uns alle bleibt. Demokratie entwickelt sich nicht linear in definierten Bahnen oder bildet ein statisches Konstrukt, dessen Werte und Normen zeitlos in Stein gemeißelt sind. Diese werden jeden Tag durch Menschen, ihre konstruierten sozialen Organisationen und ihre Ideen, Visionen, Träume und Kommunikation miteinander geformt und immer wieder neu verhandelt. Mal zum Guten und mal zum Schlechten. Aber immer eingebettet in ein dynamisches Konstrukt von Institutionen, Menschen, Medien, politischen Überzeugungen und Gesetzen.

Für unser Verständnis der Public Arena inspirierte uns der Begriff der »Öffentlichkeit«, im englischen »Public Sphere«, des deutschen Philosophen Jürgen Habermas. Klar ist: Die Public Arena für das digitale Zeitalter ordnet das kommunikative Verhältnis im digitalen Raum zwischen Staat und Bürger:innen, zwischen Parteien und Wähler:innen sowie zwischen Unternehmen und Kund:innen neu.

Eine demokratische Öffentlichkeit als Ideal muss für Habermas drei Bedingungen erfüllen:

OFFENE ZUGÄNGLICHKEIT

Alle Menschen müssen die gleiche Beteiligungsmöglichkeit haben, um bei öffentlichen Diskursen, die für die gesamte Gesellschaft von Bedeutung sind, teilnehmen zu können.

PRINZIP DER DISKURSIVITÄT

In der Öffentlichkeit als Raum muss das Argumentieren und Überzeugen als offener Prozess möglich sein. Zugleich muss dieser anhand seines Ergebnisses, also der öffentlichen Meinung, überprüft werden können.

LEGITIMATIONSFUNKTION FÜR POLITISCHE ENTSCHEIDUNGSTRÄGER:INNEN

Politische Entscheidungsträger:innen müssen in einer Demokratie von der Öffentlichkeit abhängig sein. Abhängig in dem Sinne, dass durch den öffentlichen Diskurs die Entscheidungsträger:innen überhaupt die notwendigen Entscheidungs-Ressourcen erlangen, welche die Legitimationsgrundlage für ihre Entscheidungen bilden.

Basierend auf dieser Grundbestimmung, was eine Öffentlichkeit ist und was sie leisten muss, stellt sich die Frage, wie sich die Öffentlichkeit durch die digitale Meinungs- und Willensbildung verändert. Schon heute ist in vielen Ländern Social Media die wichtigste Informationsquelle für politische Inhalte und Themen – dort lenken also Plattformen, deren Algorithmen privatwirtschaftliche Unternehmen entwickelt haben, den Diskurs. Lassen sich überhaupt noch Grenzen zwischen digitaler und nichtdigitaler Öffentlichkeit ziehen? Und welche Regeln und Strukturen gelten in dieser neuen Öffentlichkeit?

Die Transformation unserer Welt in ein neues, digitales Zeitalter hat längst begonnen, und die disruptiven Veränderungen haben durch die Corona-Pandemie eine zuvor kaum für möglich gehaltene Beschleunigung in vielen gesellschaftlichen Bereichen begünstigt. Alle großen Philosoph:innen und wissenschaftlichen Vordenker:innen bescheinigen uns in den kommenden Jahren durch die Digitalisierung aller Lebensbereiche eine große Dekade des Wandels, die auch unsere demokratischen Normen neu strukturieren und unser Zusammenleben stark verändern wird. Die letzten Jahre haben jedoch gezeigt, dass diese Transformation eben nicht den verheißungsvollen Utopien aus dem Silicon Valley folgt, sondern mit vielen offenen Fragezeichen versehen ist. Mehr denn je müssen wir als Bürger:innen gemeinsam definieren, was uns zusammenhält, welche Werte gemeinsam codiert und gelebt werden und wie wir miteinander in den Austausch treten wollen. Ein Austausch, der zunehmend in einem schwer überschaubaren und stark fragmentierten digitalen Raum stattfindet.

Um diesem Raum in seiner spannenden Vielfältigkeit, Komplexität und insbesondere der unglaublichen kommunikativen Geschwindigkeit, in der sich alles abspielt, annähernd gerecht zu werden, arbeiten wir in diesem Buch mit dem Begriff der **»Public Arena«**.

Die Public Arena ist der öffentlichen Raum, in dem auf Grundlage von Algorithmen, Technologie, einem dominant digitalen Mediennutzungsverhalten der Bürger:innen und dem Prinzip der potenziellen unendlichen Reichweite von jedem Individuum Meinungs- und Willensbildung zu politischen Themen zu jedem Zeitpunkt stattfindet. Diese wiederum bilden die Grundlage für die Legitimation von politischen Entscheidungen, den offenen Wettstreit um Ideen und die grundsätzliche Möglichkeit, dass jede/r Akteur:in seine und ihre Anliegen kommunizieren kann. Der Begriff der Public Arena konzentriert sich hierbei immer auf die kommunikative Perspektive der Prozesse, Akteure, Konstellationen und Regeln, welche die digitale Öffentlichkeit in einer Demokratie definieren. Denn ohne festgelegte Regeln, Prinzipien und Strukturen in der digitalen Öffentlichkeit ist eine echte digitale Demokratie nicht möglich.

Die Public Arena ist unbegrenzt in ihren Teilnehmer:innen, zugänglich für jeden mit einem Internetzugang und legitimierend für politische Entscheidungen. Und ihre Regeln werden nicht allein durch den Staat und Massenmedien als Gatekeeper festgelegt, sondern vor allem von Plattformen und globalen digitalen Konzernen. Zwar sind weiterhin Fernsehen, Radio und Print existent – sie haben aber deutlich an Kraft und Bedeutungsmacht für die Entstehung neuer Diskurse eingebüßt. Die Forscher:innen Henry Farell und Melissa Schwartzberg beschreiben die Erosion als Transformation von ehemals »starken« zu jetzt »schwachen« Gatekeepern, die weiter eine wichtige Rolle im Alltag ausüben, aber Dynamiken in Debatten und das Aufkommen neuer Themen nur noch schwer bis gar nicht mehr steuern können.

Weil die unbegrenzte Zahl von Teilnehmer:innen in der Public Arena Sender und Empfänger zugleich sind, erfüllt sie die Anforderungen der offenen Zugänglichkeit – aber nur auf den ersten Blick. Die Diskursivität wird durch intransparente Algorithmen eingeschränkt, die ursprünglich (und meistens immer noch) zum Zweck der Profitmaximierung und »User-Zeit-Optimierung« entworfen wurden. Und nicht für das Kuratieren von Debatten. Während aus ideeller Sicht der öffentliche Raum den Prinzipien von Rationalität, Offenheit und Gleichberechtigung folgt, gestalten und optimieren Online-Plattformen ihre Dienste nach primär ökonomischen Faktoren. Die Folge ist ein »Daten-Kapitalismus«, der sich nicht zuletzt in Bezug auf Grundrechte und Grundfreiheiten wesentlich von den normativen Grundlagen der Öffentlichkeit unterscheidet. Zudem haben Corona und andere Krisen in den letzten Jahren gezeigt: Die Notwendigkeit der Politik, sich zu legitimieren, wächst mit der rasanten Geschwindigkeit der digitalen Meinungsbildung. Sie muss ihre Überlegungen und Entscheidungen schneller und agiler kommunizieren und rechtfertigen als bisher – und das dauerhaft.

Ein prägendes Kernmerkmal der Public Arena ist ihre Komplexität. Die Zahl der Sender:innen und Empfänger:innen sowie der Verknüpfungen untereinander und der Verhaltensmöglichkeiten ist so groß geworden, dass man von einer Entgrenzung sprechen muss. Sie führt zu einer nie zuvor gekannten Unvorhersehbarkeit der Ereignisse und Ergebnisse, weshalb das Initiieren von Kampagnen und die Lenkung von Kommunikationsprozessen in der Public Arena eine immense Herausforderung ist.

Im Folgenden gehen wir anhand eines anschaulichen Bildes tiefer darauf ein, wie wir diese Public Arena verstehen, was sie kennzeichnet und welchen Wertekompass wir für jeden, der in ihr kommuniziert, empfehlen. Wir sind davon überzeugt, dass die Gestaltungskraft von Technologie und digitaler Kommunikation, mit klaren Regeln, systemischen Änderungen bei Problemen und einem selbstreflektierten und digital mündigen Menschen im Zentrum eine einmalige Chance für die Demokratie darstellt.

Schließe jetzt für eine Sekunde die Augen. Stell dir ein Stadion vor mit Millionen von Menschen darin. Jeder von uns hat dort einen Platz. Auch du. In dieser Arena findet jeden Tag die Meinungs- und Willensbildung zu den verschiedensten Themen in unserer Gesellschaft statt. Hier wird bestimmt, wer Macht erhält oder sie verliert, wer Gehör findet und wer erfolglos um Aufmerksamkeit kämpft. Diese Fähigkeit, Menschen schnell und wirksam in seinen Bann ziehen zu können, ist ein zentrales Kriterium für kommunikativen Erfolg in der Arena. Unterschiedliche Teams verfolgen mit ihren Kampagnen und ihrer Kommunikation ganz eigene Ziele.

Unten auf dem Feld herrscht ein buntes, oft chaotisches Treiben. Dutzende Akteure laufen wild hin und her, das Spiel ist intensiv, es gibt viele Tore, auf die gespielt wird. Jedes repräsentiert ein anderes Themen- beziehungsweise Politikfeld. Permanent springen Zuschauer:innen auf und laufen auf das Feld, andere kehren zurück auf die Tribüne. Jede und jeder kann zu einem beliebigen Zeitpunkt zum Absender von wichtigen gesellschaftlichen Botschaften werden, vielleicht sogar ein virales Momentum erzeugen.

Vielen von uns ergeht es beim Betreten der Public Arena gleich. Wir sind überrumpelt von der Komplexität, der Vielfalt und den Bewegungen der Akteure und Zuschauer:innen. In der Public Arena wird kein bis ins kleinste Detail geregeltes Spiel gespielt. Stabilität und feste Strukturen sind in diesem losen System der digitalen Kommunikation rar. Altbekannte Akteure und Gatekeeper verlieren an Relevanz, neue Akteure dominieren das Agenda-Setting. Allianzen werden temporär gebildet und wieder aufgelöst.

Es gibt Akteure, die große Megafone mit sich tragen, was bei der hohen Lautstärke, die herrscht, ein wichtiges Instrument ist. Das können Medien sein oder politische Influencer:innen. Wer Reichweite besitzt, schafft es schneller, seinem Anliegen Gehör zu verschaffen. Die, die laut laut schreien und es verstehen, die Wut der Menschen auf den Rängen geschickt für Empörung zu nutzen, haben in der Regel ebenfalls Erfolg.

Schiedsrichter sind kaum sichtbar. Wenn überhaupt, dann greifen sie nur bei groben Fouls wie tätlichen Angriffen oder Drohungen ein. Beleidigungen, Einschüchterungen, Spott und offener Hass

»Schließe jetzt für eine Sekunde die Augen. Stell dir ein Stadion vor mit Millionen von Menschen darin. Jeder von uns hat dort einen Platz.«

bestimmen zu oft das Geschehen unter den Akteuren. Beim Zuschauen wird klar: Es mangelt in dieser Arena noch an klaren, nachvollziehbaren Regeln für alle, die den Rasen unserer Demokratie und des Meinungsaustauschs im digitalen Raum betreten. Ein weiteres Problem: Nicht alle sehen das gleiche Spiel. Manche nehmen nur einen Bruchteil oder gar nichts wahr von dem, was du vor deinen Augen hast. Tatsächlich verfolgt jede und jeder ein ganz eigenes Spiel, zugeschnitten auf seine oder ihre Interessen und Verhalten, die er oder sie außerhalb dieser Arena im Internet an den Tag legt. Profitorientierte Plattformunternehmen wie Facebook oder Twitter haben ein Monopol auf die Eintrittskarten für die Public Arena, sie definieren mit ihren Regeln und undurchsichtigen Algorithmen, welches Spiel du unten auf dem Platz siehst, welche Spielzüge erlaubt sind und welche Akteure besonders viel Gehör bekommen. Kurzum: ein täglicher Trubel, gegen den ein Quidditch-Match aus *Harry Potter* wie ein entspanntes Polit-Kaffeekränzchen im Berliner »Café Einstein« wirkt. Und das schon nach kurzer Zeit klarmacht, wie schwierig es ist, in dieser Arena für sein Thema Unterstützung zu bekommen.

Dieses vereinfachte Bild der Public Arena hilft uns, im Ansatz zu verstehen, wie der dynamische und schwierige Prozess gesellschaftlicher Debatten im digitalen Raum funktioniert und welche entscheidende Rolle uns als Kommunikator:innen hierbei zukommt. Die Public Arena ist der Handlungsrahmen, in dem wir uns als Bürger:innen einer zunehmend digitalisierten Gesellschaft täglich bewegen und in dem das friedliche Ringen unterschiedlichster Akteure um politische Gestaltungskraft und Aufmerksamkeit stattfindet. Zum anderen ein Begriff, der uns später helfen soll, eine Kommunikationspraxis mit klaren Werten und Normen zu definieren, die sicherstellt, dass demokratische Prinzipien im digitalen Raum gewahrt werden. Jede Arena braucht Spielregeln. Es muss klare Grenzen geben, was erlaubt ist und toleriert wird. Wie diese in der Zukunft aus praxisorientierter Perspektive aussehen muss, damit unsere Demokratie ihr Versprechen von Freiheit, Respekt und Toleranz auch im digitalen Zeitalter einlösen kann, darauf kommen wir im letzten Kapitel detailliert zu sprechen.

MIT DEM WERTEKOMPASS DURCH DIE PUBLIC ARENA

Neben den Spielregeln für die Arena selbst, auf die wir später noch eingehen, kann jede/r Einzelne von uns schon jetzt mit seinen Handlungen in der Kommunikationsarbeit dazu beitragen, dass wir konstruktiv und wertebasiert agieren. Unsere Demokratie braucht Konflikte und Reibungen – aber stets auf einem Fundament von Respekt, Integrität und Anstand. Die Regulierung der Plattformkonzerne und das Systemupdate unserer Demokratie werden nicht von heute auf morgen gelingen. Aber du kannst selbst auf ethischer Grundlage Kampagnen konzipieren und zumindest für deinen Verantwortungsbereich klare Regeln und rote Linien setzen. Dafür haben wir nach zahlreichen Gesprächen mit Expert:innen und Erfahrungen aus der Praxis für den digitalen Raum einen Wertekompass entwickelt, der die für uns acht wichtigsten Werte definiert, die es für einen konstruktiven Umgang bei der digitalen politischen Meinungs- und Willensbildung braucht.

DER PUBLIC ARENA WERTEKOMPASS

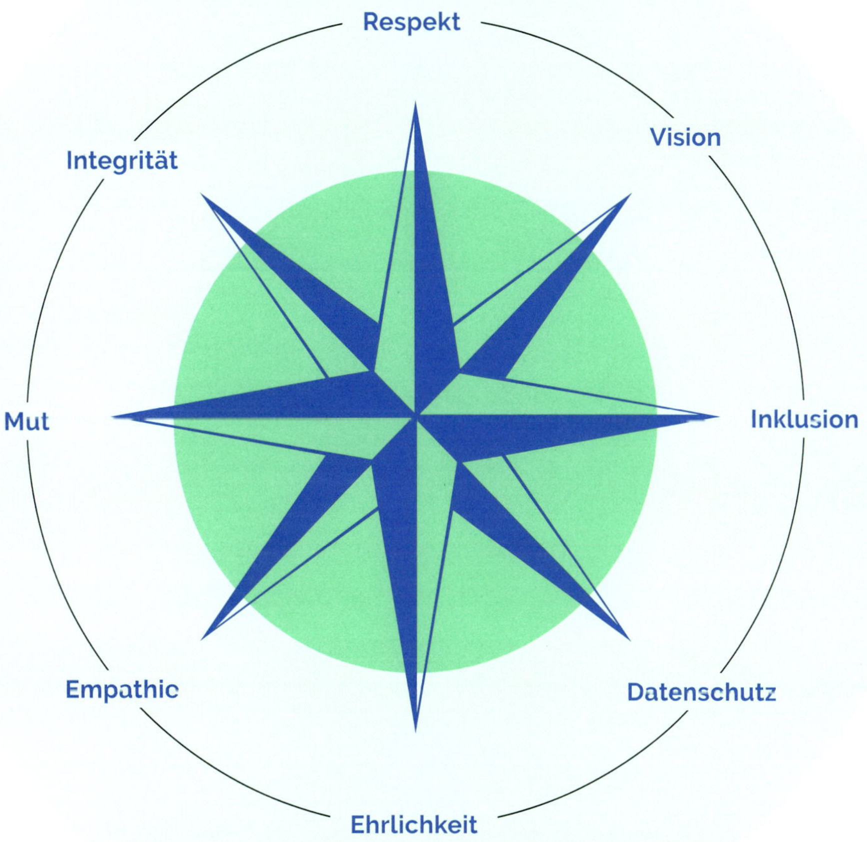

Sie zeigen, ob man den eigenen Ansprüchen gerecht wird und wo nachjustiert werden muss. Niemand ist perfekt, aber ein Streben nach einer wertebasierten Kommunikation ist die Grundlage für ein besseres, positiveres Miteinander. Es liegt also jeden Tag aufs Neue an dir, die Werte vorzuleben, die du auch bei anderen im digitalen Raum sehen möchtest. Michelle Obamas bekannter Ausspruch in Anlehnung an die täglichen Schmierattacken und Hetzkampagnen gegen die Obamas im Internet »When they go low, we go high« hat von seiner Aktualität nichts eingebüßt und sollte auch unsere Haltung prägen.

Respekt: Stehe ein für Toleranz

Meinungsfreiheit ist für dich genauso unverhandelbar wie der Respekt und die gelebte Toleranz gegenüber Andersdenkenden oder politischen Positionen, die konträr sind zu den eigenen. Sie muss auf der Grundlage unser freiheitlich-demokratischen Grundordnung fußen, niemand darf Hass oder Hetze verbreiten. Respekt drückt sich in allen Formen digitaler Kommunikation aus und geht von der Sprache in einem Posting über Bilder bis hin zu den Communitystandards, die auf den eigenen Kanälen gepflegt werden. Politische Gegner werden nicht verunglimpft oder beschimpft. Allgemeine und gezielte Beleidigungen oder gar Drohungen werden mit Verweis auf die geltende digitale Netiquette gelöscht oder bei strafrechtlicher Relevanz gemeldet. Wir tragen mit unserer Kommunikation nicht zu einer Verrohung der Debattenkultur bei und pflegen einen respektvollen Stil. Wir sprechen von Konkurrenten, nicht von Feinden. Wir bestreiten einen demokratischen Wettbewerb, keinen Krieg. Gegenüber eventuellen Entgleisungen oder moralisch verwerflichen Äußerungen in deiner Organisation und bei deinen Sympathisanten wird klare Kante und Haltung bewiesen. Denke also immer daran: Respekt beginnt bei dir, deiner Kommunikation und wie du auf deinen Kanälen über andere sprichst.

VISION: *Konzentriere dich auf dein Narrativ!*

In der Public Arena wird jeden Tag um verschiedene Ideen, Konzepte oder Vorstellungen gerungen. Dabei gilt der Grundsatz: Negative Kommunikation oder Campaigning mögen einen starken kurzfristigen Mobilisierungseffekt haben, sind mittel- und langfristig aber sowohl für die Tonalität als auch für die Steuerungsfähigkeit der eigenen Community Gift. Wir haben durch die Erstürmung des US-Kapitols im Januar 2021 gesehen, wozu negative, aggressive Rhetorik führen kann. Polarisierung gehört zum Wettbewerb, Spaltung nicht: Situativ mag es sinnvoll oder euphorisierend sein, aber langfristig gilt: Das Prinzip Hoffnung schlägt immer die Angst. Sofern es notwendig ist, auf »Negative Campaigning« als Mittel zur Differenzierung politischer Positionen zurückzugreifen, sollte es immer im Einklang mit den anderen Werten stehen und niemals Fakten verdrehen oder diffamieren.

Wenn wir mit einem positiven Narrativ für die eigenen Überzeugungen streiten und aus Betroffenen echte Beteiligte machen, kann eine Grundstimmung entstehen, die konträr zu der auf Twitter oder Facebook allzu häufig praktizierten Abwärtsspirale von Häme, Zynismus, Sarkasmus oder gar Hass steht. Die Zeit des permanenten negativen Abarbeitens am politischen Konkurrenten ist vorbei. Es ist Zeit für einen neuen Politikstil mit einem eigenen Gestaltungsanspruch! Stehe im digitalen Raum und auf deinen Kanälen für deine Vision ein und verbringe nicht zu viel Zeit mit dem Schlechtreden anderer Ideen. Die Menschen werden es dir langfristig danken.

INKLUSION: *Respektiere und lebe Diversität*

Diversität und Inklusion sind keine PR-Buzzwords, sondern elementarer und selbstverständlicher Teil deiner digitalen Kommunikationsarbeit. Was bedeutet das im Alltag? Die Vielfalt unserer Gesellschaft muss sich auch auf deinen Kanälen abbilden. Vorbei ist die Zeit, in der zehn weiße männliche Ministerialbeamte Schulter an Schulter für einen Facebook-Post in die Kamera lächeln und schreiben, dass sie »alle mitnehmen wollen«, wie es das Bundesinnenministerium 2018 vorgemacht hat. Inklusive Wort- und Bildsprache sind ein *Muss*, kein *Nice to have*. Videos und Homepages müssen auch für Menschen mit körperlichen Behinderungen (Stichwort Barrierefreiheit, Gebärdensprache) verfügbar oder untertitelt sein. Besonders in Brainstormings und Strategiephasen gilt es, Stimmen und Feedback von unterschiedlichsten Zielgruppen einzubeziehen. Diversität und Inklusion sind dein täglicher Begleiter und gleichzeitig Korrektor, wenn es darum geht, Lebensrealitäten, Sichtweisen und kulturelle Gruppierungen in deine Arbeit einzubinden. Du wirst merken: Es bereichert deine Perspektiven, schafft mehr Kreativität und erweitert den Horizont in vielen Dimensionen. So wird digitale Kommunikation laufend besser.

DATENSCHUTZ: *Achte die Privatsphäre*

Im Umgang mit personenbezogenen Daten werden keine Kompromisse gemacht oder Grauzonen betreten. Nicht alles, was das Gesetz erlaubt, ist moralisch vertretbar. Das heißt: Wir gehen über rechtliche Anforderungen hinaus und schützen Daten von Unterstützer:innen mit den höchstmöglichen Sicherheitsstandards. Wir investieren regelmäßig in digitale Cybersicherheit, wechseln Passwörter alle 30 Tage und schulen uns selbst und unser Team. Wir klären nicht nur in Unterseiten des Impressums über eingesetzte Tools auf, sondern machen transparent zu jedem Zeitpunkt klar, wo, wie und zu welchem Zweck personenbezogene Daten genutzt und verarbeitet werden. Daten-Insights und neue Technologien bieten wertvolle Chancen, die Ansprache und den Austausch mit Zielgruppen zu verbessern, um diese mit relevanten Botschaften zu erreichen. Stimmungsmache über widersprüchliche oder inkonsistente Werbeanzeigen, Zukauf von Daten, Einsatz von Fake-Accounts, Missbrauch durch Social Bots und jegliche sonstige fragwürdige Nutzung von Technologien hingegen werden von dir als Akteur in der Public Arena klar verurteilt.

EHRLICHKEIT: *Handle immer anständig und professionell*

Alternative Meinungen existieren, »alternative Fakten« nicht. Ob in unserer Organisation oder in der Public Arena insgesamt: Wir verinnerlichen und handeln im digitalen Raum nach einem Mindset der Wahrheit, Ehrlichkeit und Offenheit. Unsere Kommunikation findet bedingungslos, jederzeit und zu jedem Anlass auf Grundlage von Fakten und wahren Informationen und Inhalten statt. Natürlich lebt politische Kommunikation von Nuancierung und einem »Spin« für den eigenen Standpunkt. Das ist legitim und gehört zum Kommunikationsgeschäft. Schließlich möchtest du Menschen überzeugen und begeistern. Aber gerade bei digitalem Content ist es umso wichtiger, seine Quellen offenzulegen und den Kontext gerade bei Videos, Bildern oder Statements nicht zu verdrehen (etwa indem man an entscheidenden Stellen Zitate weglässt). In der Public Arena wird um die besten Lösungen für das Gemeinwohl gerungen, die allen Bürger:innen zugutekommen sollen. Unsere Kommunikation dient nicht den Echokammern und Filterblasen, sondern der Gesellschaft und Gemeinschaft. Wir senden keine widersprüchlichen Informationen an unterschiedliche Zielgruppen und spielen diese nicht gegeneinander aus.

EMPATHIE: *Sei offen und zugewandt*

Wir nehmen die Ängste und Sorgen, die an uns herangetragen werden, ernst und reagieren bei emotionalen Themen in Kommentarspalten erst mal verständnisvoll. Humor oder Sarkasmus können in kritischen Situationen missverstanden werden oder verletzend wirken. Es gilt: Wir bauen Brücken und keine geistigen Mauern. Dialog- und Diskursfähigkeit sind im digitalen Raum ein zentrales Gut. Empathisch zu sein heißt auch, in internen Projekten nicht nur andere verstehen zu wollen und auf sie mit Argumenten einzugehen, sondern zuzulassen, dass die Ideen anderer gegebenenfalls besser als die eigenen sind.

MUT: *Sei entschlossen und zuversichtlich*

Die Zukunft wird nur mit Mut und Optimismus gewonnen. Wir lernen aus unseren Fehlern, richten den Blick aber jederzeit nach vorne. Mut bedeutet, sich im Alltag an neue digitale Formate zu wagen, mal unkonventionelle Themen oder Kommunikationsanlässe zu nutzen und die Zielgruppe mit Humor oder Innovation zu überraschen. Mut bedeutet, auch seinem Team Dinge zuzutrauen, Kontrollverlust zu akzeptieren und bewusst das Risiko einzugehen, dass eine Botschaft – anders als geplant – nach hinten losgeht oder scheitert. Mut drückt sich an vielen Stellen im Alltag aus und benötigt immer zuerst kein »Nein, weil ...«, sondern ein »Warum nicht ...«. Eine Mentalität des Möglichmachens und eine Lust auf permanente Innovation gepaart mit ehrlicher Selbstreflexion bilden die Grundlage für eine mutige Kommunikation.

INTEGRITÄT: *Übernimm Verantwortung und stehe zu deinem Wort*

Das Spiderman-Zitat »Mit großer Macht wächst große Verantwortung« mag abgedroschen klingen. Aber es sollte jedem Akteur in der Public Arena zumindest im Ohr liegen. Menschen hören auf dich. Sie tragen die Botschaften weiter. Jeder und jede, der beziehungsweise die digital kommuniziert, muss die Kernwerte unseres Grundgesetzes zu jeder Zeit vertreten. Wir achten und respektieren nicht nur staatliche Institutionen, sondern begrüßen auch einen kritischen und unabhängigen Journalismus. Es gilt immer: Als Akteur kommunizierst du eigene Botschaften, keine journalistischen Inhalte. Wir verpflichten uns, die Medienvielfalt und unabhängige Berichterstattung anzuerkennen und digitale Kommunikation nicht für den Aufbau geschlossener Mediensysteme oder Kanäle zu missbrauchen. Integrität steht auch für das Bewusstsein, an der Weiterentwicklung von Spielregeln in der Public Arena zu arbeiten und seine Perspektiven in die relevanten Debatten einfließen zu lassen.

Das ist deine Public Arena

Kommunikation in der Public Arena

Bevor es auf das Spielfeld geht, widmen wir uns deinem spezifischen Anliegen oder Ziel. Dann erklären wir, wie unser Navigator, das Public Arena Framework, angewendet wird und gehen auf die notwendigen Ressourcen und weitere Infos ein, um das Playbook effektiv nutzen zu können.

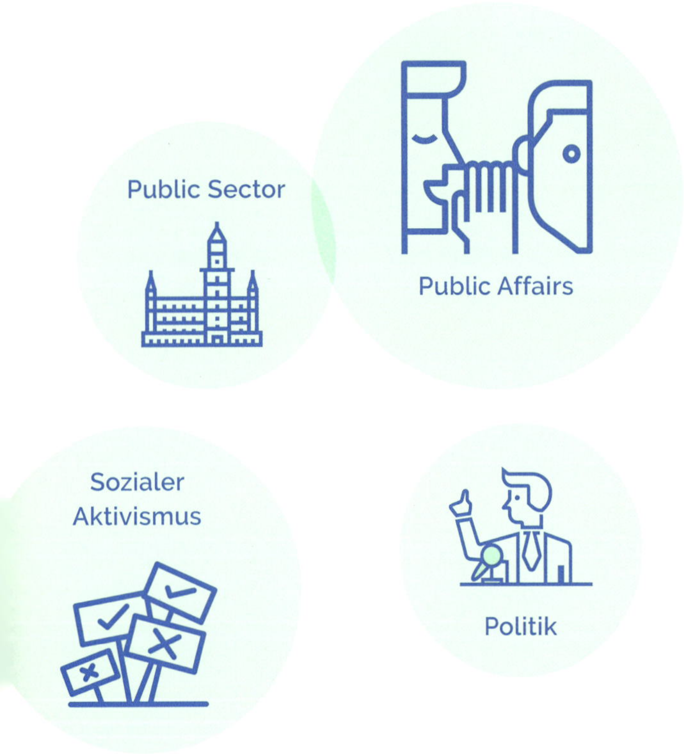

DEIN ANLIEGEN IN DER PUBLIC ARENA

Wir konzentrieren uns in diesem Playbook auf die Phase des kommunikativen Handelns – also alles, was im digitalen Raum relevant ist ab dem Moment, an dem du Menschen mit deinen Inhalten erreichen möchtest. Egal ob politische Kampagne, Informationsoffensive für eine lokale Initiative, Aufklärung von Bürger:innen zu Themen aus der Verwaltung, Fundraising für eine NGO oder nur digitale Positionierung deines Anliegens: Wir fokussieren uns auf die vier wichtigsten Typen, die für 95 Prozent der gesellschaftlichen Kommunikation in Deutschland verantwortlich sind.

+ Politisches Campaigning & Kommunikation von Politiker:innen
+ Digital Public Affairs & Public Relations in Unternehmen und Verbänden
+ Sozialer Aktivismus in Vereinen, Bewegungen und Non-Profit-Organisationen
+ Public-Sector-Kommunikation von Bund, Land und Kommunen

POLITISCHES CAMPAIGNING & KOMMUNIKATION ALS MANDATSTRÄGER:IN ODER KANDIDAT:IN

Alle, die schon einmal eine politische Kampagne organisiert oder selbst kandidiert haben, wissen, wie vielschichtig, emotional, kräftezehrend und gleichzeitig faszinierend bis zuweilen magisch Campaigning sein kann. Das englische Wort wird in den letzten Jahren im kommerziellen Marketing sehr inflationär verwendet – es gibt kaum noch ein Unternehmen, das rund um eine Produkteinführung kein »Campaigning« plant.

DIE VIER TRACKS IN DER PUBLIC ARENA

	Politisches Campaigning	Public Affairs	Sozialer Aktivismus/ Soziale Bewegungen	Public Sector Kommunikation
Ziele	+ Ich möchte Menschen für eine politische Sache gewinnen. + Ich möchte einen Wahlkampf organisieren und Wähler:innen mobilisieren. + Ich möchte Wähler:innen über meine Arbeit informieren.	+ Ich möchte politische Themen für mein Unternehmen oder meinen Verband in den öffentlichen Raum tragen. + Ich möchte meinen CEO mit gesellschaftlichen Themen digital positionieren. + Ich möchte politische Entscheidungsträger:innen mit meinen Themen erreichen.	+ Ich möchte für mein gesellschaftspolitisches Thema Aufmerksamkeit erzielen und Anhänger:innen gewinnen. + Ich möchte Menschen für eine Petition mobilisieren. + Ich möchte Fundraising für meine Aktivitäten machen.	+ Ich möchte Bürger:innen über politische Themen informieren, aufklären und involvieren. + Ich möchte eine Informationsoffensive oder eine Kampagne für den öffentlichen Bereich planen. + Ich möchte für meine Kommune oder Stadt digital kommunizieren.
Akteure	+ Mandatsträger:innen und ihre Mitarbeiter:innen aller Ebenen + Politische Funktionäre + Politikberater:innen und politische Agenturen	+ Mitarbeiter:innen Corporate Communications und Public Affairs + CEOs und weiteres Führungspersonal + Referent:innen in Verbänden	+ Aktivist:innen + NGOs + Soziale Bewegungen + Bürger:inneninitiativen + Vereine + Gewerkschaften	+ Mitarbeiter:innen in Behörden und Verwaltungen im gesamten föderalen System + Führungspositionen in Ministerien

Wir dagegen meinen mit dem Begriff immer nichtkommerzielle Absichten. Folgende Definition, abgeleitet von der politischen Kampagne, ist jedoch hilfreich, um unseren Fokus des Campaigning greifbar zu machen:

»Eine politische Kampagne ist eine organisierte Anstrengung, die den Entscheidungsprozess innerhalb einer bestimmten Gruppe zu beeinflussen sucht. In Demokratien bezieht sich der Begriff Kampagne oft auf Wahlkämpfe, in denen die gewählten Vertreter zur demokratischen Legitimation entschieden werden.« *(Brady/Johnston 2010).*

Im Fokus steht das Werben um das Vertrauen der Bürger:innen sowie die Mobilisierung zu einer Handlung, vordergründig die Stimmabgabe am Tag der Wahl. Dabei zeichnet sich das politische Campaigning dadurch aus, dass die Kampagnen in einem begrenzten Zeitraum stattfinden und sich auf eine Auswahl von Themen beschränken. Wahlkampf und politisches Campaigning verändern sich jedoch rasant. So hat zum Beispiel Barack Obamas Kommunikationsstil den Begriff des »*Always-On*«-Campaigning geprägt und in die Politik eingeführt. Dieser bezeichnet die Fortführung von politischen Kampagnenelementen – intensive Kommunikation mit Unterstützer:innen, Aufruf zu Handlungen zur Unterstützung von Aktionen etc. – über den Wahltag hinaus zur Begleitung der aufgebauten digitalen Communitys und Verstärkung legislativer Vorhaben. Genauso fällt in diesen Bereich die laufende Kommunikation als Mandatsträger:in oder ehrenamtliche, politisch aktive Person, die digitale Kommunikation für eine Partei verantwortet. Zwischen Wahlen gilt es, die digitale Sichtbarkeit sowohl im Wahlkreis als auch bei höheren Ambitionen im politischen Berlin auszubauen. Jedes Jahr werden in Deutschland Tausende von Mandaten in Wahlen neu bestimmt, im Gemeinderat, Kreistag, Landtag, Bundestag sowie für Bürgermeister:innen-Ämter oder das Europaparlament – und Bewerber:innen ringen in Kampagnen darum, die Wähler:innen mit ihren Ideen zu überzeugen.

Du kandidierst für ein Amt, bist in den Wahlkampf eines Kandidaten oder einer Kandidatin eingebunden, kommunizierst für eine/n Politiker:in in einem Parlament, bist Mandatsträger:in oder planst eine politische Kampagne oder digitale Strategie außerhalb von Wahlkämpfen? Dann bist du hier genau richtig!

DIGITAL PUBLIC AFFAIRS & VERBANDS-KOMMUNIKATION

Spätestens mit dem Umzug der Regierung von Bonn nach Berlin hat der Begriff »Public Affairs« Einzug in das Kommunikationsportfolio von Unternehmen und Verbänden gefunden. Heute unterhalten die meisten großen Unternehmen eine Public-Affairs-Abteilung, und fast jeder Jobtitel an der Schnittstelle zwischen Politik und Wirtschaft beinhaltet den Begriff. Eine einheitliche Definition existiert nicht, es lässt sich aber folgendes grundsätzliches Verständnis festhalten:

»Public Affairs bedeutet strategisches Management zur Beeinflussung von Entscheidungsprozessen an der Schnittstelle zur Politik, Wirtschaft und Gesellschaft.« *(Handbuch Politikberatung; Falk, S.; Rehfeld, D.; Römmele, A.; Thunert, M. [Hrsg.]; Springer VS, 2006)*

Seine Unschärfe verdankt der Begriff vor allem den sich ständig verändernden Rahmenbedingungen, an denen sich die Arbeit von Public-Affairs-Manager:innen kontinuierlich ausrichten muss. Insbesondere das Aufkommen digitaler Kommunikationskanäle hat diese Disziplin grundlegend verändert. Ehemals klar definierte Rollen der Gatekeeper durch Medien und Verbände weichen auf, und der Wettbewerb an Stimmen und Interessen auf sozialen Kanälen steigt enorm an. Diese Entwicklung hat dafür gesorgt, dass sich mit dem Begriff der »Digital Public Affairs« ein Teilbereich herausgebildet hat, der sich auf die Interessenvertretung und -vermittlung von Unternehmen und Verbänden im digitalen Raum vor allem über soziale Kanäle fokussiert.

Neben der Kommunikation politischer Interessen auf sozialen Kanälen und einer stärkeren Sichtbarkeit von Lobbyarbeit ist in den letzten Jahren die Legitimation der »sozialen Betriebserlaubnis« von Unternehmen in den Fokus gerückt. Diese thematisieren im Kern die gesellschaftliche und politische Akzeptanz unternehmerischen Handelns. Die Grenzen zur Corporate Social und zur Political Responsibility sowie der CEO-Kommunikation sind fließend. Je nach Branche und Geschäftsmodell führt gesellschaftlicher Gegenwind leicht zu Reputationsverlust und ernsthaften Schäden der – mühsam aufgebauten – Marke. Man kann hier die mangelhafte Krisenkommunikation von RWE rund um den Hambacher Forst oder die Entscheidung von Adidas, zum Höhepunkt der Coronakrise keine Miete zahlen zu wollen, als Beispiele nennen. Eine hohe Geschwindigkeit, um augenblicklich auf Krisen zu reagieren, Agilität, Transparenz und eine glaubwürdige digitale Positionierung sind von zunehmender strategischer Bedeutung. Noch immer ist es mehr ein Buzzword als gelebte Praxis – aber ohne eine fundierte und strategische Herangehensweise an das »Digital« in Public Affairs wird sich für die 2020er-Jahre keine nachhaltige Interessenvertretung erzielen lassen.

Du bist für ein Unternehmen oder einen Verband im Bereich Public Affairs oder Öffentlichkeitsarbeit zuständig? Du überlegst, wie man digital zu gesellschaftlichen Themen Stellung beziehen und die eigene Wirksamkeit erhöhen kann? Du möchtest den/die CEO mit einer guten Digitalstrategie nachhaltig positionieren? Dann kannst du mit einer fundierten Strategie und mithilfe der folgenden Tools viel bewirken!

SOZIALER AKTIVISMUS, SOZIALE BEWEGUNGEN & BÜRGERINITIATIVEN

In den letzten Jahren haben soziale Bewegungen, die sich primär über Social Media organisieren, viel Aufmerksamkeit erfahren. Anhänger von Fridays for Future, Black Lives Matter, Artikel 13 oder #MeToo schafften oder schaffen es, ihre Anliegen im digitalen Raum zu formulieren und nennenswerte Teile der Öffentlichkeit von sich zu überzeugen. Dabei sind ihre Anliegen – Umweltschutz, Ökologie, Frauenrechte, humanitäre Hilfe, Menschenrechte – keineswegs neu. Bereits die Arbeiterbewegungen in der zweiten Hälfte des 19. Jahrhunderts oder die Friedensbewegung gegen die Wiederbewaffnung im Kalten Krieg konnten große Teile der Bevölkerung mobilisieren. Die Politikwissenschaftlerinnen Donatella della Porta und Alice Mattoni definieren soziale Bewegungen als:

> »Informal networks, based on shared beliefs and solidarity, which mobilize about conflictual issues, through the frequent use of various forms of protest.«

Im Vordergrund steht das Informelle. Anders als in politischen Parteien oder Public-Affairs-Abteilungen und Unternehmen existieren häufig keine festgelegten Hierarchien. So vielfältig die Themen sind, so vielfältig sind auch die Strukturen sozialer Bewegungen. Festzuhalten ist, dass sie auch durch neue digitale Tools und die voranschreitende Individualisierung unserer Gesellschaft zunehmend an Aufwind gewinnen. So kann Aktivismus häufig mit einem einzelnen Facebook-Post oder einer Petition starten und mit der Verabschiedung eines neuen Gesetzes enden. Fernab der großen Bewegungen vergisst man aber häufig die zahlreichen kleinen Gruppen, Bürger:innen-Initiativen und NGOs, die auf lokaler oder regionaler Ebene arbeiten. Insbesondere im Kleinen ist die Veränderung spürbar. Aus einfachen Unterschriftenlisten werden lokale Naturschutz- oder Infrastrukturprojekte, die das Leben der Menschen vor Ort verändern. Aktivist:innen stehen jedoch zunehmend vor der Herausforderung, ihre Themen mit nur wenigen eigenen Ressourcen platzieren zu müssen.

Möchtest du für ein gesellschaftspolitisches Thema Aufmerksamkeit erzeugen und Anhänger:innen gewinnen, Fundraising betreiben, eine Petition an den Bundestag adressieren oder eine Kampagne starten? Dann bist du hier genau richtig!

PUBLIC SECTOR

Da mit dem Begriff »öffentliche Verwaltung« vielfach ein preußischer, prozesshafter Betrieb assoziiert wird, der sich auf die administrative Verwaltung staatlicher Macht konzentriert, nutzen wir in diesem Buch den international gebräuchlichen Begriff des »Public Sector«. Er hat eine holistische Perspektive und konzentriert sich auf eine systemische Betrachtung öffentlicher Akteure. Zwar spielt der Staat in der föderalen Struktur über alle Ebenen hinweg eine große Rolle, in Kommunikationshandbüchern hat die digitale Kommunikation des Public Sector jedoch bis heute keine Berücksichtigung gefunden. *Public-Sector-Kommunikation* hat das Ziel, das Informieren von Bürger:innen an die erste Stelle zu setzen. Abhängig davon, ob es sich um ein Bundesministerium oder eine lokale Gemeinde handelt, unterscheiden sich die Zielgruppen. Die Kommunikator:innen im Public Sector sind kein Zusammenschluss von Individuen mit politisch motivierten Interessen. Vielmehr sind sie Beauftragte des Staates beziehungsweise der jeweiligen föderalen Ebene und sprechen im Namen ihrer jeweiligen Organisation. Allerdings steht die Public-Sector-Kommunikation vor nie dagewesenen Herausforderungen. Corona hat gezeigt, wie schnell der Staat auf allen Ebenen in der Lage sein muss, Informationen digital verständlich zu kommunizieren, zu informieren, aufzuklären und zu involvieren. Die Bekämpfung von Fake News und die langfristige Akzeptanz staatlicher Handlungen durch die Bürger:innen sind weitere wichtige Ziele. Die gesellschaftlichen Veränderungen werden in den kommenden Jahren eine noch schnellere, involvierende und offenere staatliche Kommunikation als bisher notwendig machen.

Hast du Interesse, eine zeitgemäße und digitale Public-Sector-Kommunikation der Zukunft zu entwerfen? Arbeitest du in einer öffentlichen Einrichtung und möchtest dich einfach nur weiterbilden über Kommunikation? Dann bist du hier genau richtig!

Dein Navigator: Das Public Arena Framework

Um Orientierung und Struktur in die vielen verschiedenen Elemente und Bausteine bei der Entwicklung einer guten digitalen und wirkungsvollen Kommunikation zu bringen, haben wir das Public Arena Framework entwickelt. Für uns ist es das methodische Herzstück und wurde aus der Empirie von zahlreichen praxiserprobten Kampagnen, Konzepten, Workshops und den wichtigsten Tools für digitale Kommunikation gebaut. Manche haben wir selbst entwickelt, andere aus dem Online-Marketing übernommen und für unsere Zwecke und Ziele angepasst. Anders als etwa das für Geschäftsmodellentwicklung häufig genutzte Business Model Canvas ist unser Framework kein interaktives, ausfüllbares Board, sondern eine navigatorische Strukturorientierung, die alle wichtigen Module einer digitalen Kommunikation in der Public Arena enthält. Es gibt vier strategische Phasen, die wiederum in thematische Kapitel aufgeteilt sind.

PHASE 1 – LEITBILD

Im **Leitbild** legst du fest, welche Vision du anstrebst, welche Werte du lebst und welche Ziele du mit deiner digitalen Kommunikation erreichen willst. Jede Kommunikation braucht einen Polarstern, der für Orientierung sorgt und Sinn stiftet und das

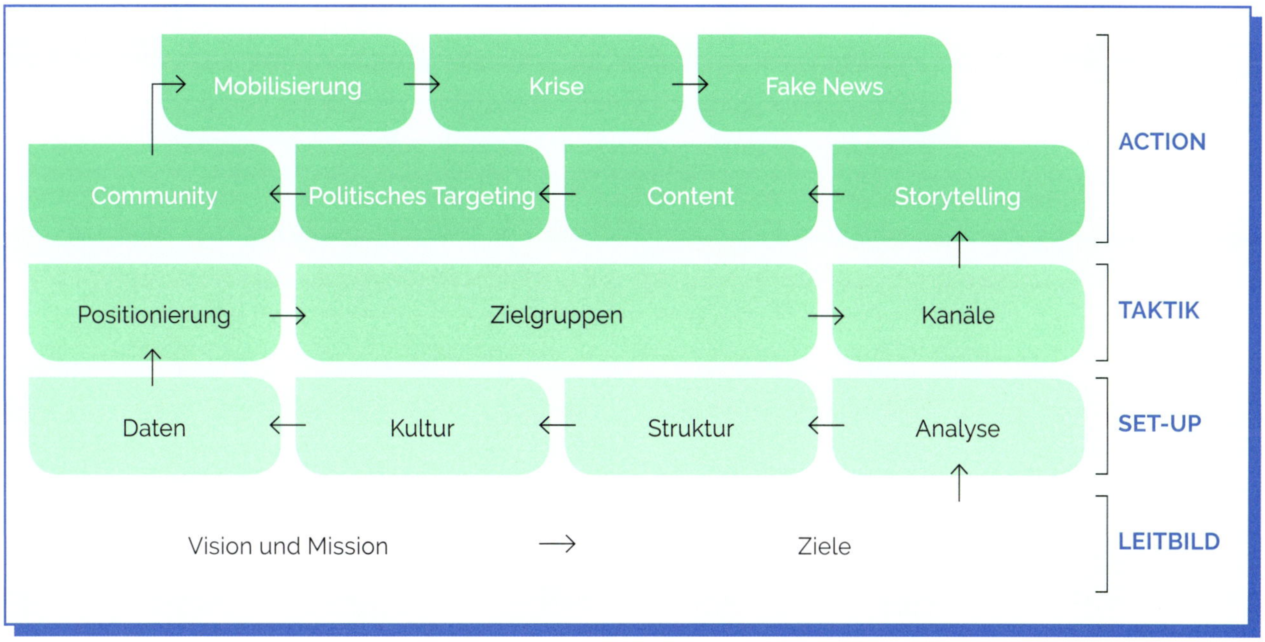

Fundament für alle weiteren Bestrebungen bietet. Unser Polarstern ist das sogenannte Leitbild. Viel zu viele Kampagnen oder Kommunikator:innen können nicht beantworten, was sie mit ihrer digitalen Arbeit bezwecken wollen oder *warum und wie* Externe das Anliegen unterstützen sollten. Bevor wir uns Gedanken darüber machen, was die Botschaften sind und wo diese platziert werden sollen, entwickeln wir eine Idee davon, was uns täglich antreibt, welcher Mehrwert geschaffen werden soll und welche Ziele wir uns setzen. Aus diesem Grund bedarf es einer *Vision und Mission* sowie *Ziele*, die als erste Module des Public Arena Framework vorgestellt werden.

PHASE 2 – SET-UP

Nachdem die übergreifenden Voraussetzungen jeder digitalen Kommunikation stehen, werden in dem Public Arena Framework und in deiner Strategie die strukturellen und internen Voraussetzungen für das Erreichen der Ziele geschaffen, also das passende Set-up. Es bildet die Grundlage, um zu gewährleisten, dass du die notwendigen Voraussetzungen erfüllst. Strukturelle Themen sind meist unbeliebt, aber sie sind der unsichtbare Treibstoff, den man braucht, um seinen Spirit zu operationalisieren und umzusetzen. In den Modulen »Daten«, »Kultur«, »Struktur« und »Analyse« werden die wichtigsten Methoden aufgezeigt, um die optimale Vorbereitung für den aktiven Schritt in die Public Arena abzurunden.

PHASE 3 – TAKTIK

Nach dem strukturellen Set-up geht es in den handwerklichen Teil jeder Kommunikation und somit auch des Public Arena Framework: die Taktik. Sie zeigt, wie du Kampagnen- oder Kommunikationsmaßnahmen planst. Im digitalen Kosmos sind drei Punkte dafür entscheidend: Du musst deine *Positionierung* deutlich herausarbeiten, deine *Zielgruppen* bestimmen und daraus die relevanten *Kanäle* strategisch ableiten können, um zu definieren, wo du deine Inhalte kommunizieren möchtest. Die Taktik ist die Grundlage, bevor es an die Durchführung und Aussteuerung deiner Kommunikation geht.

PHASE 4 – ACTION!

Dieses Kapitel ist das umfangreichste. Es bietet dir einen Überblick über die wichtigsten Bausteine der aktiven Kommunikation. Die klügste Strategie und die schönste Vision sind wirkungslos, wenn die Erzählung deiner Geschichte und die digitale Ansprache nicht stimmen. Du musst wissen, wie du digitales *Storytelling* betreibst, *Content* planst und umsetzt und diesen dann an deine Zielgruppen durch intelligentes *Targeting* aussteuerst. Dazu sind einige weitere Elemente entscheidend: Wir stellen dar, wie man eine *Community* aufbaut, organisiert und die Kommunikation mit ihr managt. Im Anschluss geht es um die *Mobilisierung*. Wie kommunizierst du dramaturgisch auf einen Höhepunkt zu? Wie erreichst du die maximale Mobilisierung von Wähler:innen? Um in kritischen Situationen einen kühlen Kopf zu bewahren und schnell und effektiv handlungsfähig zu sein, dreht sich bei *Krise* und *Fake News* alles um das Thema Reaktionsfähigkeit in brenzligen Situationen.

WIE GEHT ES WEITER?

Die Module in den vier Phasen bauen stringent aufeinander auf, um eine möglichst hohe Praxistauglichkeit zu gewährleisten. Beantwortet werden jeweils folgende Fragen:

+ Um welches Thema geht es in dem Modul? In welchen Situationen kann es hilfreich sein?
+ Welches sind die geeignetsten Methoden und Tools?
+ Anwendung: Wie überträgt man die Methode oder das Tool auf die eigene Praxis?

Werden Tools und Methoden vorgestellt, erklären die Icons, wie komplex diese sind und wie lange circa gebraucht wird um diese anzuwenden.

Komplexität:
Wie schwer

Anfänger (ohne Vorkenntnisse oder viele Ressourcen möglich)

Fortgeschrittene (einige Ressourcen und Vorkenntnisse in digitaler Kommunikation notwendig)

Profi (sehr viele Kenntnisse oder Ressourcen erforderlich)

Dauer:
Wie lange brauchst du, um diese Methode anzuwenden?

Bis zu einer Stunde

Bis zu vier Stunden

Bis zu acht Stunden

Alle Arbeitsschritte, Tools und Methoden sind digital abrufbar unter *publicarena.de*. Dort gibt es sowohl ein PDF als auch einen Link zu Vorlagen als »Public Arena Miro Board«. Miro ist eine Software, die es ermöglicht, Tools digital auszufüllen oder mit Kolleg:innen in einem Workshop gemeinsam zu bearbeiten.

Abhängig von aktuellen Anliegen kannst du das Framework chronologisch oder situativ lesen. Es ist nicht statisch, sondern dynamisch und kann auch so angewandt werden. Alle Phasen sind nicht getrennt voneinander zu verstehen, sondern stehen in Interdependenz zueinander. So sollten etwa *Daten* die Grundlage für jedes kommunikative Handeln in der Public Arena darstellen – *politisches Targeting*, also die datengetriebene Zielgruppenansprache, kann andererseits nur auf Grundlage vorher gebildeter *Zielgruppen* geschehen. Zugleich müssen die Zielgruppen immer wieder auf der Grundlage der Ergebnisse und Erkenntnisse der Zielgruppenansprache optimiert werden.

Bevor es losgeht, noch ein Hinweis: Am Endes des Playbooks wagen wir einen Blick auf die wichtigsten *Playing Fields* in der Public Arena Deutschlands der kommenden Jahre. Welche Anforderungen müssen wir an die Digitalisierung unserer Demokratie stellen, und wie können wir die Digitalisierung demokratisieren? Dazu haben wir ein paar Gedanken und Ideen, die wir ebenfalls vorstellen möchten.

Und jetzt: Sei der Wandel, den du in unserer Gesellschaft sehen möchtest. Starte mit deinem Public Arena Framework!

LEITBILD

LEITBILD

Vision & Mission

Wie du deine Werte analysierst und in den Alltag integrierst

Es gibt nur wenige Trends, die dermaßen totgeritten wurden wie die Entwicklung von Visionen und Missionen. Unzählige YouTube-Coaches und Marketingratgeber versprechen einem, wie man beispielsweise mit dem »Golden Circle« des Bestsellerautors Simon Sinek *(Why, How, What)* seinen sogenannten Purpose bestimmen und somit sinnstiftend im digitalen Raum kommunizieren kann. Doch wertebasiert und mit einer klaren Vision zu arbeiten, mit einer für alle im Team verständlichen Mission für ein größeres gesellschaftliches Ziel, das ist nichts, was man durch ein zehnminütiges Video-Tutorial lernt. Deshalb sind die folgenden Tools lediglich eine Stütze für die Realisierung dieses wichtigen Fundamentes. Am Ende kommt es auf den inneren Antrieb, die Motivation und die gelebten Werte an. Sonst sind alle wohlklingenden Statements auf der Homepage nicht mehr als nettes, persilgewaschenes Marketing-Buzz.

Ärmel hoch also – und ran an deine Kommunikation in der Public Arena. Um den Polarstern für dich, dein Team und deine Arbeit bauen zu können, braucht es fünf Elemente, die entwickelt, im Team diskutiert (oder nur von dir, wenn du alleine bist) und am Ende zu einem konsistenten Gesamtbild zusammengefügt werden müssen. Zu den fünf Elementen zählen:

DIE ZENTRALEN WERTE

Zu Beginn des Playbooks haben wir im Wertekompass bereits wichtige Werte mit Fokus auf digitale Kommunikation definiert. Aber ein Wert wird erst dann lebendig, wenn er im Alltag gelebt wird. Welche Werte lebst du im Alltag? Diese sind Grundlage allen Handelns und Gradmesser dafür, wie ernst du es mit deinem Purpose und deiner Vision meinst.

DEIN PURPOSE

Warum machen wir das, was wir tun, und warum existieren wir? Ein sogenannter Purpose ist vor allem für die interne Motivation und Sinnstiftung bei der Gewinnung neuer Mitglieder:innen oder Unterstützer:innen entscheidend. Es geht weniger darum, was am Ende auf der Website oder in aufgehübschten Social-Media-Videos steht, sondern was du mit deinen Werten glaubwürdig vorlebst. Der Fokus liegt auf dem inneren Kern, auf der Frage nach dem »Warum«.

DEINE VISION

Die Vision beschreibt ein attraktives Bild in der fernen Zukunft, das aufgrund deiner Arbeit erreicht werden kann. Sie sollte einen klaren gesellschaftlichen Veränderungsanspruch formulieren, der über die eigene Daseinsberechtigung und konkreten Ziele hinausgeht und ein ideales Bild zeichnet. Beispiel: »Unsere Vision ist es, mit unserer Arbeit dazu beizutragen, dass Düsseldorf im Jahr 2040 klimaneutral ist!«

DEINE MISSION

Sobald die Vision hinreichend benannt ist, geht es eine Ebene weiter in die Gegenwart – zum Mission Statement. Als Statement versteht man grundsätzlich prägnant formulierte Sätze, die auch auf der Homepage oder in einem Social-Media-Video veröffentlicht werden könnten. In diesem Fall muss das Mission Statement zwei wesentliche Funktionen erfüllen: Es muss festlegen, was du konkret tust und worin der Mehrwert deiner Kommunikation für andere in der Public Arena besteht. Es ist zudem ein Orientierungsanker für alle, die neu in das Team oder in die Kampagne kommen und wissen müssen, auf welcher Reise wir uns gemeinsam befinden. Ein Beispiel für einen Verband: »Mit unserer Mission, täglich Menschen digital über wirtschaftspolitische Updates zu informieren, tragen wir zu einer besseren politischen Meinungs- und Willensbildung bei.«

DEIN HAARIGES, GROSSES UND GEWAGTES ZIEL (BHAG)

Dahinter verbirgt sich ein ambitioniertes, aber nicht unrealistisches und gewagtes Ziel, das deine Vision mit einem ganz konkreten Ziel verbindet und somit Motivation und Ansporn zugleich ist. Daraus leiten sich im Alltag des digitalen Maschinenraums unmittelbar die kurz-, mittel- und langfristigen Kommunikationsziele für dich ab.

Was ist unser motivierendes visionäres Leitziel (BHAG), nach dem wir unsere Prioritäten ausrichten?

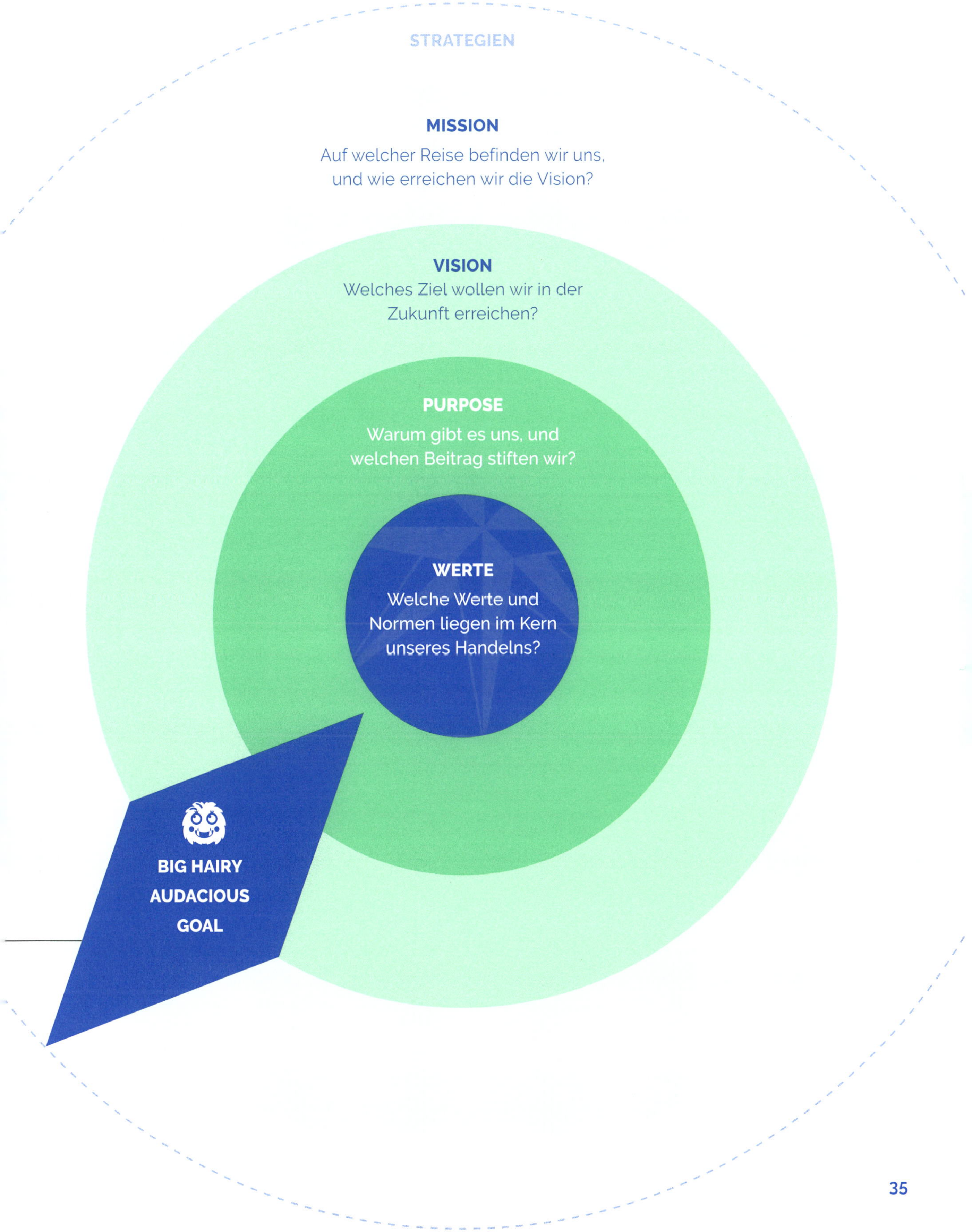
STRATEGIEN
MISSION
Auf welcher Reise befinden wir uns, und wie erreichen wir die Vision?
VISION
Welches Ziel wollen wir in der Zukunft erreichen?
PURPOSE
Warum gibt es uns, und welchen Beitrag stiften wir?
WERTE
Welche Werte und Normen liegen im Kern unseres Handelns?
BIG HAIRY AUDACIOUS GOAL

Die eigenen Werte analysieren und mit dem Wertekompass in den Alltag integrieren!

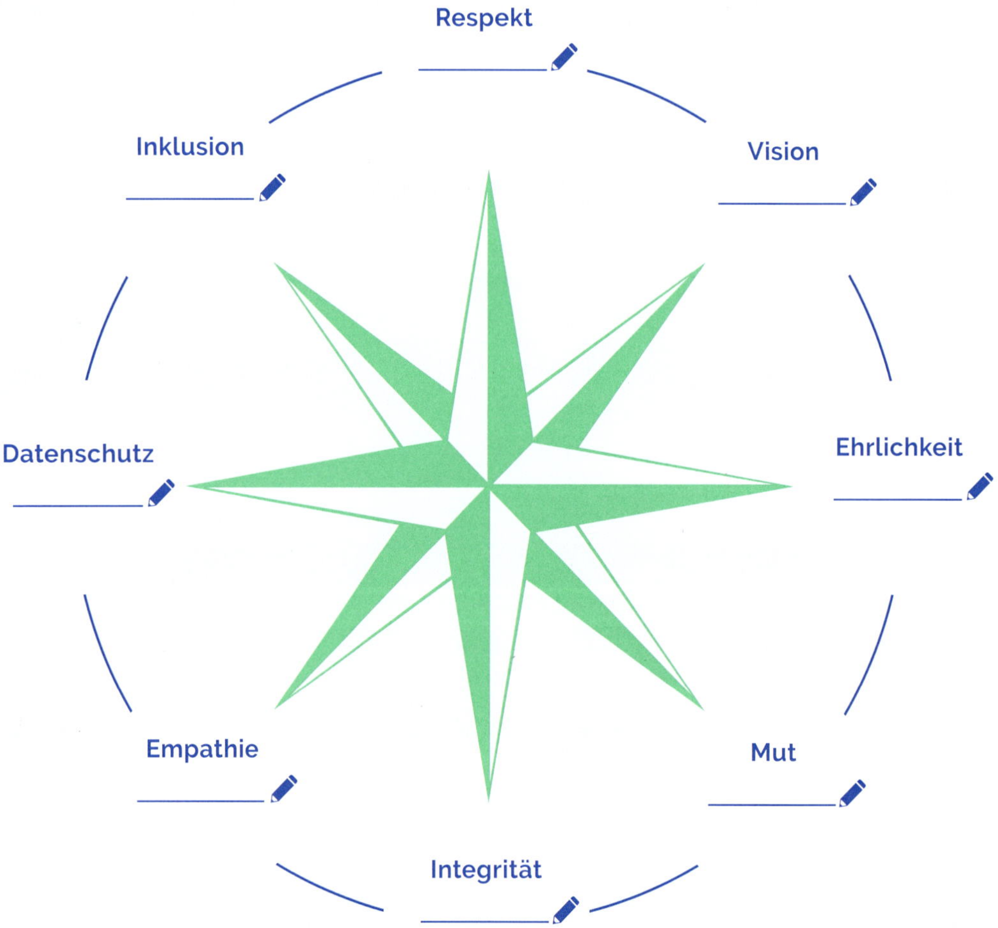

Wie machst du diesen Wert im Alltag sichtbar?
Was bedeutet dieser Wert für den Anspruch der eigenen digitalen Kommunikationsarbeit?
Wer trägt intern in welcher Form zu diesem Wert mit seinen Handlungen bei?
Welche Maßnahmen leiten sich für die jeweiligen Wertebereiche ab, und wie werden diese umgesetzt?

Tool: Wertekompass-Check

Es gibt im Start-up-Jargon des Silicon Valley ein Mantra, dem zufolge es ohne Profit keinen Purpose geben könnte (»No Profit – No Purpose!«). Das Gleiche lässt sich für unsere Public Arena sagen. »No Values – No Purpose. No Purpose – No Change!« Ohne ein klares Wertefundament kein dauerhafter Aufbau der wichtigsten Währung im gesellschaftlichen Raum: Vertrauen. Daher ist es wichtig, bevor du mit allem loslegst, mit dem Team oder allein den Wertekompass, den wir bereits im Public-Arena-Kapitel vorgestellt haben, konkret auf deine Bedürfnisse herunterzubrechen. Wichtig: Natürlich können es mehr oder weniger Werte oder ganz eigene Schwerpunkte sein. Du solltest aber bei der Festlegung darauf achten, dass es nichtdiskutierbare Kernwerte gibt. Nur so kannst du gewährleisten, dass bei einem Verstoß – etwa einer rassistischen Äußerung eines Teammitglieds – schnell sanktioniert werden kann.

In einem Workshop-Setting kannst du den Kompass aufzeichnen und jeweils mindestens acht (oder nach Bedarf noch mehr) Felder definieren, die nacheinander mit Sticky Notes oder im Miro Board bearbeitet und priorisiert werden. Diese Werte stellen einen Vorschlag von uns dar, damit du nicht mit leeren Händen starten musst. Im digitalen Template auf Miro kannst du die Begriffe aber auch durch eigene ersetzen.

SCHRITT 1: ***Sammle alle Gedanken zu den Kreisen und füge wenn notwendig weitere Werte hinzu***

Zu Beginn werden in einer 15- bis 20-minütigen Stillarbeitszeit erste Gedanken gesammelt. Wir orientieren uns an den Werten, die wir in diesem Playbook vorgegeben haben. Sind das Werte, die du als zentralen Bestandteil deiner Organisation oder Arbeit betrachten willst? Wenn ja, wie werden diese aktuell sichtbar gemacht? Wenn nein: Welche Werte willst du stattdessen definieren? Welche Bedeutung misst du diesem Wert für deine Vision und Mission bei?

Beispiel: »Einer unserer wichtigsten Werte ist Transparenz. Diesen leben wir aktuell aber weder im Team noch in unserer digitalen Kommunikation nach außen.«

SCHRITT 2: ***Themen clustern und diskutieren***

Jede Person stellt die formulierten Gedanken vor. Der Workshop-Moderator fasst die häufigsten Antworten oder genannten Werte zusammen. Alle Teilnehmer erhalten fünf Punkte, die entweder gesammelt oder einzeln auf die wichtigsten Handlungsfelder geklebt – oder digital markiert – werden können. Diese bilden dann die Diskussionsgrundlage für die Maßnahmenplanung. Es ist empfehlenswert, sich maximal drei bis vier Werte pro Workshop vorzunehmen. Sonst läufst du Gefahr, dass nicht ausreichend diskutiert oder genügend Meinungen gehört werden.

SCHRITT 3: *Auswahl und Ausformulierung der Werte-Statements*

Jetzt geht es an die Lösungen. Starte eine offene, konstruktive Diskussion und Abstimmung zu den Werten. Können diese als allgemeingültig akzeptiert werden? Die akzeptierten Werte sind jetzt als Werte-Statements zu formulieren. Diese bilden die Grundlage eurer Haltungen.

Beispiel zu »Mut«: »Wir sind mutig in unserem Tun und Handeln, wagen es, kontroverse Ideen zu kommunizieren und in unserer digitalen Arbeit Innovationen zu belohnen und nicht zu kritisieren, auch wenn mal etwas schiefgehen sollte.«

Nachdem die Statements gemeinsam erarbeitet wurden, werden die offensichtlichen kritischen Diskussionspunkte und Fragezeichen für eine bessere Sichtbarkeit und Integration der Werte im Alltag für den nächsten Workshop formuliert. Mit dem Tool *»Werte-Aktivierungs-Karussell«* aus dem Kapitel »Kultur« können diese dann detaillierter seziert und mit Verantwortlichkeiten und Deadlines versehen werden. So wird gewährleistet, dass nichts unter den Tisch fällt. Nach einem Zeitraum von maximal sechs Monaten empfiehlt es sich, einen neuen Wertekompass-Workshop zu machen, um den Status quo zu überprüfen. Der Wertekompass-Workshop lässt sich jederzeit beliebig oft wiederholen. Es kann interessant sein, aktuelle Unterlagen mit älteren Resultaten zu vergleichen. So erkennt man, wie sich Prioritäten im Team oder bei dir im Laufe der Zeit bezüglich einzelner Werte eventuell verändern oder ob Fortschritte erzielt wurden.

Tool: das Vision & Purpose Statement

Um deinen Purpose kompakt zu formulieren, haben wir in Anlehnung an das Innovation-Toolkit der MITRE Corporation, einer Non-Profit-Organisationsberatung, die aus dem MIT in Massachusetts hervorgegangen ist, das »Purpose & Vision«-Worksheet konzipiert. Du kannst dich dem digitalen Purpose und der Vision annähern, indem du die Fragen auf dem Arbeitsblatt ausfüllst. Wichtig ist immer die digitale Manifestierung: Wo können die Vision oder der Purpose sichtbar gemacht werden? Wie können neue Mitglieder:innen oder Unterstützer:innen sofort erkennen, worum es geht?

Wichtig ist an dieser Stelle, noch mal den Unterschied zwischen Vision und Purpose zu betonen, weil dies später entscheidend sein wird:

Der Purpose *führt dich* und artikuliert, warum du tust, was du tust, und welchen Beitrag du damit für ein gesellschaftlich relevantes Thema leistest. Die Vision dagegen soll dich primär *inspirieren* und aufzeigen, welchen Zielzustand du anstrebst.

SCHRITT 1: ***Fragen beantworten***

Beantworte alle Fragen auf der folgenden Seite, so gut es geht. Stichworte oder Verben sind auch erst mal möglich. Sofern ihr die Antworten im Team formuliert, lest euch gegenseitig eure Gedanken vor und diskutiert diese.

SCHRITT 2: ***Einkreisen und Statements verfassen***

Kreise ein oder unterstreiche die für dich emotional stärksten oder wichtigsten Verben. Jetzt geht es an die Ausformulierung eines Vision Statement und eines Purpose. Du kannst verschiedene Versionen erstellen und danach einen Favoriten auswählen. Noch mal als Erinnerung: Dein Purpose beschreibt das »Warum«. Die Vision ist das Ziel, das du anstrebst.

SCHRITT 3: ***Check-up mit Freunden oder Team & digitale Implementierung***

Mithilfe der Checkliste auf dem Worksheet und Feedback von engen Freunden oder Kolleg:innen geht es jetzt an die Finalisierung. Ist die Sprache verständlich und stehen die Statements im Einklang mit den Werten? Gut. Jetzt gilt es zu beantworten, wo dieser sich materialisieren kann und in welchen digitalen Formaten eine Präsentation sinnvoll ist.

Wenn die Sätze geschliffen sind und sich gut anfühlen, bilden sie das emotionale Rückgrat jeglicher digitalen Kommunikationsarbeit. Sie sind dein unsichtbarer Elevator Pitch, wenn man dich nachts um drei Uhr wecken und fragen würde, was dich antreibt. Auf diese Vision kannst du dich

TOOL
Vision & Purpose Statement

Komplexität ●○○ Umfang ⧗⧖⧖

Schritt 1: Fragen beantworten

In welchem Gesellschaftsbereich wollen wir mit unserer digitalen Arbeit aktiv sein? In welchem Bereich wollen wir Veränderung bewirken?

____

Warum wollen wir das?

__________ ❶

Wenn wir erfolgreich sind, was steht dann am Ende für ein Resultat? Wovon träumen wir?

____

Gibt es konkrete Beispiele dafür?

__________ ❷

Welche Veränderung wollen wir in diesem Feld bewirken?

____

Wie sieht Veränderung oder Bewahrung des Status quo für uns aus?

__________ ❸

Warum existieren wir genau?

____

Was sind unsere Ambitionen?

__________ ❹

Schritt 2: Statement (maximal zwei Sätze)

Dein Vision Statement

____

Dein Purpose

____

Schritt 3: Check-Up

Unterstützungshilfe Formulierung

Wir glauben an _❶_. Wir wollen eine Gesellschaft, in der _❹_. In der _❸_ möglich ist. Wir wollen daran mitwirken, dass _❷_.

Digitale Manifestierung

Wo auf deinen Kanälen und auf deiner Homepage kannst du deine Mission sichtbar kommunizieren?

____

Finaler Qualitäts-Check-Up ☑

- ☐ Handlungszentriert *Im Mittelpunkt stehen deine aktiven Handlungen in Verbform.*
- ☐ Kompakt und spezifisch *Maximal ein bis zwei Sätze, visionär und knackig*
- ☐ Wertekompass-Check *Steht das Vision Statement im Einklang mit den Grundwerten und können sich alle im Team dahinter versammeln?*
- ☐ Verständliche, einfache Sprache *Keine Fachwörter, kein Englisch, keine Buzzwörter*

immer zurückbesinnen und in kritischen Momenten argumentativ auf diese Metaebene wechseln. Diese Sätze können situativ in Instagram-Storys oder auch Q&A-Formaten verbreitet werden und so deinen Zielgruppen ein klares Bild vermitteln. Stelle sicher, dass sie auf der Homepage zu finden sind. Sofern du eine Parteigliederung oder eine NGO bist, sollte dieser visionäre Pitch beim Onboarding neuer Unterstützer:innen oder Mitglieder:innen verwendet werden.

Hier ein Beispiel für ein wirkungsvolles Vision Statement für ein Facebook-Video: »Unsere Vision ist es, in einem gerechten Deutschland zu leben, in dem kein älterer Mensch mehr Angst vor Armut haben muss. Mit einer Spende von nur zehn Euro kannst du gewährleisten, dass wir eine Woche lang einem Menschen über 70 jeden Tag ein warmes Essen anbieten können und er nicht Flaschen sammeln muss. Damit sind wir schon einen Schritt weiter auf dem Weg in eine echte solidarische Gesellschaft. Machst du mit?«

Schritt 1: Fragen beantworten (Allein oder gemeinsam über deine Kampagne, deine Organisation, über dich)

Was machen wir?

____________ ✎

Was machen wir nicht?

____________ ✎

Auf welcher Reise befinden wir uns?

____________ ✎

❶

Welchen Mehrwert stiften wir mit unserer digitalen Arbeit?

____________ ✎

Was macht uns einzigartig?

____________ ✎

❷

Wie unterstützt uns die digitale Kommunikation dabei, unsere Vision zu verwirklichen? ✎

____

❸

Welche Zielgruppen wollen wir digital ansprechen bzw. mit unseren Anliegen erreichen?

____________ ✎

❹

Welche Werte sind uns in unserer digitalen Kommunikation wichtig?

____________ ✎

❺

Beschreibe deine Kampagne oder Organisation mit **drei Adjektiven** (Brainstorming Support)

____________ ✎

Schritt 2: Statement

Dein Mission Statement

____________ ✎

Schritt 3: Check-Up

Unterstützungshilfe Formulierung

Unsere Mission ist es __❶__ für __❹__ zu erreichen / um zu befähigen durch __❸__ im digitalen Raum. Dabei ist uns auf unserer Reise besonders wichtig __❺__, weil wir mit unserer Mission __❷__ bewirken wollen.

Digitale Manifestierung

Wo auf deinen Kanälen und auf deiner Homepage kannst du deine Mission sichtbar kommunizieren?

____________ ✎

Finaler Qualitäts-Check-Up ☑

- ☐ Handlungszentriert *Im Mittelpunkt stehen deine aktiven Handlungen in Verbform.*
- ☐ Kompakt und spezifisch *Maximal ein bis zwei Sätze, visionär und knackig*
- ☐ Wertekompass-Check *Steht das Vision Statement im Einklang mit den Grundwerten, und können sich alle im Team dahinter versammeln?*
- ☐ Verständliche, einfache Sprache *Keine Fachwörter, kein Englisch, keine Buzzwörter*

Tool: dein Mission Statement

Jedes Mission Statement sollte ausdrücken, auf welcher Reise du dich zu deiner vorher formulierten Vision und deinem Purpose befindest. Es muss klar, prägnant und informativ sein. Einige Organisationen nennen dies in ihren Mission Statements ihr Versprechen. Ein konkretes Beispiel könnte das hier sein: »Mit unserer digitalen Arbeit zur Aufklärung über nachhaltige Lebensmittel wollen wir ein besseres Ernährungssystem aufbauen.« Oder: »Mit unserem Telegram-Kanal rund um Impf-Mythen zur Bekämpfung von Fake News wollen wir eine bessere und informiertere Öffentlichkeit schaffen.«

Ob man es zum ersten Mal formuliert oder das Existierende auf den Prüfstand stellt: Mit dem Worksheet kannst du die wichtigsten Fragen zu deiner Mission beantworten. Die Herangehensweise ist die gleiche wie beim vorherigen »Vision & Purpose«-Worksheet. Aber Achtung: Slogans und Kampagnenclaims werden oft mit Mission Statements verwechselt. Sie können vielleicht deine Organisation beschreiben, sind aber kein Ersatz. Sie stellen aufgrund ihrer Kürze und Einprägsamkeit ein effektives Marketinginstrument für digitalen Wiedererkennungswert dar. Mehr aber auch nicht.

BHAG-Planer

Was ist dein großes und gewagtes Ziel, von dem du träumst und das du gerne mit deiner digitalen Arbeit erreichen würdest?

Wie würdest du dein **BHAG** in einem **kompakten und einfach verständlichen Satz** formulieren?

Wie oft kannst du in der Woche **Zeit** erübrigen, um an deinem BHAG zu arbeiten? Wer sind digitale **Verbündete** auf dem Weg dahin für dich?

Was sind die **relevantesten Meilensteine im digitalen Bereich**, die du dir setzt auf dem Weg zum Erreichen deines BHAG?

Was sind die **Top-3-Prioritäten**, die du dieses Quartal digital erreichen willst, um deinem BHAG näher zu kommen?

1 ______

2 ______

3 ______

Tool: die BHAG-Methode

Der etwas sperrige Begriff des »Big Hairy Audacious Goal« wurde von Jerry Porras und James Collins in ihrem 1994 veröffentlichten Buch *Built to Last: Successful Habits of Visionary Companies* erstmals vorgestellt:

»A true BHAG is clear and compelling, serves as a unifying focal point of effort, and acts as a clear catalyst for team spirit. It has a clear finish line, so the organization can know when it has achieved the goal; people like to shoot for finish lines.«

Konkret steht die Abkürzung also für:
(B)ig – Es ist ein großes Ziel, das wir nicht innerhalb von wenigen Monaten erreichen können.
(H)airy – Die Idee scheint verrückt, weil sie so unkonventionell ist. Es ist etwas, was wir so noch nie getan haben.
(A)udacious – Es sollte einen Keuch-Faktor haben, der dich dazu bringt, dich aufzusetzen und zuzuhören, wenn du zum ersten Mal darüber nachdenkst. Die nächste Emotion sollte sein, dass es genau die richtige Idee für dein Unternehmen ist.
(G)oal – Das BHAG muss ein klar artikuliertes Ziel (oder mehrere Ziele) haben, das mit unserer Vision, den Werten und der Mission verbunden ist. So kann es gemessen werden.

Warum ist gerade das BHAG für die Public-Arena-Kommunikation spannend? Wir ringen jeden Tag digital um die knappe Aufmerksamkeit von Nutzer:innen, haben interne wie externe Grabenkämpfe zu bestehen. Nichts motiviert einen mehr als ein ambitioniertes Ziel, auf das du trotz aller Widrigkeiten hinarbeitest. Während unsere Vision eher ein fernes und wunschenswertes Ziel ist, geht das BHAG einen Schritt weiter. Es spielt keine Rolle, ob das heißen mag, eines Tages Bürgermeister:in werden, eine medial beachtete Umweltkampagne organisieren oder die digitalste Public-Affairs-Hauptstadtrepräsentanz Deutschlands sein zu wollen. In jedem Fall leiten sich aus dem BHAG die Kommunikationsziele für die Public Arena ab.

Wenn du Bürgermeister:in werden willst, brauchst du eine involvierende digitale Präsenz, die in der Gemeinde wahrgenommen wird. Das BHAG lässt sich individuell je nach Anliegen designen. Für unser Unternehmen Cosmonauts & Kings lautet es beispielsweise »Becoming the Leader in Digital Politics«. Wir wollen Marktführer in der digitalen politischen Kommunikation sein. Wir veranstalten Events, geben Webinare oder halten Workshops ab – und alle zahlen Schritt für Schritt auf dieses Ziel ein. Danach werden dann immer wieder kommunikative Ziele gesetzt. In Momenten des Zweifels ist das Ansporn und leuchtende Motivation zugleich – denn Rückschläge wird es auf der Reise garantiert geben.

Mit dem eigens entwickelten und für digitale Kommunikation optimierten BHAG Worksheet kannst du mithilfe von fünf Fragen dein BHAG ausformulieren und sowohl mit Meilensteinen als auch mit Prioritäten versehen. Los geht's!

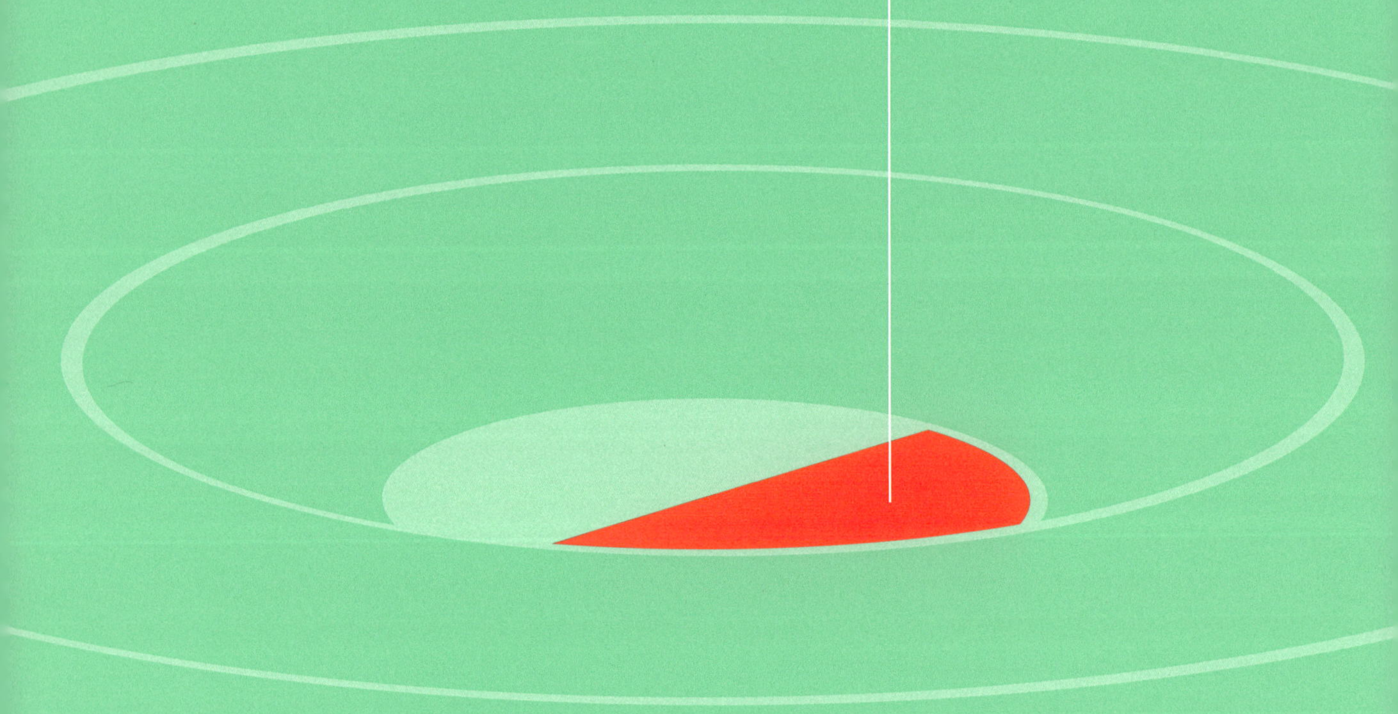

Wie du die Grundlage für deine Strategie legst

Auch das im vorherigen Kapitel formulierte »große ambitionierte und haarige Ziel« (BHAG) bleibt ein wolkiges Luftschloss, wenn es nicht in greifbare Ziele unterteilt werden kann. Für unser Leitbild stellt dieses Kapitel »Ziele« eine essenzielle Grundlage dar. Eines der größten Probleme bei der Planung von digitalen Kommunikationsstrategien ist sehr oft, dass nicht klar benannt werden kann, auf welche Ziele alle Maßnahmen der Arbeit einzahlen sollen und wie diese so operationalisiert werden können, dass sich daraus ein Bild ergibt, welches dann anhand verschiedener Strategien und Taktiken ausgearbeitet werden kann.

Ziele bieten uns zum einen den angestrebten Endzustand für unsere Bestrebungen in der Zukunft an, der sich dank der eigenen Arbeit positiv von der aktuellen Situation unterscheidet. Des Weiteren können wir uns an ihnen orientieren. Wir erkennen, was wir bis wann erreichen wollen und welche Bausteine es dafür braucht.

Wir haben in zahlreichen Kampagnen erlebt, dass sich unsere Kunden nicht immer Zeit genommen haben, aus ihrer Vision und Mission heraus klare Zielvorgaben für die Kommunikation zu definieren. Die Meisten wollten direkt in die operative Arbeit starten. Das ist verständlich, aber gefährlich. Man läuft Gefahr, sich auf unwichtigen Nebenschauplätzen zu verkämpfen – etwa der Entwicklung eines Logos für eine Kampagne –, anstatt sich auf die wesentlichen Elemente zu konzentrieren.

> »Von den Instrumenten statt von den Zielen auszugehen, ist dagegen einer der häufigsten Fehler [...]. Denn wenn Verantwortliche nicht wissen, welche Kommunikationsziele erreicht werden sollen, läuft jedes Engagement ins Leere – Kommunikation wird zum ineffizienten Blindflug.«
> *(Ruisinger, Die digitale Kommunikationsstrategie, S. 227)*

Wie jeder gute Architekt benötigst du eine Blaupause als Grundlage für die strategische Planung. Ein Instrument, das hilft, Gedanken zu strukturieren, diese auf ein Blatt zu bringen und deine Ziele zu organisieren, ist der von uns entwickelte *Zielplan*.

Deine Vision

____

Dein BHAG

____

Deine Kommunikationsziele, um das BHAG zu erreichen

Kurzfristig *(Umsetzung innerhalb von vier Wochen)*

____
____
____
____
____
____
____

Mittelfristig *(Umsetzung innerhalb von drei Monaten)*

____
____
____
____
____
____
____

Langfristig *(Umsetzung mehr als drei Monate)*

____
____
____
____
____
____
____

Tool: der Zielplan

SCHRITT 1: ***Übertragung deines BHAG und Ableitung von Kommunikationszielen, um dieses zu erreichen***

Links trägst du dein Vision- und BHAG-Statement aus dem letzten Kapitel in wenigen Sätzen ein. Ein Beispiel: Deine Vision ist es, dass deine Stadt ein lebenswerter und innovativer Ort für viele Menschen wird und du gerne mit politischen Ideen dazu beitragen möchtest.

Ein zweites Beispiel: Als BHAG identifizierst du dafür die erstmalige Wahl in den Gemeinderat für eine unabhängige und noch unbekannte Wählerinitiative. Um dieses Hauptziel erreichen zu können, werden wiederum verschiedene digitale Kommunikationsziele gesetzt. Das könnte die Einrichtung und Bespielung eines Instagram-Kanals mit deinen Kernbotschaften bis hin zum Entwickeln innovativer digitaler Dialogformate sein.

SCHRITT 2: ***Ziele nach Aufwand differenzieren***

Es ist wichtig, diese Ziele je nach Zeitbedarf des Erreichens zu präzisieren. Schreibe diese in die rechte Spalte, mit einer Schätzung, wie lange du deiner Ansicht nach brauchen wirst, um sie tatsächlich zu erreichen.

+ **Kurzfristig:** Ziele, die weniger als vier Wochen zur Umsetzung benötigen und sehr operativ fokussiert sind (zum Beispiel der Start eines Social-Media-Kanals oder der Test eines neuen Formats).
+ **Mittelfristig:** Alle Ziele, die innerhalb der nächsten 3 Monate erreicht werden sollen, etwa der Start eines kleinen Podcasts oder das Erlernen von Targeting-Fähigkeiten für Facebook.
+ **Langfristig:** Kommunikative Ziele mit strategischem Fokus, die mehr als 3 Monate brauchen, um realisiert werden zu können. Zum Beispiel: der Aufbau einer relevanten Instagram-Community mit 2000 Follower:innen.

Der Zielplan ist kein statisches Konstrukt, sondern entwickelt sich laufend weiter. Du solltest mindestens einmal im Quartal den Zeitplan analysieren und schauen, warum manche Ziele nicht erreicht wurden. Am Ende dieses Prozesses stehen im Zielplan also klar definierte kommunikative Ziele, die jetzt in zeitlich noch präziser definierte Maßnahmen eingeteilt werden. Dazu kommen wir jetzt.

Tool: die Maßnahmen-Roadmap

Eine der wichtigsten Fähigkeiten als digitale:r Kommunikator:in ist es, nicht nur schöne Präsentationen zu bauen, sondern Fortschritte zu erzielen: »Getting stuff done«, wie es in Amerika heißt. Strategische Reden kann jeder schwingen und von »man müsste« oder »wir sollten einmal« sprechen. Die Spreu trennt sich vom Weizen bei der Frage, ob man den Überblick behält, wer was wann wie konkret umsetzt und auf welches Ziel diese digitale Maßnahme übergeordnet einzahlt. Sind Ziele zu unspezifisch, unrealistisch und unerreichbar formuliert, werden tatsächliche Kommunikationserfolge nicht honoriert und es kann schnell bei dir oder einem Team Frustration über mangelndes gemeinsames Verständnis des eigentlichen Ziels aufkommen. Man muss also zu jeder Zeit einen kühlen Kopf bewahren und eine detaillierte Übersicht über alle laufenden Projekte haben.

In Anlehnung an die im Projektmanagement häufig verwendete GANTT-Visualisierung (Balkenplan zur Visualisierung von Projektmanagement) und der SMART-Methode (siehe folgende Seite) haben wir die Roadmap speziell für die Planung und Steuerung digitaler Kommunikation für gesellschaftliche Themen entwickelt. Sie visualisiert die gesetzten Ziele auf einer Zeitleiste je nach Zieltyp, um eine bessere Anwendung im Alltag zu ermöglichen. Sie ist außerdem die Grundlage, um zu priorisieren, welche der Aufgaben du in den kommenden Modulen in diesem Playbook zuerst angehen möchtest. Es gibt drei grundlegende Ziele-Typen:

KOMMUNIKATIVES ZIEL

Beispiel: »Planung und Texten aller Tweets rund um die Jahrestagung unseres Verbandes« oder »Bewerbung unserer Landing Page zum bedingungslosen Grundeinkommen auf Google.«

TAKTISCHES ZIEL

Beispiel: »Erstellung einer Instagram-Strategie zur Corona-Schutzimpfung für Menschen mit Zuwanderungsgeschichte« oder »Ausarbeiten von Social-Media Ideen zum TV-Wahlduell.«

STRUKTURELLES ZIEL

Beispiel: »Einführung eines neuen Projektmanagement-Tools zur Content-Abstimmung« oder »Ausarbeitung einer digitalen Briefingvorlage für optimierte Video-Erstellung.«

SCHRITT 1: *Eintragen von externen und internen Meilensteinen auf der Roadmap*

Im oberen Bereich des Tools werden zuerst die internen und externen Meilensteine eingetragen, die für die Maßnahmenplanung relevant sind. Für externe Meilensteine kann das beispielsweise der Beginn der Möglichkeit zur Briefwahl, eine Anhörung im Stadtrat, die Jahrestagung des Verbandes, ein Trending Hashtag auf Twitter oder eine größere Amazon-Doku zu deinem Thema sein. Bei internen

Punkten kann dies der Einstieg einer neuen Mitarbeiterin, die Publikation des wichtigen Jahresreports oder das Erreichen eines wichtigen Fundraising-Ziels sein.

SCHRITT 2: ***Differenziere deine formulierten Ziele nach Typus***

Mit dem Zielplan haben wir bereits die wichtigsten Kommunikationsziele definieren können. Jetzt ist es wichtig, bei den Zielen zu trennen und zu klären, ob wir jeweils von kommunikativen, taktischen oder strukturellen Zielen sprechen. Besonders die Struktur wird oft ausgelassen oder stiefmütterlich behandelt. Dabei ist es entscheidend, Prozesse, Tool-Fähigkeiten oder Zuständigkeiten klar zu definieren – in kritischen Situationen ist das ein Game Changer. Wir übernehmen also die Kommunikationsziele aus dem zuvor ausgearbeiteten Zielplan, ordnen sie jeweils einem der drei Bereiche zu und übertragen sie dann auf die Maßnahmen-Roadmap.

SCHRITT 3: ***Formuliere die spezifischen Maßnahmen für jedes Ziel, liste sie auf und trage sie in der Zeitleiste ein***

Jedes Ziel lässt sich in die jeweils notwendigen Schritte unterteilen. Bei diesen Schritten handelt es sich um Maßnahmen. Die Visualisierung des zeitlichen Ablaufs verschiedener Maßnahmen zeigt, ob es zu Ressourcen-Kollisionen kommt. Der Tag hat nur 24 Stunden und dein Team nur begrenzt Zeit, parallel sogenannte Work Streams zu bearbeiten. Ein kluges Ressourcenmanagement ist äußerst wichtig, damit die Motivation nicht leidet und Überbelastung zu schlechteren Ergebnissen führt. Sobald du jedem Ziel alle zu erledigenden Maßnahmen zugeordnet hast, können diese in eine

Drei Typen von Zielen und Maßnahmen

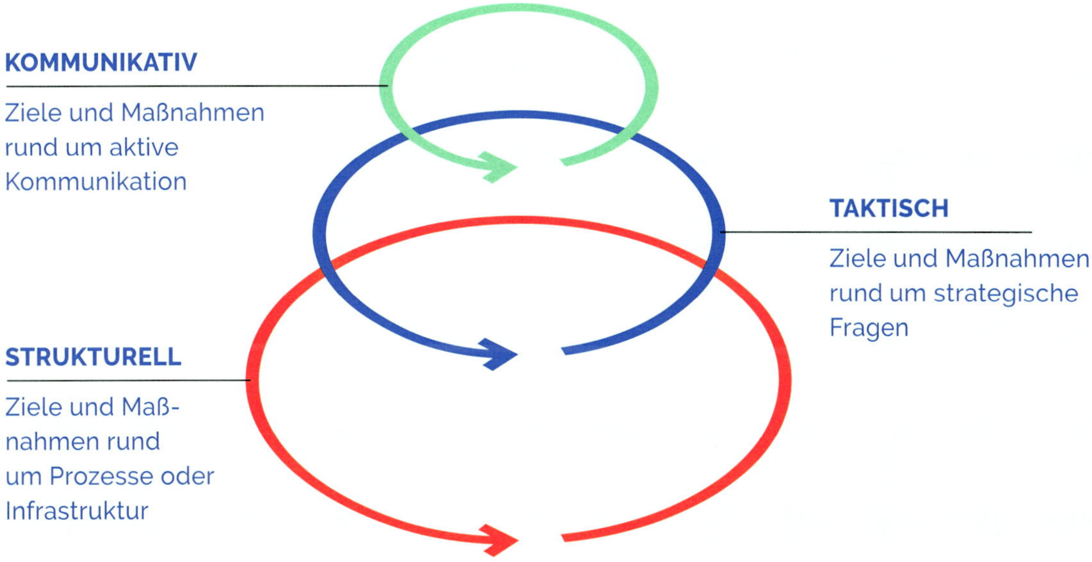

TOOL
Maßnahmen-Roadmap

Komplexität

Umfang

	Q I	Q II	Q III	Q IV

Meilensteine
extern ○
intern ●

Trage alle relevanten Meilensteine für deine digitale Kommunikation ein!

Kommunikativ
Durchführung einer Mikrokampagne

Maßnahme 1
Maßnahme 2
...

Trage ein, von wann bis wann die jeweilige Maßnahme dauern soll!

Taktisch
Beispiel: Zielgruppenstrategie

Maßnahme 1
Maßnahme 2
...

Trage ein, von wann bis wann die jeweilige Maßnahme dauern soll!

Strukturell
Beispiel: Einführung eines Projektmanagementtool

Maßnahme 1
Maßnahme 2
...

Trage ein, von wann bis wann die jeweilige Maßnahme dauern soll!

logische Reihenfolge gebracht werden. Beispiel für ein Ziel: »Set-up eines neuen Instagram-Kanals für deine Kampagne ›Stoppt Rassismus!‹«

+ Dies ist klar dem Feld »*Struktur*« zuzuordnen (die Ausarbeitung einer Instagram-Kanal-Strategie zur Ansprache von 15–18-jährigen Erstwähler:innen wäre dagegen ein taktisches Ziel, und das Ziel »10 Start-Postings für den Instagram Kanal entwerfen« ein kommunikatives Feld)
+ Ausformulieren jeder einzelnen Maßnahme: 1. Definieren des Launch-Datums des Kanals; 2. technisches Set-up; 3. Impressum in Bio festlegen; 4. Veröffentlichen des Kanals; 5. Passwort speichern und Kolleg:innen die Rollen im Kanal zuweisen.

SMART

SPEZIFISCH

Sind deine Kommunikationsziele für dich beziehungsweise für alle Personen, die in den Prozess eingebunden sind, verständlich und nachvollziehbar formuliert? Sie dürfen keinen Raum für Doppeldeutigkeiten und Missverständnisse bieten.

MESSBAR

Können diese Kommunikationsziele anhand von Kennzahlen gemessen werden, um so zu wissen, ob man erfolgreich oder nicht erfolgreich war?

AKZEPTIERT

Können alle Personen, die an dem Kommunikationsziel arbeiten, die enthaltenen Maßnahmen akzeptieren und fühlen sich ihnen verpflichtet? Insbesondere ist dies hinsichtlich der Aufgabenteilung und des Gerechtigkeitsempfindens wichtig. So entsteht eine gemeinsame Kultur.

REALISTISCH

Sind die Kommunikationsziele so formuliert, dass sie erreichbar sind? Unrealistische Ziele führen schnell zu Frustration und damit zu Leistungsabfall.

TERMINIERT

Haben wir für die Kommunikationsziele einen klaren Zeitrahmen vorgeben? Existieren konkrete Deadlines zur Erreichung der Zielvorgaben?

SCHRITT 4: *Finaler Check mit dem SMART-Prinzip*

Mit den SMART Prinzipien verhält es sich ein bisschen wie mit dem Erste-Hilfe-Kurs beim Führerschein: Man hat es schon mal gehört, weiß theoretisch wie wichtig es ist, aber wenn es drauf ankommt, kann man sie nur schwer in der Praxis anwenden. Zum Abschluss der *Maßnahmen-Roadmap* solltest du jedes einzelne kommunikative Ziel und die darunter zusammengefassten Maßnahmen durchgehen.

Wir empfehlen aus eigener Erfahrung, die Maßnahmen-Roadmap je nach Intensität der digitalen Kommunikations- oder Kampagnenaktivitäten einer Person zuzuordnen. Diese trägt die Verantwortung dafür, muss sowohl die Meilensteine regelmäßig aktualisieren als auch in Meetings über abgeschlossene Ziele oder kritische Maßnahmen berichten. Der Vorteil: So lassen sich Schwachstellen in einzelnen Bereichen sehr gut identifizieren. Hast du immer Probleme, die Deadlines in der Sektion Struktur einzuhalten, ist dies ein Indiz dafür, dass deine digitalen Abstimmungsprozesse oder das Tool Set-up mangelhaft sind. Andersrum kann dies darauf hinweisen, dass du mehr Raum und Zeit für die Kreativentwicklung benötigst und andere Ressourcen einsparen oder umschichten musst.

TOOL EMPFEHLUNG

monday.com

Es gibt zahlreiche Projektmanagement-Tools, die einem Arbeitsschritte in der Ziel und Maßnahmenplanung abnehmen. Wir haben fast alle in den vergangenen Jahren auf das Verhältnis von Bedienbarkeit, Preis, Vorlagen und Umfang hin getestet. Als klaren Favoriten können wir Monday.com empfehlen. Es bietet viele Templates, die bereits als GANTT-Chart oder Projekt-Zeitleisten angelegt sind und vereinfacht Abstimmungsprozesse rund um die Content-Planung bis hin zu einzelnen Arbeitsschritten in der Maßnahmenplanung. Der Startpreis liegt bei 24 Euro für drei Nutzer-Accounts (Stand Juli 2021).

Tool: das Analyse-Spinnennetz

Die perfekte digitale Kampagne oder Kommunikation existiert nicht. Was auch immer auf den Bühnen großer Marketing-Konferenzen oder von windigen Agenturen präsentiert wird, stellt nur einen für den Außenerfolg optimierten Ausschnitt der Wirklichkeit dar. Erfolge werden meist aufgebauscht und Misserfolge oder situatives Glück im Unglück unter den Teppich gekehrt. Gefährlich! Nur wer wirklich bereit ist, aus Fehlern zu lernen, verbessert seine Kommunikation dauerhaft. Gerade in Deutschland herrscht Perfektionsdrang. Fehler und Missstände werden rückwirkend nur ungern analysiert oder ausgebessert. Daher empfiehlt es sich bei längerfristigen Projekt- beziehungsweise Kommunikationszielen oder beim Abschluss von wichtigen erreichten Zielen oder Kampagnen, das von uns entwickelte *Analyse-Spinnennetz* mit seinen 5 Punkten regelmäßig anzuwenden.

Es gewährleistet, dass du den Grundsatz der *»lernenden Kampagne«* nicht vernachlässigst und für die Optimierung beim nächsten Mal alle wichtigen Erkenntnisse dokumentiert hast, damit sie nicht in Vergessenheit geraten. David Plouffe, Barack Obamas ehemaliger Kampagnen-Chef, bringt es in einem Vortrag treffend auf den Punkt: *»Without the room for learnings and review, there will never be a real digital strategy that adapts to the failures of the past.«* »Ohne Zeit und Raum für eine Analyse und den damit verbundenen Erkenntnisgewinn, kann keine Digitalstrategie aus den Fehlern der Vergangenheit lernen und sich so für die Zukunft rüsten.«

SCHRITT 1: ***Auswahl des jeweils zu analysierenden Kommunikationszieles***

Zuerst wählst du ein Kommunikationsziel aus der Maßnahmen-Roadmap aus. Dieses kann ein abgeschlossenes Ziel oder ein aus externen wie internen Gründen abgebrochenes oder geändertes Ziel sein. Es wird nun mit dem Analyse-Spinnennetz in einem eigenen Diagramm mit fünf Dimensionen auf einer Skala von 1 (sehr schlecht) bis 5 (perfekt) betrachtet. Die Vorlage dazu findest du in unserem Miro Board oder als PDF. Trage jetzt die Punkte auf dem Diagramm ein und verbinde sie anschließend zu einem Netz. Die 5 Dimensionen zur Betrachtung sind:

Ergebnis: Bist du mit dem Outcome – also dem erreichten kommunikativen digitalen Ergebnis – zufrieden? Hat es die Erwartungen des initial definierten Ziels aus dem Tool »Zielplan und Roadmap« erfüllt?

Effizienz: Wie verhält sich der Einsatz von Ressourcen zum kommunikativen Ergebnis? Waren Deadlines zu eng getaktet? Gab es unrealistische Erwartungen oder Druck?

Analysefokus

Trage dein zu analysierendes Kommunikationsziel hier ein:

____

Trage die Punkte von 1-5 für jede Dimension ein und verbinde dann die Linien miteinander!

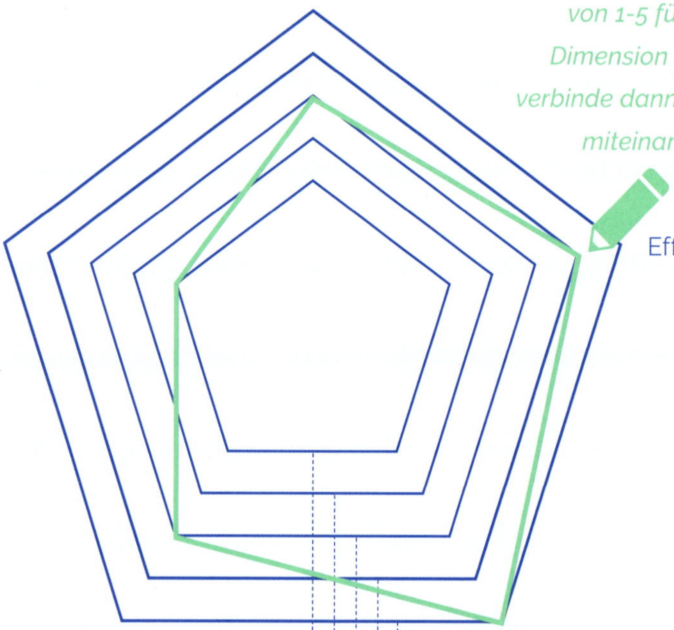

1. Katastrophal!
Sehr schlecht, Ziele wurden überhaupt nicht erfüllt.

2. Schlecht bis mäßig
Ziele wurden überwiegend nicht erreicht.

3. Durchschnittlich
Ziele wurden teilweise erfüllt, mit deutlich Luft nach oben.

4. Gut bis sehr gut
Nur wenige oder marginale Punkte für Verbesserung.

5. Perfekt!
Keinen Raum für Verbesserung.

Steuerung: Wie wurde das Projekt durch den oder die Projektverantwortlichen gesteuert? Wie liefen die Prozesse zur Koordination ab?

Team: Wie war die Dynamik, Stimmung und Zusammenarbeit im Team? Wie wurde intern miteinander kommuniziert und wie konnte kollaborativ an Zielen mitgewirkt sowie. Input gegeben werden?

Kommunikation: War der produzierte Content in der Kommunikation im Einklang mit den übergeordneten strategischen Zielen? Wie bewertest du die Kommunikation auf den digitalen Kanälen im Hinblick auf Kreativität und Involvierung selbst, unabhängig vom erreichten Ziel?

Was ist unsere zentrale Erkenntnis?

Was muss sich genau ändern?

Wer trägt die Verantwortung für die Verbesserung bei nächsten Mal?

SCHRITT 2: ***Vergleich mit dem Ergebnis der Kolleg:innen***

Vergleiche jetzt dein Ergebnis mit dem anderer Team-Mitglieder. Decken sich die Ergebnisse? Wenn es größere Abweichungen gibt, diskutiert diese und analysiert die unterschiedliche Wahrnehmung. Sofern mehrere Kommunikationsziele rückblickend analysiert werden, können diese nebeneinander gelegt werden, um strukturelle Auffälligkeiten ausfindig zu machen. Wenn beispielsweise mehrere Male erkennbar wird, dass ein Problem bei Teamdynamik oder Steuerungsfähigkeit von Projekten besteht, muss daran bei den Maßnahmen für die Zukunft gearbeitet werden! Nachdem du die Punkte auf dem Diagramm eingezeichnet hast, gilt es für jedes Feld zu analysieren, was zwischen IST-Zustand und SOLL gefehlt hat. Konkret: Was hätte anders laufen müssen, damit du vollends zufrieden wärst?

SCHRITT 3: ***Ziehe Konsequenzen aus schlechter Performance***

Sofern eine Dimension schlecht oder nur mittelmäßig bewertet wurde, ist es wichtig, keine ausgiebige Fehlersuche zu starten, sondern den Blick konstruktiv nach vorne zu richten. Erfahrene digitale Kommunikationsteams haken Probleme schnell ab. Sie schauen, was sie lernen können und wer die Verantwortung für die Implementierung spezifischer Verbesserungsmaßnahmen beim nächsten Mal trägt! Du kannst die beschlossenen Maßnahmen und Ziele wiederum dann in die Maßnahmen-Roadmap von oben mit einem Zeitstrahl unter dem jeweiligen Typus (Struktur, taktisch oder kommunikativ) eintragen und so gewährleisten, dass die Erkenntnisse zur Verbesserung nicht verloren gehen.

SET-UP

set-up

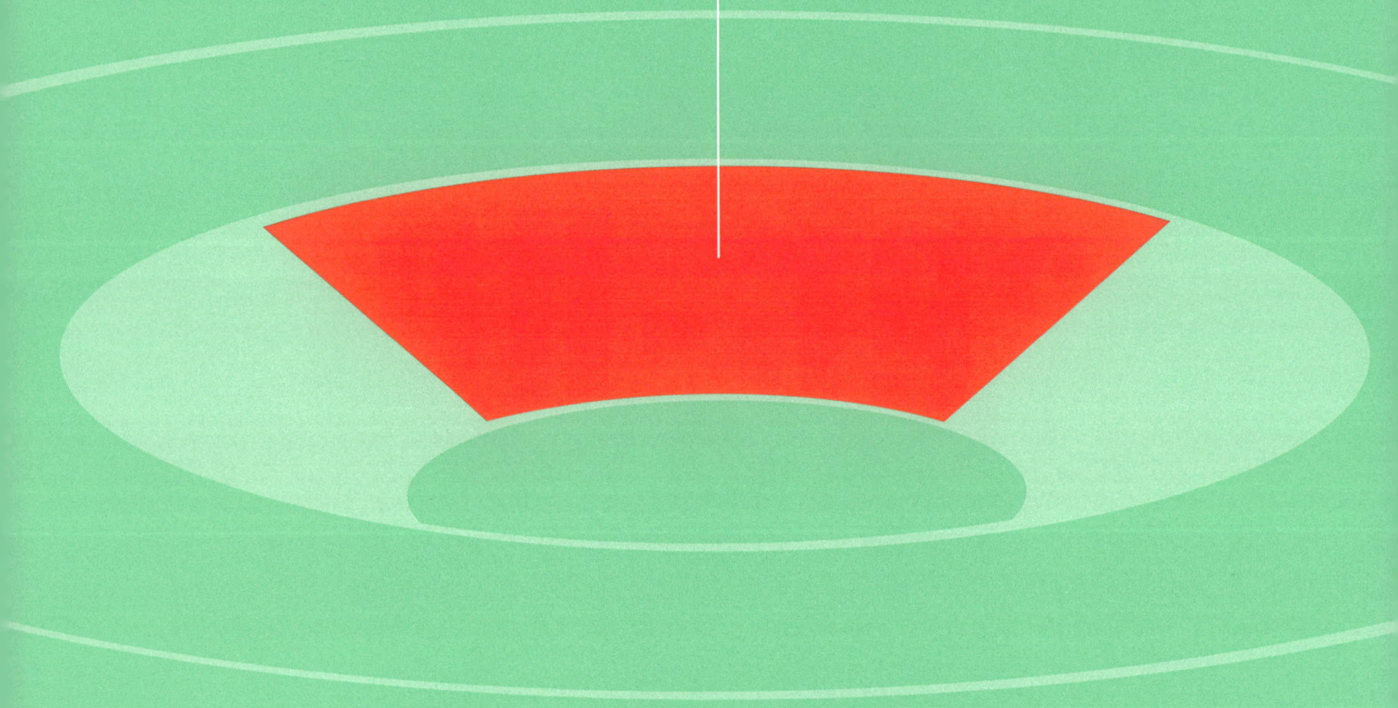

Wie du wertvolle Insights für deine Kommunikation gewinnst

Zu Beginn des Abschnitts »Set-up« kommen wir zur Analyse. Sämtliche Erkenntnisse aus diesem Kapitel können einen Mehrwert für die nächste Phase »Taktik« liefern, was sich in den Kapiteln »Positionierung«, »Zielgruppen« und »Kanäle« niederschlägt. Die Grundlage für eine gute Analyse bilden drei Perspektiven:

+ Der Blick auf dich selbst: Wie bestimmst du deine Fähigkeiten und deine Situation im Kontext digitaler Kommunikation?
+ Der Blick auf das unmittelbare Umfeld: Wie sieht es in deinem digitalen Themengebiet aus? Welche Stakeholder sind relevant? Auf welche Verbündete kannst du zählen? Welche Strategien musst du entwickeln, um dich auf potenzielle Gefahren vorzubereiten?
+ Der Blick von außen auf dich: Welchen Blick haben deine Zielgruppen oder Unbeteiligte auf deine digitale Arbeit, wodurch sie wertvolle Erkenntnisse zur Strategieentwicklung beitragen können?

Diese drei Perspektiven dienen als Orientierung, wenn es um die Ausgestaltung der täglichen Social-Media-Kommunikation geht, um Tonalität, Bildsprache, digitale Skills und mögliche blinde Flecken.

Alle Tools, die wir jetzt vorstellen, sollten zu Beginn deiner Public-Arena-Strategie mindestens einmal durchgeführt werden. Noch besser ist es, insbesondere die Stakeholder-Analyse und die Fokus-Umfrage in regelmäßigen Abständen zu nutzen. So können Verschiebungen schnell und präzise erfasst und besonders durch externes Feedback laufend verbessert werden. So verhindert man, betriebsblind zu werden. Digitale Kommunikation ändert sich rasant – spezifisches Wissen im Onlinemarketing kann nach 12 Monaten bereits veraltet sein. Wir beginnen mit einer schnellen und effektiven Möglichkeit, deine digitale Kommunikation in wenigen Schritten einzuordnen.

DIE DREI DIMENSIONEN EINER GUTEN DIGITALEN ANALYSE

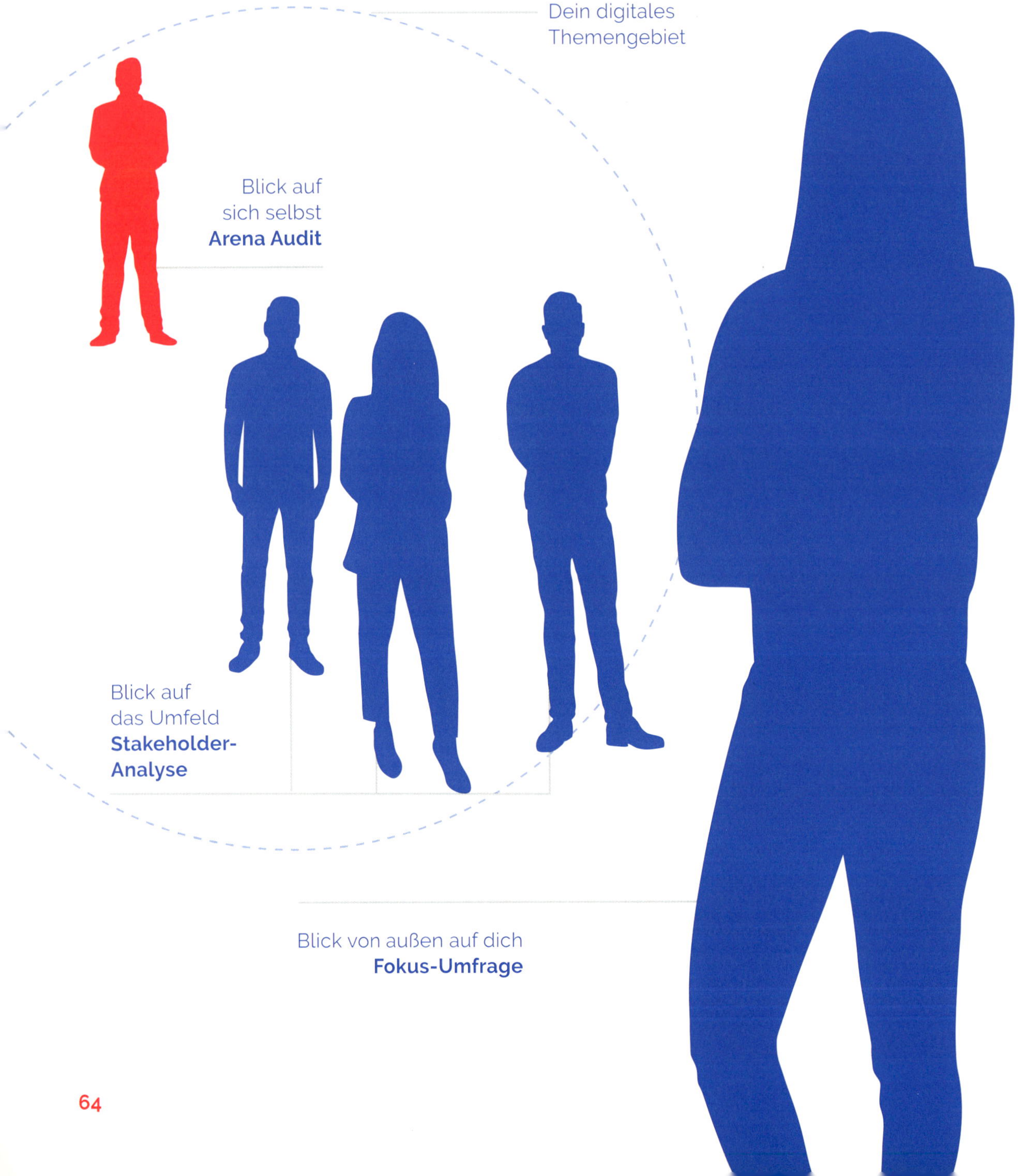

Tool: Arena Audit

Deine digitale Kommunikation steht auf einer Reihe von Säulen, die nur du in einer ersten kritischen Analyse überblicken kannst. Dafür haben wir das Tool des *»Arena Audit«* entwickelt. Anders als im Marketing sind Ressourcen und Zeit für eine Analyse bei Public-Arena-Akteuren besonders knapp. Daher begrenzt sich dieser Arena Audit auf die vier wichtigsten Elemente digitaler Kommunikation:

+ Allgemeine Strategiefähigkeit: Das ist die Kompetenz, digitale Strategien mittel- und langfristig abseits des Tagesgeschehens zu entwickeln, umzusetzen und laufend mithilfe von Evaluation und Analyse zu verbessern.
+ Infrastruktur: Dieser Begriff umfasst die systematische Nutzung von Tools, standardisierte Prozesse und die Fähigkeit, digitale Mikro-Kampagnen oder Maßnahmen schnell umzusetzen.
+ Content: Darunter verstehen wir die Qualität und Frequenz von digitalen Inhalten, die Nutzung mehrerer Social-Media-Kanäle und Kreativität in der Ansprache. Dazu kommen die Entwicklung von Vorlagen zur schnellen Adaption auf weiteren Kanälen und die Vermeidung immer gleicher Stock-Photos.
+ Netzwerk: Dieses umfasst sowohl den eigenen digitalen Impact mitsamt der Reichweite und Resonanz auf die Kommunikation als auch den laufenden Austausch mit der Community und die Fähigkeit, digital Themen zu treiben und Akzente zu setzen.

Wir haben in der oberen Hälfte 5 Stufen digitaler Entwicklung skizziert – vom Neuland bis zum Public Arena Native –, die jeweils auf die Elemente angewendet werden. Grundsätzliches Ziel sollte es sein, in so vielen Bereichen wie möglich eine hohe Entwicklungsstufe zu erreichen. Der Audit sollte bei den Kategorien *»Content«* und *»Netzwerk«* so weit wie möglich auf Basis von überprüfbaren Daten erfolgen. Deshalb ist es zunächst sinnvoll, die Performance der eigenen Social-Media-Kanäle und die von Wettbewerber:innen unter die Lupe zu nehmen, auch wenn das banal klingen mag. Hilfreiche Fragen sind hier: Welche Beiträge haben im Verhältnis zur Gesamtzahl der Follower:innen die beste Resonanz? Welche Formate laufen besser als andere? Wie wird auf die Beiträge reagiert – positiv oder negativ? Haben wir bei bestimmten Kommunikationsanlässen eine überproportional hohe Anzahl von Followern generieren können?

Der Arena Audit eignet sich für Updates maximal alle 3 Monate. Sonst ist es schwer, die gesetzten Ziele mittel- und langfristig tatsächlich zu erreichen, und der Frust sitzt tief, wenn keine spürbaren Verbesserungen stattgefunden haben. Setz dir regelmäßige Zeitpunkte, zum Beispiel jährlich oder auch quartalsweise. Du wirst schnell merken, welche Fortschritte du erzielst und wie groß das Ausbaupotenzial ist.

DIGITALE SELBSTBESTIMMUNG

Level	1. Digitales Neuland	2. Digitaler Novize
Strategiefähigkeit	Es gibt wenig bis keine definierten digitalen Ziele für die Social-Media-Arbeit.	Wir posten gelegentlich eigene Beiträge, aber ohne groß darüber nachzudenken.
Mein Level *(ankreuzen)*	☐	☐
Infrastruktur	Wir verfügen über keine digitale Infrastruktur und wenig vorhandene oder definierte Arbeitsprozesse.	Wir benutzen Social Media Tools wie Tweetdeck und/oder einen Kalender für digitale Kommunikationsanlässe.
Mein Level *(ankreuzen)*	☐	☐
Content	Wir posten sehr unregelmäßig und meist leider irrelevante Themen.	Wir posten gelegentlich Grafiken oder Videos auf mehr als einer Plattform. Es gibt keine Handlungsaufforderungen in den Postings.
Mein Level *(ankreuzen)*	☐	☐
Netzwerk	Uns folgt niemand oder kaum jemand auf Social-Media-Plattformen.	Wir agieren in einer kleinen Social Media Bubble mit wenigen Followern.
Mein Level *(ankreuzen)*	☐	☐

Gehe für jedes Level die Tabelle durch und kreuze auf der Vorlage unten an, welchem Professionalisierungsgrad dein Alltag am ehesten entspricht. Diese können auch in jeweils unterschiedlichen Bereichen liegen.

Ein Beispiel: Du postest recht selten Beiträge auf Social Media und interagierst eher mit anderem Content. Wenn du aber schreibst, dann besprichst du bei Unsicherheiten vorab deine Beiträge und Formulierungen mit Freund:innen oder Unterstützer:innen und hast eine ziemlich gut kuratierte

	3. Digital Pro	4. Digital Native	5. Public Arena Native
	Wir haben eine digitale Kanalstrategie entwickelt und bereits erfolgreich umgesetzt.	Wir können themenbezogene Mikrokampagnen oder Maßnahmen mit plattformspezifischem Content produzieren.	Wir sind in der Lage, integriert, über mehrere Kanäle hinweg dauerhaft digital zu kommunizieren und laufend unsere Arbeit zu evaluieren und zu verbessern.
	☐	☐	☐
	Wir nutzen digitale Tools, aber es mangelt an Fähigkeiten, diese optimal zu nutzen.	Wir nutzen digitale Tools und verfügen über ausreichend Kenntnisse, diese einzusetzen.	Wir haben ein umfangreiches Tool Set-Up, regelmäßige Redaktionsplanung und effizientes digitales Projektmanagement.
	☐	☐	☐
	Wir haben ein paar eigene involvierende Contentformate, die regelmäßig gepostet werden.	Wir kommuniziere guten, kreativen und visuell ansprechenden Content, der Menschen laufend involviert.	Wir sind eingespielt und können ad-hoc hochwertigen Content für unsere Strategie produzieren.
	☐	☐	☐
	Unsere Timeline setzt sich aus vielen spannenden Persönlichkeiten zusammen.	Wir haben einen exzellenten Überblick über das, was auf den Plattformen gerade heiß diskutiert wird.	Wir sind sehr reichweitenstark, können Onlinedebatten ansetzen und gelten als Thementreiber.
	☐	☐	☐

Timeline, sodass du immer weißt, was gerade auf der Plattform diskutiert wird. In dem Szenario rangierst du bei **Strategiefähigkeit** und **Content** jeweils auf Stufe 1, bei **Infrastruktur** auf Stufe 3 und beim **Netzwerk** auf Stufe 4. In dem Fall liegt dein größtes Verbesserungspotenzial für die nächsten Monate bei deiner Strategiefähigkeit und deinem Content! Nimm dir für den nächsten Monat ein kurzfristig umsetzbares Ziel vor, zum Beispiel mehr selbst produzierte Share-Bilder. Nach dem Monat kannst du das Framework wieder verwenden, um deinen Fortschritt abzubilden.

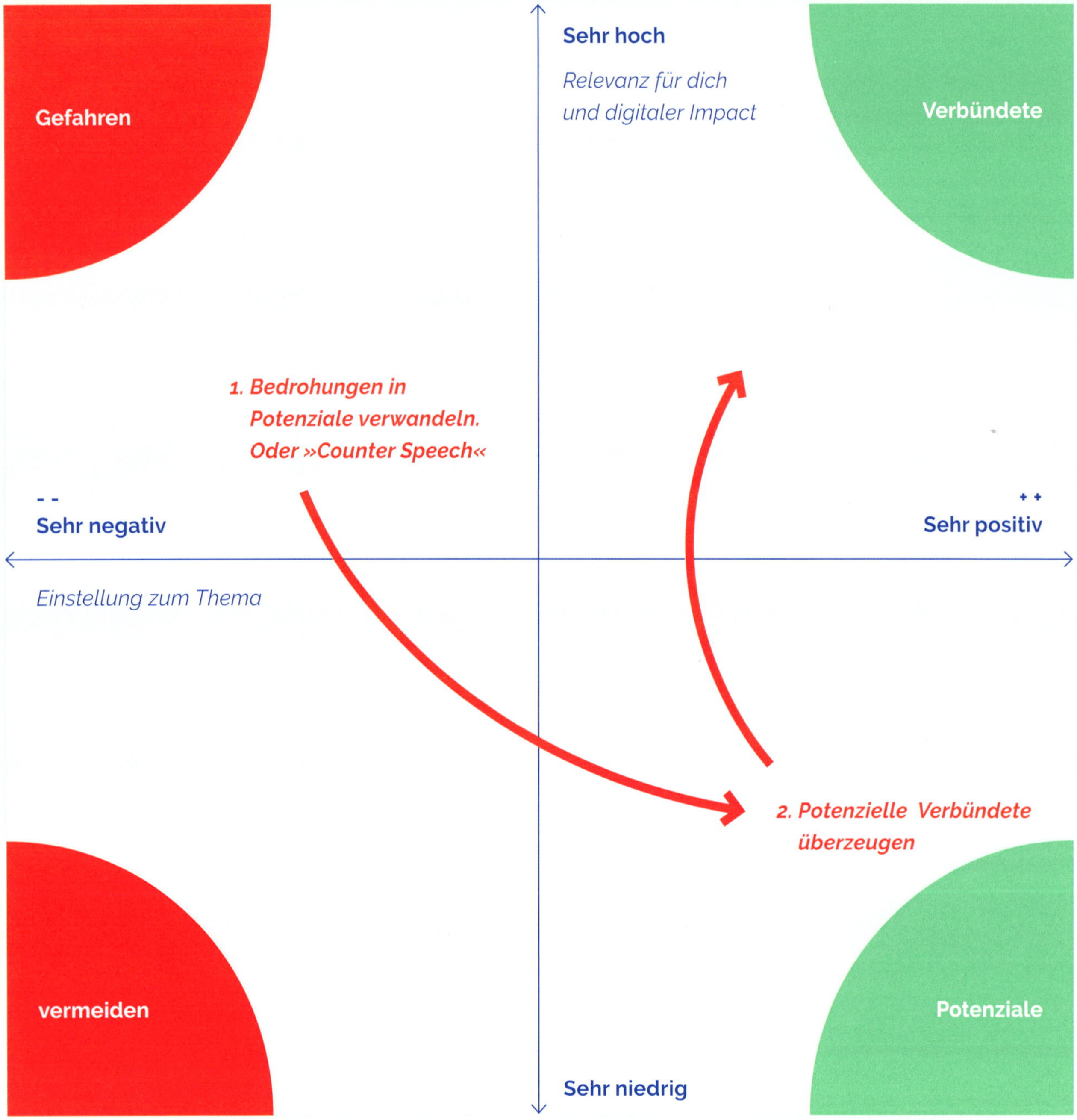
Gefahren
Verbündete
Sehr hoch
Relevanz für dich
und digitaler Impact
1. Bedrohungen in
Potenziale verwandeln.
Oder »Counter Speech«
- -
Sehr negativ
+ +
Sehr positiv
Einstellung zum Thema
2. Potenzielle Verbündete
überzeugen
vermeiden
Potenziale
Sehr niedrig

Tool: die Stakeholder-Analyse

Nicht jede potenzielle Zielgruppe, die später im Kapitel *»Zielgruppen«* identifiziert wird, muss am Ende mit digitalen Inhalten angesprochen werden. Gerade wenn man sich in politischen Fragen positionieren will, sollte man gründlich darüber nachdenken, *welche* Gruppen *warum* für die eigenen Kommunikationsziele wichtig sind und welche vermieden werden sollten. Wir wollen dir helfen, dein Zielgruppen-Umfeld zu analysieren. Ein in der Praxis erprobter Ansatz ist die von uns entwickelte und für digitale Kommunikation optimierte *Stakeholder-Analyse*. Sie bietet eine erste Orientierung, wo digitale Konkurrenten, Mitbewerber oder Stakeholder eingeordnet werden können und was daraus strategisch folgt.

So funktioniert es:
Das Tool ist entlang von zwei Achsen angeordnet: Auf der X-Achse steht die Einstellung, die diese Gruppe zu dir als Organisation oder deinem politischen Thema hat. Das kann von sehr positiv und unterstützend über neutral bis hin zu ablehnend oder sogar feindlich reichen. Auf der Y-Achse bildest du die Relevanz und den digitalen Impact des Akteurs ab.

SCHRITT 1: ***Brainstorming und Platzieren aller relevanten Stakeholder***

Schreibe alle Stakeholder, die dir zu deinem Anliegen einfallen, auf eine Liste. Danach analysierst du anhand der Relevanz und des digitalen Impacts eines jeden Stakeholders, auf welchem Quadranten dieser eingeordnet werden sollte. Indikatoren dafür sind:

+ Verfügt der Akteur über eine vergleichsweise hohe digitale Reichweite in diesem Themensegment? Erzielt er laufend hohe Interaktionsraten?
+ Ist der Akteur aufgrund seiner politischen oder gesellschaftlichen Relevanz besonders wichtig? Handelt es sich beispielsweise um eine Spitzenpolitikerin oder einen führenden Wirtschaftsverband?

Je nach Relevanz und digitalem Impact werden die Stakeholder jetzt unter »Verbündete«, »Potenziale«, »Gefahren« oder »vermeiden« einsortiert.

SCHRITT 2: ***Ableitung von möglichen Strategien & Maßnahmen***

Jetzt kannst du Strategien oder kommunikative Maßnahmen entwickeln, um auf die jeweiligen Felder einzugehen. Wer unter *»Verbündete«* (hohe Relevanz, positive Einstellung) und *»Potenziale«* (niedrige Relevanz, positive Einstellung) rangiert, sollte mit geeigneten digitalen Formaten angesprochen und laufend involviert werden. Für das Monitoring sind besonders Skeptiker:innen relevant, also Stakeholder mit hoher Relevanz und negativer Einstellung. Gemieden werden sollten Stakeholder mit einer niedrigen Relevanz und einer negativen Einstellung. Wenn du dein Umfeld entlang dieser Matrix skizzierst, siehst du schnell, nach welchen

Gruppen sich deine Stakeholder sortieren und wo unmittelbare Potenziale, aber auch Hausaufgaben für die strategische Kommunikationsentwicklung liegen.

Wir haben dir hier zwei konkrete Beispiele eingetragen: Bei den Stakeholdern mit der Ziffer 2 haben wir erhebliche Potenziale für unsere Kommunikation identifiziert. Wir wollen, dass ihre Relevanz für unsere Arbeit steigt und starten deshalb eine Kampagne, die diese Zielgruppe und ihre Bedürfnisse explizit aufnimmt. Wenn die Maßnahme Erfolg hat, zählt die Zielgruppe zu unseren Verbündeten und eine wichtige Hilfe für künftige Kampagnen. Bei den Stakeholdern mit Ziffer 1 hingegen ist uns klar, dass wir sie erst einmal nicht von unserer Arbeit überzeugen können, sie sind firm bei den Skeptiker:innen. Aber mit einer Counter-Speech-Kampagne können wir versuchen, einige der größten Angriffspunkte zu neutralisieren und ihre Haltung zumindest ein Stück weit zu verschieben.

Besonderheiten Digital Public Affairs

Eine umfangreiche Stakeholder-Strategie-Analyse ist für die Public-Affairs-Arbeit, ob digital oder klassisch, entscheidend. Denn spätestens seit Edward Freemans Stakeholder-Theorie von 1984 wissen wir:

» Der Erfolg eines Unternehmens ist maßgeblich abhängig von der Qualität seiner Beziehungen zu seinen Stakeholdern.« *(Strategic Management: A Stakeholder Approach, R. Edward Freeman, 1984)*

Das lässt sich bis heute auf alle Organisationsformen übertragen und gewinnt umso mehr an Bedeutung, als dass digitale Kommunikation die Komplexität von Stakeholderbeziehungen erhöht und rasant verändert. Unternehmen und Verbände, die ihre Stakeholderbeziehungen pflegen und die Einstellung politischer Akteure verändern wollen, brauchen zunächst ein umfassendes Bild der eigenen Stakeholder-Landschaft. Wichtig: Bei der Analyse gilt es auch, den digitalen Einfluss von Akteuren auf politische Diskurse und Prozesse zu berücksichtigen. Hat beispielsweise ein Industrieverband durch sein langjähriges gewachsenes politisches Netzwerk eine starke Stimme im politischen Raum, aber keine Präsenz auf sozialen Kanälen, so muss man dies bei der Stakeholder-Strategie-Analyse berücksichtigen. Andersherum können Nichtregierungsorganisationen oder Einzelpersonen ohne institutionalisierten Einfluss auf Policy-Prozesse aufgrund aufmerksamkeitsstarker sozialer Accounts Akteure für die eigene digitale Kommunikation sein.
Ebenso wichtig wie die Einordnung der Stakeholder ist es, im zweiten Schritt Erkenntnisse aus der Analyse für die Public-Affairs-Strategie abzuleiten. Auf welche Stakeholder fokussiere ich meine Ressourcen? In welche Zielgruppen hinein versuche ich, durch meine Public-Affairs-Arbeit mein Netzwerk strategisch auszubauen? Wer soll mit welchen Botschaften erreicht werden? Digital Public Affairs beginnt mit einem ausführlichen Stakeholder Mapping und sollte Bestandteil jeder Grundlagenarbeit sein.

Tool: die digitale Fokus-Umfrage

Wer sich selbst bewertet, ist befangen. Er oder sie läuft Gefahr, die Schwächen und die Wahrnehmung der eigenen Kommunikation durch das Umfeld nicht präzise beurteilen zu können. Deshalb schlagen wir vor, im dritten Schritt der Analyse eine schlanke, digitale Fokusgruppenbefragung durchzuführen. Diese muss nicht umfangreich oder gar repräsentativ sein. Das Ziel ist lediglich ein schnelles Stimmungsbild, das schon ab der ersten Frage zusätzliche Erkenntnisse für die Strategieentwicklung liefert.

SCHRITT 1: ***Auswahl der Kategorien der Umfrage***

Wir empfehlen die Aufteilung in vier Themenblöcke, damit die Perspektiven aus den Antworten mehrere Aspekte für deine Kommunikation liefern. Du kannst aber natürlich auch nur eine Kategorie nutzen oder weitere hinzufügen.

+ Account: allgemeine Fragen zu deiner digitalen Kommunikation und dem Social-Media-Account.
+ Themen: Fragen, die sich mit der thematischen Bandbreite und Tiefe deiner digitalen Beiträge auseinandersetzen.
+ Content: Fragen, die sich mit dem visuellen Content und Look & Feel deines Accounts beschäftigen.
+ Community: Fragen, die sich auf dein Diskussions- und Konfliktverhalten auf deinem Account beziehen.

SCHRITT 2: ***Auwahl der genauen Fragen pro Kategorie***

Eine Umfrage sollte maximal 5 Minuten dauern. Mit jeder weiteren Minute läufst du Gefahr, dass die Umfrage nicht vollständig ausgefüllt oder abgebrochen wird. Es gibt viele Varianten, Fragen zu entwerfen – je nachdem, welchen Erkenntnisgewinn du am Ende haben möchtest. Die sechs gebräuchlichsten Fragetypen findest du auf der folgenden Seite.

SCHRITT 3: ***Auswahl von Zielgröße und Personenkreis für digitale Fokusgruppen***

Jetzt geht es darum, in deinem Freundes-, Familien-, Bekanntenkreis oder Netzwerk um Teilnehmer:innen zu werben. Bereite ein Anschreiben-Template zum Versand per E-Mail, Messenger (WhatsApp oder andere Dienste) oder als Social-Media-Direktnachricht vor.

Wir haben mit typeform.com als konkretes Tool für Befragungen hervorragende Erfahrungen gemacht. Es kann schnell und intuitiv bedient werden und bietet unterschiedliche multimediale Elemente.

Wichtig: Hol dir von jeder Person zu Beginn oder am Ende der Umfrage die DSGVO-konforme Einverständniserklärung, dass du sie wieder anschreiben darfst. So kannst du zu einem späteren Zeitpunkt erneut zur Teilnahme einladen.

TOOL
Digitale Fokus-Umfrage

Komplexität ●●○ Umfang ⌛⌛⌛

1. Intro

Kurzer Start Screen, in dem erklärt wird, warum die Umfrage durchgeführt wird, zu welchem Zweck, wer Absender ist und wie lange die Durchführung circa dauert.

Beispiele

2. Social Account

Warum folgst du mir?	Was gefällt dir an der aktuellen Social-Media Kommunikation nicht?

3. Themen

Spricht dich das Themenspektrum auf dem Kanal an?	Welche Themen fehlen dir oder würdest du dir mehr von wünschen?

4. Content

Spricht dich die visuelle Gestaltung des Contents an?	Sind die Formate für dich informativ und stiften einen Mehrwert?

5. Community

Ist die Tonalität und der Umgang mit der Community angemessen?

6. Danke-Screen

Für die Teilnahme danken und Call-to-Action mit offener Frage, falls noch etwas mitgeteilt werden möchte.

Fragen Design-Optionen (Beispiele)

Numerische Frage

Wie involvierend empfindest du die Sprache auf dem Twitter-Kanal auf einer Skala von 1 (schlecht) – 10 (ausgezeichnet)?

0

Assoziative Frage

Nenne drei Adjektive, die dir unmittelbar in den Kopf kommen, wenn du den Instagram-Auftritt betrachtest

1. Schreibe
2. Schreibe
3. Schreibe

Single Choice

Empfindest du die digitalen Inhalte auf dem Kanal als informativ und wissenswert?

- Ja
- Nein
- Weiß nicht

Multiple Choice

Über welche Themen würdest du gerne mehr in unserer Social-Media-Arbeit erfahren?
(Mehrfachnennungen möglich)

- Behind the scenes
- Allgemeine Lokalpolitik
- Fachkräftemangel
- Lokaler Umweltschutz

Rating-Frage

Wie bewertest du die Kreativität der digitalen Formate?

★★★★★

Offene Frage

Was würdest du als Anregung gerne noch mit auf den Weg geben?

Schreibe etwas...

STRUKTUR

Wie du die passende Infrastruktur aufbaust

Wir haben unser Leitbild mit Zielen für unsere digitale Kommunikation ausgearbeitet und mit der Analyse einen Überblick über unsere Situation und das Umfeld erstellt. Jetzt müssen wir einen Schritt tiefer gehen. Das folgende Modul ist das wahrscheinlich am häufigsten unterschätzte. Wird es aber ignoriert, kann es – wegen mangelnder Planung – leicht zu Ineffizienzen, Frustration, Chaos und Unsicherheiten im Kommunikationsprozess führen. Ohne eine kluge digitale Infrastruktur können Ziele und Maßnahmen nicht realisiert werden. Sie bestimmt maßgeblich darüber, wie wir arbeiten – sowohl im Team als auch mit den Tools.

Wer gibt welche digitalen Inhalte frei? Wie lässt sich gewährleisten, dass Schnelligkeit beim Posten Vorrang vor Perfektion und Kontrollzwang hat? Ist bei der Content-Erstellung sowie der Auswahl digitaler Kommunikationsanlässe und der Zielgruppen geregelt, wer für was zuständig ist und wer wen dabei unterstützt? Welche Tools kommen zum Einsatz, und wie kann man ein effizientes Software-Setup bauen, das Zeit spart? Und: Wie kann Wissen im Kampagnen- oder Kommunikationsprozess gut strukturiert und für alle Beteiligten zugänglich gemacht werden, sodass auch bei Vertretung, Urlaub oder Krankheit eine umfassende Dokumentation aller getroffenen Entscheidungen vorliegt?

Diese Fragen sind nicht sexy und spannend, vor allem, wenn man lieber kreativ sein und digitale Formate entwickeln möchte. Aber sie sind essenziell. Sie bestimmen mit über Erfolg und Misserfolg! Ohne Struktur verpuffen kreative Headlines oder tolle Instagram-Videos wirkungslos.

Wir schauen uns im Folgenden an:

+ wie du Prozesse effizient in der digitalen Kommunikation organisierst.
+ wie man eine digitale Toolbox in der Public Arena strukturiert
+ wie man Meetings und Projekte steuert und dokumentiert.
+ wie man seine digitale Infrastruktur wirksam vor Gefahren schützt.

»MAGISCHES DREIECK»

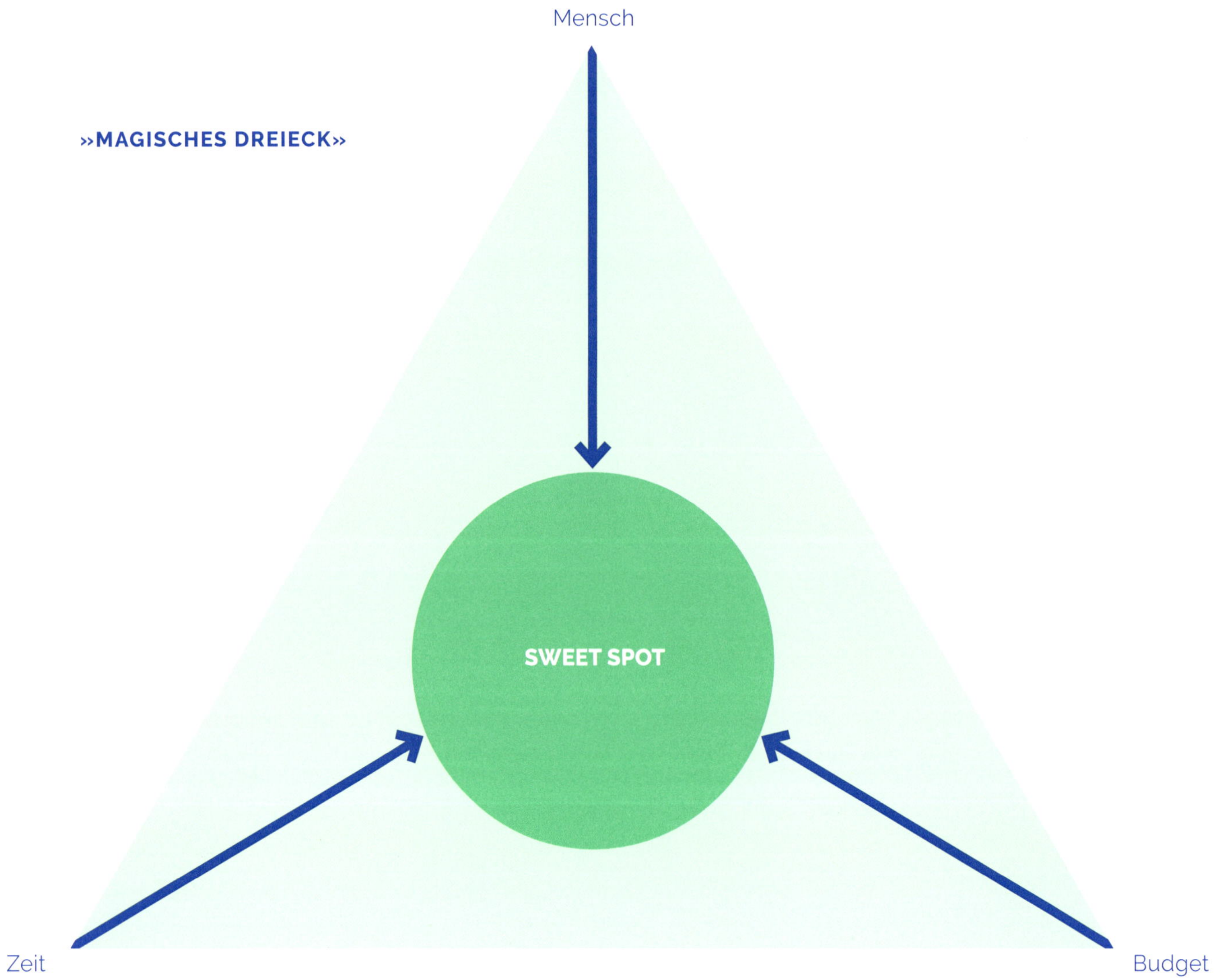

Beginnen wir zum Verständnis mit den drei wichtigsten Ressourcen. Das *»magische Dreieck«* ist eine Methode, die im klassischen Projektmanagement angewandt wird (Zeit, Kosten, Leistung) und in adaptierter Form für uns hilfreich ist. Mangelnde Ressourcen in einer der drei Dimensionen sind in der Regel der kritischste Punkt, wenn es um die Operationalisierung der gesetzten Kommunikationsziele geht. Es ist wichtig, immer einen realistischen Sweet Spot in der Mitte des Dreiecks zu identifizieren, der eine gesunde Balance aus den drei wichtigsten Dimensionen darstellt:

+ Welche **Menschen** mit welchen digitalen Kompetenzen, Strategie-Kompetenzen und Fähigkeiten benötigen wir für unsere digitale Kommunikation?
+ Wie viel **Zeit** brauchen wir für die Umsetzung der geplanten Maßnahmen? Wie viel Zeit steht überhaupt zur Verfügung?
+ Welches **Budget** haben wir und welches Budget benötigen wir?

Diese drei Ressourcen sind voneinander abhängig: Habe ich beispielsweise gute Fähigkeiten im Team und ein angemessenes Budget, aber wenig Zeit, wird die Umsetzung oder Qualität leiden. Habe ich viel Zeit und finanzielle Möglichkeiten, aber keine Kolleg:innen, die es umsetzen, erreiche ich nichts. Nicht alle drei Ressourcen müssen immer maximal zur Verfügung stehen, aber man muss die Engpässe im Hinterkopf behalten, die entstehen können: Mangelt es nicht an Budget, aber an digitalen Skills im Team, sollte man gewisse Aufgaben womöglich an Freiberufler oder Agenturen auslagern. Ist die Zeit knapp, so muss härter priorisiert und Ressourcen von anderen Projekten abgezogen werden. Behalte also das magische Dreieck stets im Auge. Vernachlässigst du einen seiner Aspekte für zu lange, leidet die Output-Fähigkeit deiner digitalen Kommunikation.

RASCI ERKLÄRT

RESPONSIBLE

Welche Person ist für die Durchführung der Aufgabe verantwortlich? Wer berichtet die Ergebnisse an die verantwortliche Person?

ACCOUNTABLE

Welche Person ist für die Fertigstellung der Aufgabe und Freigabe zuständig? Welche Person trägt die übergeordnete Verantwortung für das Ergebnis?

SUPPORT

Welche Person unterstützt bei der Ausführung der Aufgabe den Projektverantwortlichen?

CONSULTED

Welche Person verfügt über die Expertise, bei der Ausführung der Aufgabe zu beraten? Welche Person kann hilfreiche Informationen zur Verfügung stellen oder wertvollen Input liefern?

INFORMED

Welche Person wird über Zwischenstand, Fortschritt und Ergebnis des Arbeitsprozesses informiert?

Tool: der RASCI-Prozess

Je komplexer die Aufgaben werden, desto wichtiger ist es, Standards zu etablieren und die Verantwortung klar zu verteilen.

Mit dem **RASCI-Prozess**, der von Strategieberatungen wie McKinsey oder der Boston Consulting Group genutzt werden, kannst du beides erreichen. Keine Unsicherheiten oder Intransparenzen mehr. Keine Frustration, weil kein klarer Prozess besteht. RASCI steht für **Responsible** (zuständig), **Accountable** (verantwortlich), **Support** (unterstützend), **Consulted** (beratend), **Informed** (informiert).

Diese Methode ist allerdings nur für Teams zu empfehlen, die mehr als vier Personen umfassen. Bei Kleingruppen ist der Aufwand für diesen zeitintensiven Workshop zu groß. Solltest du also alleine sein oder nur mit ein oder zwei Personen arbeiten, kannst du dieses Tool überspringen. Für alle anderen: Nutze das Template aus unserem Miro Board! Du kannst es sehr leicht anpassen und auf deine Bedürfnisse zuschneiden. Und so funktioniert der RASCI-Prozess:

SCHRITT 1: ***Bestimme den Fokus für den RASCI-Prozess und definiere die Anzahl beteiligter Personen im Projekt***

Zu Beginn muss man definieren, welchen Prozess man mit RASCI verbessern will. Dieser sollte optimalerweise einen wichtigen Punkt in der digitalen Kommunikationsplanung betreffen, bei dem du strukturelle Schwächen festgestellt hast oder grundsätzlich unsicher bist.

Ein Beispiel: Dauert die Content-Abstimmung für die Social-Media-Arbeit zu lange? Dann sollte der Prozess von der Ideensammlung bis zur Content-Freigabe betrachtet werden. Ist unklar, wer für die einzelnen Aufgaben der Begleitung der Verbands-Jahrestagung via Social Media zuständig ist und wie die Dienstleister am besten unterstützen? Dann lohnt sich die Anwendung von RASCI auf die Arbeitsschritte dieses Kommunikationsanlasses.

Lege dich fest und bestimme alle am Projekt beteiligten Personen. Trage also den Fokus des Prozesses und die Mitarbeitenden ein. Ordne jeder Person im Projekt jetzt eine eigene Farbe zu. Dies hilft später, den RASCI-Prozess schnell mit den jeweiligen Farben der Personen und den Kürzeln **R, A, S, C** oder **I** zu versehen. Nicht immer müssen alle Rollen in einem Prozess vergeben sein. Es kann etwa sein, dass niemand konsultiert oder informiert werden muss. Dann lässt man diese Rolle unbesetzt. Stelle vor der gemeinsamen Erarbeitung des Prozesses sicher, dass alle Projektbeteiligten verstehen, was die jeweiligen Rollen aus der Tabelle oben bedeuten und wie sie sich voneinander unterscheiden. So entstehen später keine Missverständnisse.

TOOL
RASCI-Prozess

Komplexität

Umfang

RASCI-Prozess

Trage den Fokus des Prozesses ein!

____

Projektteam

Bestimme das Projektteam und ordne jeder Person einer Farbe zu!

Beispiel: Kommunikation Set-Up

Deadline:

Zusammenstellung Projektteam A R	Brainstorming strategische Ziele & Social-Media-Kernbotschaften A S	Auswahl Liste Content Produktion & genutzte Social-Media-Kanäle R

Formuliere die kommunikative Maßnahme!

Deadline:

Definiere die genauen Arbeitsschritte, die für diese Maßnahme notwendig sind! ? ?	______________ ? ?	...

____

Deadline:

______________	...

Bestimme mit den Farben, wer im Team R, A, S, C oder I im jeweiligen Arbeitsschritt ist!

...

SCHRITT 2: ***Definiere die Maßnahmen im Prozess und ihre jeweiligen Deadlines***

Definiere mit dem Team die notwendigen Maßnahmen und ihre Deadlines, um eine verbindliche Roadmap zu haben. Konkretes Beispiel: Für das wöchentliche Meeting zum *Social Media Content* sind vier Elemente von zentraler Bedeutung:

+ die Auswahl von geeigneten digitalen Kommunikationsanlässen,
+ die Produktion von Social-Media-Inhalten für diese Anlässe,
+ das Vorbereiten des Jour fixe und Texten der Beiträge für die Freigabe
+ die Freigabe durch Projektverantwortliche und gegebenenfalls die Anpassung oder das Feedback zu den Inhalten.

Die Deadline der Produktion von Social-Media-Inhalten ist also zum Beispiel spätestens einen Tag vor dem Jour fixe – sonst existiert keine Grundlage, auf der Posting-Texte verfasst werden können, geschweige denn die Freigabe möglich ist. Deadlines leiten sich also aus der Erfüllbarkeit der Maßnahme im Gesamtprozess ab.

SCHRITT 3: ***Splitte jetzt die Maßnahmen in die einzelnen notwendigen Arbeitsschritte auf!***

Jetzt muss die Maßnahme seziert und in die jeweiligen Arbeitsschritte unterteilt werden. Sei so genau wie möglich und liste jeden Schritt auf. Beispiel: Die imaginäre Maßnahme »*Bewerbung des Themen-Kampagnenvideos*« hat fünf Arbeitsschritte:

+ Auswahl der Plattformen, auf denen das Kampagnenvideo beworben wird
+ Festlegen und Freigabe des Media-Budgets sowie des geplanten Zeitraums
+ Schreiben der »Copy«, also des Textes der Anzeige des Videos
+ Anlegen der werblichen Kampagne im Werbemanager von Facebook
+ Monitoring der werblichen Kampagne und Auswertung nach Ende des definierten Zeitraums.

SCHRITT 4: ***Verteile die Farbpunkte der Teammitglieder je nach Aufgabe im Arbeitsschritt***

Als nächstes werden mit den in Schritt 1 festgelegten Farben die jeweiligen Rollen pro Arbeitsschritt vergeben. Wer ist verantwortlich? Wer unterstützt? Wer sollte informiert sein? Dies muss im Team diskutiert und festgelegt werden – nur so werden Unsicherheiten oder Unklarheiten minimiert. Nochmal zur Erinnerung: Es müssen nicht alle Rollen vergeben werden. Je kleiner das Team im Kommunikationsprozess ist, desto weniger Rollen sind notwendig. Zum Schluss sollte der gesamte Prozess nochmal durchgegangen und gemeinsam beschlossen werden.

RASCI-Prozess

Digitale Kommunikation unserer Jahrestagung 20. Juli

Projektteam

Greta, Simon, Juri, Jan, Judith

Ideen Brainstorming Deadline: 8. Juli	Zusammenstellung Projektteam (A, R)	Brainstorming strategische Ziele & Kernbotschaften (A, S)	Auswahl, Liste, Content, Produktion (R)
Produktion Content Deadline: 12. Juli	Produktion aller Social Media Inhalte (I, R)	Texten der Postings und Einplanung auf den Social Media Kanälen (R, S)	Abnahme & Freigabe der finalen digitalen Inhalte (R, I)
Kommunikation Deadline: 20. Juli	Erstellung eines Redaktionsplans (I, R, S)	Community Management & Ansprache von Multiplikatoren (R, S)	Live-Berichterstattung vom Event mit Tweets & Instagram Stories (S, R, S)
Evaluation Deadline: 20. Juli	Feedback mit dem gesamten Projektteam (C, C, R, C)	Abschlussreporting mit Learnings für nächstes Mal (A, R)	

BEISPIEL: *Der RASCI-Prozess zum digitalen Kommunikationsanlass »Jahrestagung soziale Lage in Deutschland«*

Um es noch greifbarer zu machen: Wir wollen für einen imaginären Verband für soziale Wohlfahrt den Jahresbericht zur sozialen Lage in Deutschland digital kommunizieren. Das Ziel: Maximale Aufmerksamkeit und Ansprache der relevanten Zielgruppen am Tag der Veröffentlichung. Greta, Simon, Juri, Jan und Judith bilden das digitale Projektteam. In unserem Beispiel sind vier konkrete Projektschritte notwendig. Jeder Person sind wiederum einzelne Aufgaben zugeteilt – es könnten noch weitaus mehr Schritte sein. Achte aber immer darauf, dass es nicht zu kleinteilig wird.

Ihr seht jetzt auf einen Blick, wer in welcher Phase für was verantwortlich ist und wer bei welcher Aufgabe unterstützt oder zumindest über Updates informiert sein sollte. Der RASCI-Prozess lohnt sich besonders im Vorfeld kritischer digitaler Kommunikationsplanung oder -umsetzung.

TOOL
Public Arena Tech Stack

Komplexität ●●○

Umfang ⌛⌛⌛

Beschreibe, für was du das Tool in deiner digitalen Arbeit nutzt!

Benenne den/die Tool-Master:in, der/die als Ansprechpartner:in für alle Fragen fungiert und sich regelmäßig über Updates informiert!

Trage ein, welche Skills du oder dein Team aktuell für das Tool besitzen!

Projektmanagement

Tool: Slack
Nutzung: ________
Tool Master: Simon
Prioriät: ★★★☆☆
Skill Level: ★☆☆☆☆

Social Media Management

Tool 1: ________
Nutzung: ________
Tool Master: ________
Prioriät: ☆☆☆☆☆
Skill Level: ☆☆☆☆☆

Tool 2: ________
Nutzung: ________
Tool Master: ________
Prioriät: ☆☆☆☆☆
Skill Level: ☆☆☆☆☆

E-Mail & Landing Pages

Tool: ________
Nutzung: ________
Tool Master: ________
Prioriät: ☆☆☆☆☆
Skill Level: ☆☆☆☆☆

...

Data & Analytics

Tool: ________
Nutzung: ________
Tool Master: ________
Prioriät: ☆☆☆☆☆
Skill Level: ☆☆☆☆☆

...

Content

Tool: ________
Nutzung: ________
Tool Master: ________
Prioriät: ☆☆☆☆☆
Skill Level: ☆☆☆☆☆

...

Campaigning

Tool: ________
Nutzung: ________
Tool Master: ________
Prioriät: ☆☆☆☆☆
Skill Level: ☆☆☆☆☆

...

CRM

Tool: ________
Nutzung: ________
Tool Master: ________
Prioriät: ☆☆☆☆☆
Skill Level: ☆☆☆☆☆

...

Performance Marketing

Tool: ________
Nutzung: ________
Tool Master: ________
Prioriät: ☆☆☆☆☆
Skill Level: ☆☆☆☆☆

...

Tool: das Public Arena Tech Stack

Die Landschaft der Programme, die für Social-Media-Kommunikation, Projektmanagement, Content-Erstellung oder Analysen eingesetzt werden können, ist sehr groß. Es gibt aktuell etwa 15 000 Softwarelösungen, die originär für digitales Marketing entwickelt wurden und weltweit im Einsatz sind. Um die Übersicht nicht zu verlieren und Kontrolle über die monatlichen Kosten zu haben, solltest du ein *»Public Arena Tech Stack«* zusammenstellen.

Der Begriff Technologie Stack stammt aus dem US-amerikanischen IT-Bereich und bezeichnete ursprünglich eine Liste aller Technologiedienste, die zum Erstellen und Ausführen einer einzelnen Anwendung verwendet werden. So besteht beispielsweise Twitter aus einer Kombination von Programmier-Frameworks und -sprachen, einschließlich JavaScript, CSS und vielen anderen. Zusammen definieren sie das Tech Stack von Twitter. Wir konzentrieren uns in unserem Tech Stack nur auf ganzheitliche Softwarelösungen, die selbst bei einem kleinen und mittleren Budget einen unmittelbaren Mehrwert bieten.

SCHRITT 1: ***Verschaffe dir einen Tool-Überblick!***

Liste alle digitalen Tools auf, die in deiner Kommunikations- und Projektarbeit zum Einsatz kommen. Ordne sie den folgenden Kategorien zu. Wir haben für das Tech Stack die acht wichtigsten Tool-Bereiche aufgeführt. Du musst nicht für alle Kategorien Tools besitzen, aber 98 Prozent der heutigen Anforderungen lassen sich damit abdecken. Diese Kategorien umfassen:

+ Projektmanagement: Tools zur Steuerung von Projekten und ihren Deadlines, für die interne Kommunikation oder für die Verwaltung von Wissen
+ Daten & Analytics: Tools, die die Verwaltung und Analyse von Daten oder Social-Media-Monitoring ermöglichen
+ Social Media Management: Tools, die die Kommunikationsarbeit auf den Social Media organisieren und managen
+ CRM: Tools, die Daten zu Unterstützer:innen oder Mitglieder:innen verwalten und sammeln
+ E-Mail & Landing Pages: Tools für das Management rund um den Versand von Mailings, die Pflege von Listen und den Aufbau von Landing Pages
+ Campaigning: Tools zur Involvierung, Aktivierung oder Mobilisierung von Menschen für politische Anliegen
+ Content: Erstellung von audiovisuellen Inhalten, die auf Social-Media-Kanälen vertrieben werden
+ Advertising: Tools, die fürs Online-Marketing genutzt werden, um Zielgruppen via Social Media anzusprechen

SCHRITT 2: *Beschreibe die Nutzung der Tools, und ihrer Priorität, und gib eine ehrliche Einschätzung des Skill Levels*

Als nächstes wird in jedem Kästchen der Vorlage kurz die Verwendung des Tools beschrieben, die Priorität, die es aktuell für deine Arbeit hat (1 Stern = gering; 3 Sterne = sehr hoch) und die vorhandenen digitalen Skills (1 Stern = Grundkenntnisse; 3 Sterne = Profi). So können schnell je nach Feld eventuelle Missstände identifiziert werden.

Ein Beispiel: Du trägst Canva ein, eine Software zur Erstellung von Social Media Content. Obwohl sie täglich im Einsatz ist, werden die Fähigkeiten zu ihrer Anwendung nur mit Mittel bewertet. Das bedeutet: Hier sollten mehr Zeit und Geld in Fortbildungen und Webinare investiert werden.

CHECK-UP-FRAGEN

Wofür möchtest du das Tool einsetzen und in welche Kategorie kommt es?"

____

Welches Budget und wieviel Zeit kannst du dafür zur Verfügung stellen?

____

Wer recherchiert die Tool-Optionen, testet das Tool und gibt eine Handlungsempfehlung?

____

SCHRITT 3: *Bestimme einen Master für die wichtigsten Tools*

Für jedes Tool, das mit der Prioritätsstufe 3 versehen wurde, ist es wichtig, laufend auf dem neuesten Stand zu sein und eine/n Zuständige/n im Team zu haben. Der Tool Master sollte relevante Newsletter und LinkedIn-Gruppen abonnieren, die über Updates, Tipps und Tricks und kreative Anwendungsmöglichkeiten informieren. Arbeitest du allein, stelle zumindest sicher, dass du bei deinen 2–3 wichtigsten Tools über solide Kenntnisse verfügst.

SCHRITT 4: *Blinde Flecken erkennen und Maßnahmen ergreifen*

Wenn du mehr über das Campaigning per E-Mail erfahren oder Landing Pages häufiger bauen möchtest, kannst du diesen Bereich auf dem Tech Stack einkreisen und angeben, wie viel Zeit und Geld du dafür zur Verfügung stellen willst. Beantworte bei »Blind Spots« immer folgende drei Fragen, bevor du überhastet Abos abschließt:

Wir empfehlen, circa 15 Prozent deines jährlichen Tool Budgets für Fortbildungen und Schulungen zur Seite zu legen. Ein Jahr ist beim Facebook-Business-Manager oder auch bei Slack eine sehr lange Zeit, in der die Konzerne viele neue Features herausgeben. Deshalb ist es auch wichtig, mit neuen Teammitgliedern einen strukturierten Onboarding-Prozess zu durchlaufen, der sie in die digitalen Tools ihres Verantwortungsbereich einführt.

Tool: der Public Arena Meeting Planer

Neben der technischen Infrastruktur sowie der Frage von Zuständigkeiten und Prozessvisualisierungen liegt das Rückgrat erfolgreicher Kommunikationsinfrastruktur in etablierten Meeting-Formaten. Bevor wir die wichtigsten Meetings für die Public Arena vorstellen, eine Sache jedoch vorab: Meetings dürfen nicht zum Selbstzweck werden. Der Schlüssel zum Erfolg liegt immer in der Vorbereitung eines jeden Teilnehmenden und im vorab festgelegten Rahmen. Konkret: In welcher Frequenz soll das Meeting stattfinden? Wie lange soll es dauern? Wer nimmt teil? Welches Ziel wird verfolgt und welche essenziellen Punkte sollen geklärt werden?

Für uns haben sich über die Jahre vier Arten von Meetings herauskristallisiert. Für jeden Typ empfehlen wir je zwei Formate. Du kannst natürlich weitere Formate entwickeln oder durchführen, solltest aber gewährleisten, dass mindestens ein Meeting-Typ für jede Kategorie in deiner Organisation oder deinem Team regelmäßig durchgeführt wird. Unerlässlich ist, dass die Maximaldauer befolgt wird: Meetings, die länger als eine Stunde dauern, sind nicht zielführend. Die Konzentration nimmt nach 60 Minuten rapide ab.

Kreativitäts-Meetings: Diese Meetings dienen der Steigerung des kreativen Outputs in allen Dimensionen deiner digitalen Kommunikation.

Projektmanagement-/Steuerungs-Meetings: In diesen Meetings werden die Steuerung digitaler Kommunikationsprozesse, spezifische Aufgaben und Ressourcen-Updates innerhalb Deines Teams abgestimmt.

Qualitätssicherungs-Meetings: Bei diesen Treffen stehen die Steigerung der Qualität, die Feedbackmöglichkeiten und die Optimierung deiner digitalen Kommunikation oder Projekte im Vordergrund.

Problemlösungs-Meetings: Diese Meetings werden einberufen, um schnelle und effiziente Lösungen von kurzfristig auftretenden Problemen zu finden. Dazu gehört es auch, sich einen Überblick zu verschaffen und über Meilensteine zu motivieren.

Grundsätzlich gilt für jedes Meeting unabhängig vom Ziel die gleiche Grundstruktur:

+ Es braucht immer jemanden, der das **digitale Protokoll** führt. So wird gewährleistet, dass kein Wissen verloren geht und alle Aufgaben und Themen dokumentiert sind. Jede:r, der/die nicht am Meeting teilgenommen hat, kann problemlos die wichtigsten Punkte nachvollziehen.
+ Ebenfalls notwendig: eine **präzise Agenda** und ein/e Moderator:in, der oder die das Meeting leitet und die Zeit im Blick hat. Diskussionen dürfen nicht ausufern, der rote Faden muss gewahrt bleiben.

Kreativität

Ziel Briefing

Zweck: detailliertes Onboarding aller Projektbeteiligten mit allen notwendigen Informationen, strategischen Zielen und Deadlines
Frequenz: einmalig, zu Beginn neuer digitaler Kommunikationsaufgaben oder zur Umsetzung von Kampagnen
Beteiligte: alle, die unmittelbar an der Umsetzung des Projektes beteiligt sind

Ideen Lab

Zweck: formalisiertes Brainstorming für die Entwicklung von innovativen Ideen
Frequenz: situativ, je nach spezifischer Notwendigkeit auch mehrmals zu bestimmten Themen
Beteiligte: freie Zusammensetzung (auch Beteiligung von Externen möglich)

Qualität

Schulterblick

Zweck: Qualitätskontrolle und Feedbackmöglichkeit oder Ideeninput innerhalb einer bestimmten Projektphase
Frequenz: situativ, je nach Bedarf, kann von Projektleiter:in oder von durchführender Person eingefordert werden
Beteiligte: Projektverantwortliche:r und die die spezifische Aufgabe durchführende Person

Rückblick

Zweck: verbindliches Feedbackmeeting aller Projektbeteiligten, für Optimierung und Learnings
Frequenz: regelmäßig, nach Abschluss einer digitalen Kampagne, einer wichtigen Kommunikationsphase oder dem Erreichen / Misslingen eines bestimmten Meilensteins
Beteiligte: alle, die unmittelbar an der Umsetzung des Projektes beteiligt waren

Projektsteuerung

Stand Up

Zweck: regelmäßiges Check-up tagesaktueller Aufgaben, von Verfügbarkeiten und kurzfristigem Support-Bedarf

Frequenz: täglich, fixe Uhrzeit, unabhängig von individuellen Verfügbarkeiten

Beteiligte: eigenes Team, Mitarbeiter, die direkt mit dir in den digitalen Projekten arbeiten

Satellit

Zweck: Satelliten-Perspektive mit Abgleich strategischer Ziele, Analyse von digitalen Performance-Indikatoren und Ausblick auf kommende Projekte

Frequenz: monatlich

Beteiligte: Personen, die direkte Verantwortung für die Umsetzung der Aufgaben oder für Personal haben

Probleme

Brandlöscher

Zweck: Einleitung von Maßnahmen beim Auftreten von unvorhergesehenen Problemen, wie Shitstorms oder Krisen, kurzfristige Kommunikationsanlässe oder Nicht-Erreichen von Deadlines

Frequenz: situativ

Beteiligte: Personen, die zur Lösung des spezifischen Problems gebraucht werden

All-Hands

Zweck: Kommunikation von äußerst dringenden oder wichtigen Botschaften, Motivation des Teams oder Ausgeben von »Alarmstufe rot«

Frequenz: selten und unregelmäßig, nur bei wichtigen oder dringenden Kommunikationsanlässen einzuberufen

Beteiligte: alle Personen innerhalb deiner Organisation oder deines Teams

TOOL
Meeting Agenda Template

Komplexität

Umfang

Wer schreibt das Protokoll und schickt es danach in die Gruppe oder legt es digital ab?

Wer nimmt am Meeting Teil?

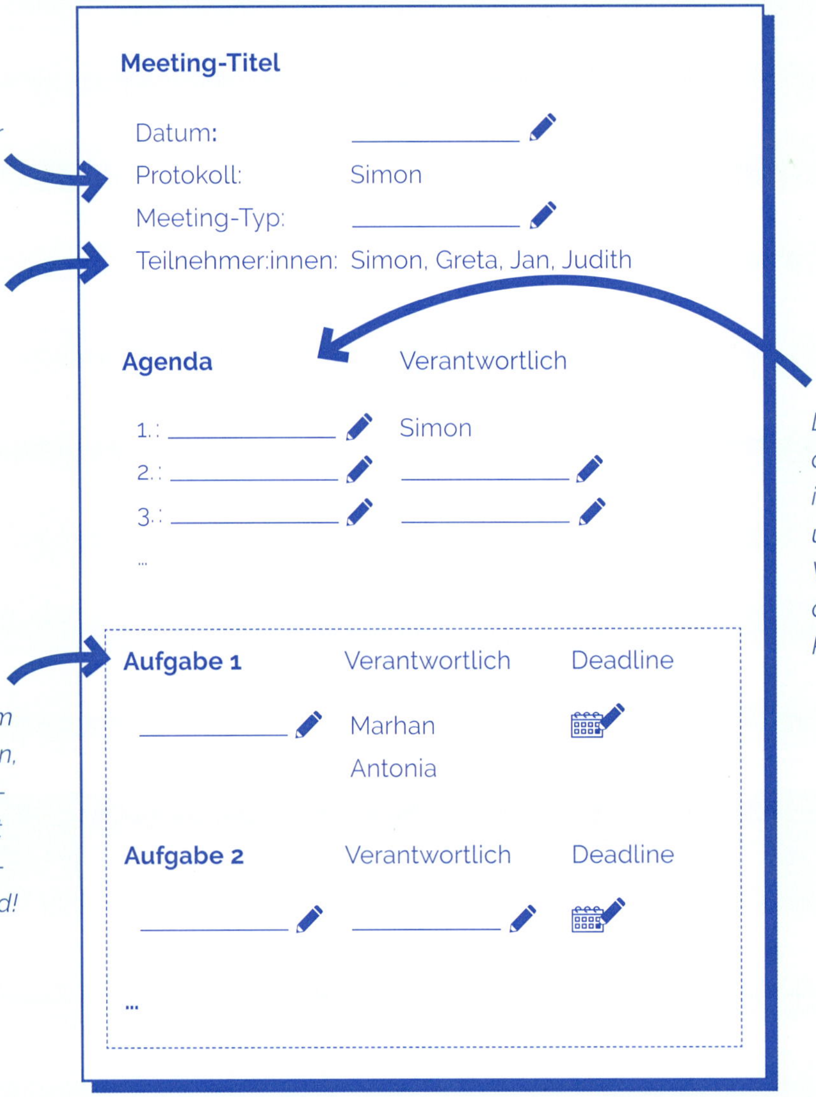

Definiere vorab, was die Agendapunkte im Meeting sind und wer die Verantwortung für den jeweiligen Punkt hat.

Liste auf, welche Aufgaben aus dem Meeting resultieren, wer für die Umsetzung zuständig ist und welche Deadline vereinbart wird!

+ Und: **kein Meeting ohne Aufgaben oder Resultate!** Es muss klar benannt werden, welche Aufgaben aus der Besprechung resultieren, bis wann diese von wem zu erledigen sind und ob weitere Informationen benötigt werden.

Damit du Meetings effizient durchführen kannst, haben wir ein **Template** konzipiert. Man kann es nicht oft genug betonen: Eine Dokumentation ist zwar oft mühsam, ermöglicht dir aber in entscheidenden Situationen die notwendige Transparenz und das Nachvollziehen von Entscheidungen.

Tool: Checkliste digitale Cybersecurity

Die Achillesverse jeglicher digitaler Kommunikationsinfrastruktur ist der Schutz vor Cyberangriffen und möglichem Datendiebstahl. Nichts schadet der Reputation mehr und ist eine größere Gefahr für die Integrität der gesamten Arbeit. Leider wird diesem Thema noch zu wenig Aufmerksamkeit geschenkt, obwohl wir jeden Tag von solchen Angriffen auf Unternehmen und Regierungen lesen. Insbesondere kleine, eher harmlose Phishing-Attacken und Passwort-Diebstähle können mittelfristig verheerende Folgen haben. Wer vertraut deiner Organisation noch seine E-Mail-Adresse oder Kontaktdaten an, wenn klar ist, wie wenig diese vor Angriffen geschützt werden?

Angelehnt an das exzellente *Cyber Security Campaign Playbook* der Harvard University (Download auf der Public-Arena-Playbook-Seite verfügbar) haben wir einige praktische Elemente in einer Checkliste gesammelt. Hier findest du die 12 wichtigsten Schritte, um deine digitale Kampagnen-Infrastruktur zu sichern:

Die anfälligsten Punkte in deiner Infrastruktur sind deine E-Mail-Accounts, die Social-Media-Zugänge und die Datenpunkte über Mitglieder:innen. Wie immer gilt bei Bedrohungslagen: Es kann keine absolute Sicherheit geben, aber mit konkreten Maßnahmen lässt sich das Risiko, Zielscheibe eines erfolgreichen Angriffs zu werden, deutlich minimieren. Ironischerweise wählen die anspruchsvollsten Hacker oft die am wenigsten ausgeklügelten Angriffsmethoden und machen sich Menschen und Organisationen zunutze, die grundlegende Sicherheitsprotokolle und Passwortregeln vernachlässigen. Stelle sicher, dass du oder jemand anderes im Team sich mindestens zweimal pro Jahr auf den aktuellsten Stand der Cybersicherheit bringt.

PUBLIC ARENA CYBERSECURITY CHECKLISTE

Bewusstsein

90 Prozent aller Sicherheitslecks entstehen durch Phishing beziehungsweise unachtsames Verhalten oder Anklicken durch Mitglieder in der eigenen Organisation. Die Schaffung eines Bewusstseins für Schutz hat daher oberste Priorität.

✅ ☐ ❌ ☐

Versicherung-Check

Kläre mit deiner Versicherung, welche Fälle von Datendiebstahl, Hacking oder anderen Bedrohungen im Zweifel abgedeckt sind.

✅ ☐ ❌ ☐

2-Faktor Authentifizierung

Egal ob Social-Media-Account, interne Messenger-Dienste oder Apps, für alle Beteiligten muss die 2-Faktor-Authentifizierung ohne Ausnahme als Standard gelten. Als zweiter Faktor sollte hierbei lieber eine App, als eine Textnachricht Verwendung finden.

✅ ☐ ❌ ☐

Sicherheits-Updates

Führe regelmäßig auf allen genutzten Geräten Sicherheitsupdates durch. Diese schließen oftmals mögliche kritische Sicherheitslücken.

✅ ☐ ❌ ☐

Passwörter

Starke Passwörter sollten ca. 10 Zeichen lang sein, aus Groß- und Kleinbuchstaben sowie Sonderzeichen bestehen, in keinem Wörterbuch zu finden sein oder mit dir in einer Verbindung stehen.

✅ ☐ ❌ ☐

Verschlüsselung

Einsatz von spezifischer Verschlüsselungssoftware für besonders sensible oder vertrauliche Daten.

✅ ☐ ❌ ☐

Cloud Backups

Better safe than sorry! Sichere deine Organisation und alle Daten über einen sicheren Cloud-Dienst ab.

✅ ☐ ❌ ☐

Firewall

Sorge dafür, dass auf allen genutzten Geräten eine Firewall Software installiert ist. Diese gehen über die üblichen Sicherheitsmechanismen von Windows oder Apple hinaus und sorgen so für zusätzlichen wichtigen Schutz!

✅ ☐ ❌ ☐

Security-Schulungen

Workshop oder spezifische Schulung, um dir oder Mitgliedern in deinem Team konkrete Verhaltensweisen anzutrainieren.

✅ ☐ ❌ ☐

Passwortwechsel

Mindestens alle 60 Tage Austausch aller genutzten Passwörter für E-Mail-Zugänge, Social Media Accounts oder kritische CRM-Software.

✅ ☐ ❌ ☐

Remote-Deaktivierung

Einrichtung einer Remote-Löschfunktion – bei Diebstahl oder Verlust können extern gesteuert sofort alle Datensätze gelöscht werden.

✅ ☐ ❌ ☐

Cybersecurity Audit

Externer Audit durch Cyber-Experten und Identifizierung von besonders vulnerablen Punkten.

✅ ☐ ❌ ☐

Kultur

Wie du eine innovative Kultur etablierst

»Kultur ›definiert den Raum, in dem Ideen entstehen oder unterdrückt werden, Initiative befördert oder erstickt, Motivation gefördert oder vernichtet, Engagement belohnt oder entmutigt, Zusammenarbeit unterstützt oder behindert wird.‹« *Josef Herget, deutscher Informationswissenschaftler*

Die Kultur zählt, wie schon die Struktur, zu den meistens stiefmütterlich behandelten Themen bei Kampagnen. Wahr ist aber, dass man an der Kultur noch vor Beginn der eigentlichen Arbeit scheitern kann. Es lohnt sich daher, ihr genug Zeit, Ressourcen und Aufmerksamkeit einzuräumen. Ohne eine dynamische, positive und nach vorne gerichtete Kultur besteht keine zwischenmenschliche Grundlage – was dazu führt, dass Versuche, neue Ideen zu generieren, kreative Prozesse anzustoßen oder ehrliches Feedback für Fehler zu bekommen, erschwert werden.

In diesem Modul befassen wir uns mit den drei wichtigsten Elementen, die helfen, eine »Winning Culture« aufzubauen. Das Wichtigste: Kultur muss im Alltag spür- und erlebbar sein. Das heißt konkret: Es liegt an dir, jeden Tag auch dich selbst an den Standards zu messen, die du verwirklicht sehen möchtest. Das bedeutet viel harte Arbeit, viel Raum für Selbstreflexion, ehrliches Feedback und viel Geduld.

Die Kultur umfasst die Erwartungen, Erfahrungen sowie die Werte, die das Verhalten der Mitglieder bestimmen. Sie drückt sich im Selbstbild der Mitglieder, im Innenleben, in der Interaktion mit der Außenwelt und in den zukünftigen Annahmen aus. Kultur basiert auf gemeinsamen Einstellungen, Überzeugungen, gelebten Alltagsritualen sowie schriftlichen und ungeschriebenen Regeln, die geplant oder ungeplant entwickelt wurden und als gültig angesehen werden. Mit einer positiven Kultur in deiner digitalen Kommunikationsarbeit kann schon ein sehr kleines Team Großes bewirken und über seine Möglichkeiten hinauswachsen. Oder anders gesagt: »Culture eats strategy for breakfast!«

KREISLAUF EINER »WINING CULTURE«

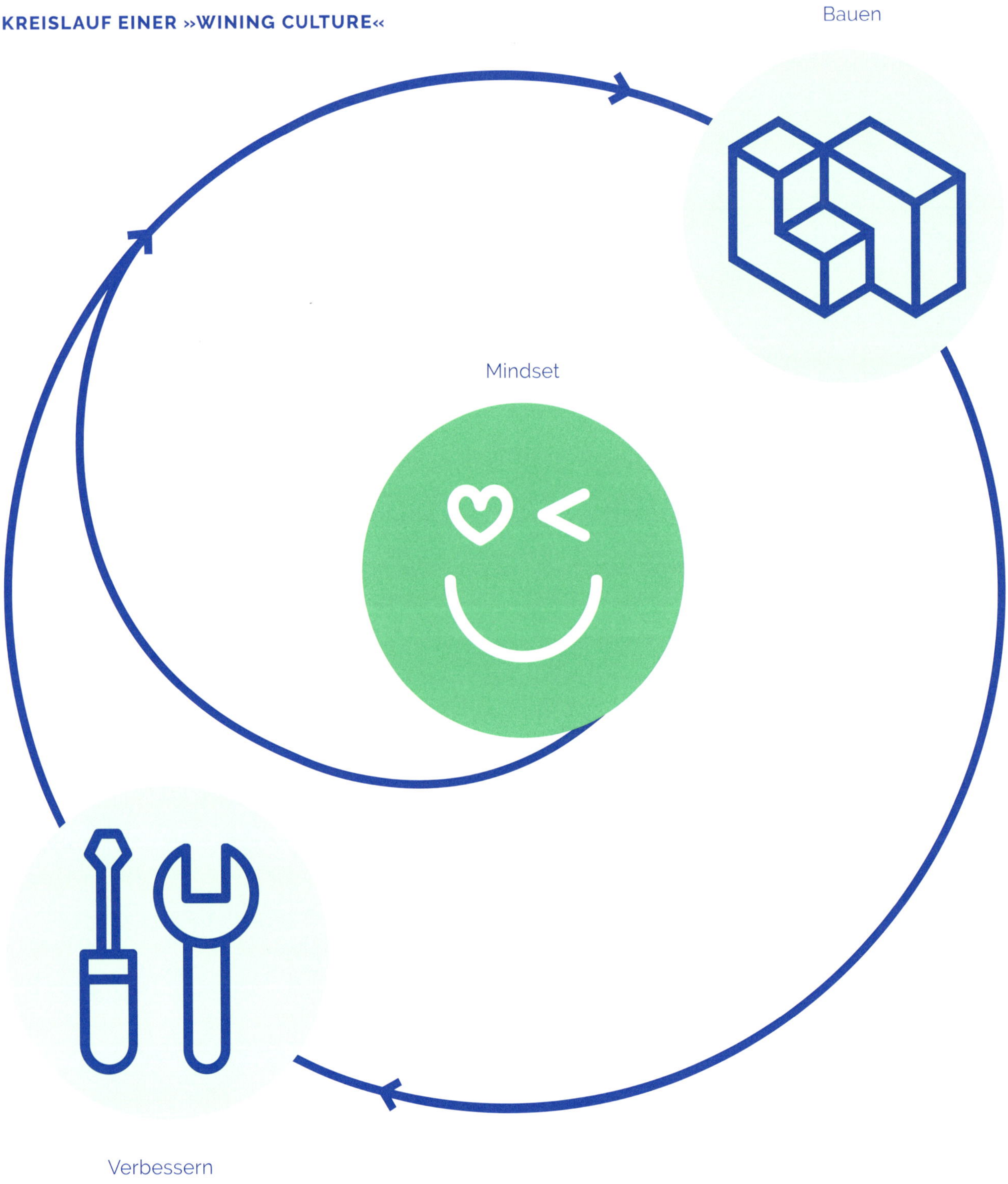

Tool: das Permanent Beta Mindset

Der Ausgangspunkt für alle kulturellen Fragen ist immer die eigene Denkweise, das Mindset. Es ist unser unsichtbares Fundament, das uns in herausfordernden beruflichen Momenten oder kritischen Stresssituationen neben unseren Werten mental zur Seite steht und Orientierung bietet. Ein Mindset stellt tief in der eigenen Psyche verankerte Grundannahmen und Überzeugungen über sich selbst, Menschen im unmittelbaren Umfeld und jegliche Interaktion mit der Umwelt dar. Es gilt also, zusätzlich zu den strukturellen Rahmenbedingungen ein Mindset zu schaffen, das auf Wachstum und Gestaltungswillen in der Public Arena basiert. Ziel sollte es sein, gerade in dem schnelllebigen digitalen Umfeld möglichst oft sich selbst in einen Zustand des Lernens, Wachsens und Reflektierens zu bringen. In Anlehnung an das sehr nützliche Buch des Linkedin-Mitgründers und Investors Reid Hoffmann *The Start-up of You* und das dort beschriebene Mindset für das digitale Zeitalter haben wir das Tool »*Permanent Beta*« getauft. Es geht darum zu verhindern, dass Sätze wie »So haben wir das aber schon immer gemacht« keinen Platz in deiner digitalen Kommunikation haben. Stattdessen braucht es permanente Innovation, Veränderungsbereitschaft und Lust auf Neues – etwas, das uns in Deutschland in der Regel nicht besonders leicht fällt.

Der Weg hin zu einem *Permanent Beta Mindset* lässt sich mit vier Kreisen darstellen, die kontinuierlich durchlaufen werden, um Hindernisse zwischen dir und deiner Wachstumszone aus dem Weg zu räumen. Das Modell kommt bei Trainings für Spitzenpolitiker:innen oder Topmanager:innen zum Einsatz und lädt zur persönlichen Reflexion ein. Es bietet zudem eine Grundlage, um an den eigenen Einstellungen und Denkweisen zu arbeiten. Nimm die Vorlage im Miro Board oder zeichne dir vier große Kreise auf ein Blatt und beginne, dich von links innen nach außen rechts vorzuarbeiten. In die leeren Flächen der jeweiligen Kreise kannst du deine Gedanken, Reflexionen und Wünsche schreiben. Später können daraus Maßnahmen abgeleitet werden, um in die nächste Phase eintreten zu können. So funktioniert es konkret:

PHASE 1: *Raus aus der Komfortzone!*

Diesen Zustand kennt jeder von uns. Es ist das bekannte Terrain, in dem wir uns beruflich bestens auskennen, Tätigkeiten oder Prozesse, die wir schon dutzende Male praktiziert oder erfolgreich durchgemacht haben. Bei langem Verharren läuft man aber Gefahr, mental einzurosten. Der erste Schritt Richtung Permanent Beta Mindset ist es daher, zu identifizieren, in welchen Bereichen der eigenen Kommunikationsarbeit du im Status quo feststeckt, und wo du das Bedürfnis verspürst, diesen zu durchbrechen. Schreibe also in einem kurzen Brainstorming die Antworten zu folgenden Fragen in den Kreis:

+ Welche digitalen Fähigkeiten (bestimmte Tools, Nutzung von Social Media allgemein, kreative Postings etc.) hast du, und bei welchen fühlst du dich wohl bei der Nutzung?
+ Worin möchtest du dich weiterentwickeln und dich inspirieren lassen?
+ Was möchtest du ganz neu lernen (beispielsweise, Grundlagen von Google Analytics & Google Ads)?

PHASE 2: *Ängste oder Probleme auf dem Weg überwinden*

Neues zu lernen oder den Status quo hinter sich zu lassen, bedeutet auch immer, sich auf unsicheres Terrain zu begeben und das Risiko des Scheiterns einzukalkulieren. Ängste und Sorgen sind das größte Hindernis von Innovation in der Kommunikation. Es ist ein permanenter Kampf gegen die eigenen kritischen Stimmen im Kopf und im eigenen persönlichen, aber auch beruflichen Umfeld. Schreibe als nächstes also auf, welche Ängste und Sorgen dir einfallen.

Was ist der Grund dafür, dass du noch kein neues Instagram-Konzept ausgearbeitet hast? Ist es Angst vor Kritik von Kolleg:innen? Warum machst du bisher einen großen Bogen um das Thema Daten? Keine Zeit oder keinerlei Support? Wird dafür kein Budget zur Verfügung gestellt? Wenn du die größten Ängste oder Problemetreiber eingekreist hast, überlege dir, mit welchen Maßnahmen du ihnen begegnen kannst. Oft hilft es auch, sich dem Freundeskreis anzuvertrauen oder im Team (sofern vertrauensvoll möglich) kollaborativ und konstruktiv über Lösungen zu den jeweiligen Ängsten oder Problemen zu sprechen.

PHASE 3: *Mehr Lernen wagen!*

Hast du den Status quo und die eigenen Ängste analysiert, bist du bereit für die Lernzone. Jetzt musst du die Rahmenbedingungen fürs Lernen definieren. Schreib also in den Kreis der Lernzone,

+ wie viel Zeit du einplanen kannst und wie du deine Fortschritte misst (etwa: »Mehr digitale Skills« = Erlernen eines neuen Tools mit Abschluss eines Onlinekurses. Oder: »Steigerung Kreativität« = Ausprobieren eines neuen Brainstorming-Prozesses bei der Kampagnenplanung)
+ wie du innerhalb der Lernzone deine *Zwischenschritte* definierst. Beispiel: »Ich möchte in der Lage sein, eine detaillierte digitale Persona für unser nächstes Ideen-Meeting zu erstellen. Dafür brauche ich erst die Methodik, dann recherchierte Zahlen und Fakten und Zeit für die Ausarbeitung.«

Besonders am Anfang ist eine realistische und pragmatische Herangehensweise in definierten Zeitabschnitten wichtig, um kleine Erfolge und Fortschritte sichtbar zu machen. Sonst entsteht schnell Frustration.

TOOL
Permanent Beta Mindset   Komplexität   Umfang

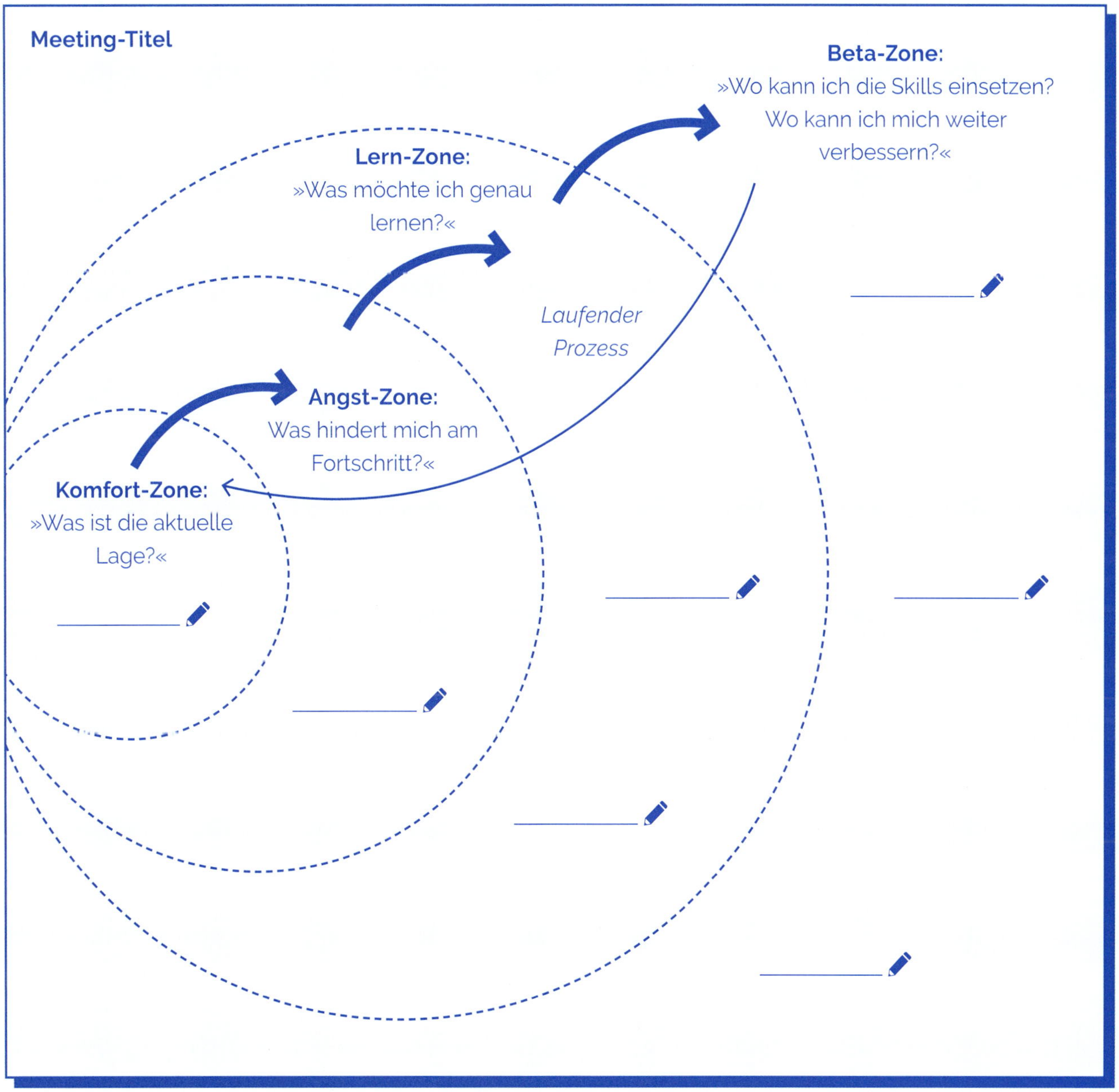

PHASE 4: ***Permanent Beta Mindset***

Die Beta-Zone zeichnet sich laut LinkedIn-Mitgründer Reid Hoffmann durch die Tatsache aus, dass du jeden einzelnen Tag ein kleines bisschen Zeit investierst, um dich in deinen Skills, Fähigkeiten und Verhaltensweisen weiterzubringen. Gerade in der digitalen Kommunikation sind schon vier Wochen eine lange Zeit, in der sich sowohl bei deinen politischen Themen als auch bei technischen Updates unglaublich viel tut.

Schreibe in den Beta-Zonen-Kreis, wie und wo dir die Erkenntnisse aus der Lernphase konkret helfen können und wie du sie als nächstes testen möchtest. Beispiel: »Ich möchte meine neuen Kenntnisse in Google Ads nutzen, um erstmals eine kleine Testkampagne aufzusetzen, damit wir unsere digitalen Talkformate zu Energiesicherheit einem breiteren Publikum als bisher zugänglich machen.«

Studien zeigen, dass das Teilen von Erfolgen mit Kolleg:innen motivierend ist. Inspiriere also andere mit deinem neuen Wissen. Eventuell sind sie dann motivierter, selbst mehr Zeit in das ein oder andere Thema zu stecken.

Schreibe auch in den Kreis, welche positiven Emotionen bei dir hervorgerufen werden. So kannst du besser verstehen, wie dein individuelles Belohnungssystem funktioniert und was dich antreibt. Beispiel: »Ich empfinde besonders Freude, wenn ich merke, dass ich meine neuen digitalen Skills bei der Bildbearbeitung mit Photoshop bei der nächsten Kampagne einsetzen kann.«

Wichtig: Die Beta-Zone ist *immer* temporär und nie dauerhaft. Ein »Rückfall« in den Status quo – die Komfort-Zone – ist weder schlecht noch ungewöhnlich, sondern menschlich. Verhaltenspsychologen bezeichnen Wellenbewegungen sogar als langfristig besonders erfolgversprechend. Es ist aber umso wichtiger, in regelmäßigen Abständen die eigene »Festplatte« zu checken, ob man es sich in einigen Bereichen oder hinsichtlich bestimmter Sichtweisen auf die digitale Kommunikation nicht zu bequem gemacht hat. Entscheidend ist also, auf Dauer die zeitlichen Abstände zwischen Komfort- und Beta-Zone nicht zu groß werden zu lassen und immer neue Bereiche der Persönlichkeitsentwicklung kritisch zu beleuchten. Wie oft? Wir empfehlen, die Übung des Permanent-Beta-Mindset 3–4-mal pro Jahr anzuwenden.

Tool: das Werte-Aktivierungs-Karussell

Nach dem Mindset geht es um den heiligen Gral der Kulturdynamik: ein gemeinsames Verständnis der gelebten Teamwerte im Arbeitsalltag. Darunter versteht man Präferenzen, die festhalten, was einer Gruppe wichtig ist und von dieser als »gut« eingeschätzt wird. Sie liegen also an der Schnittstelle zwischen Individuen und der Organisation.

Wir haben mit dem Wertekompass im Kapitel *»Vision & Mission«* bereits die Kernwerte für deine digitale Kommunikation herausgearbeitet. Die Methode des *Werte-Aktivierungs-Karussells* von Organisationsberater Hugo Suidman und seiner Firma ForChiefs geht einen Schritt weiter. Sie konzentriert sich auf gelebte Teamwerte. Es geht darum, die Werte im Alltag mit Inhalt zu füllen und anzuwenden. Je größer dein Team oder deine Organisation, desto wichtiger wird das. Warum nicht einfach ein Template aus dem Netz ziehen? Generisch formulierte Vorlagen in diesem Kontext sind zwar nicht per se falsch, sie sind aber eben nicht auf die Charaktere und ihre individuellen Bedürfnisse zugeschnitten. Das geht bei Sprache los und mündet schließlich in der konkreten Ausformulierung im Werte-Aktivierungs-Karussell, sonst sind sie wenig mehr als nette Slogans an einer Wand.

Welches Verhalten in Bezug auf die Werte soll also konkret gefördert und weiterentwickelt werden? Welches Verhalten ist bereits sehr gut, welches ist nicht akzeptabel? Mit dem Karussell kannst du in einem Workshop aus jedem Wert die Verhaltensweisen im Alltag ableiten und sezieren. Es gibt für jeden Wert drei Kategorien:

+ Welche Verhaltensweisen in Bezug auf den Wert werden bisher noch nicht praktiziert, sollten aber sofort gestartet werden? Hierzu gehört beispielsweise die Anerkennung von individuellen Erfolgen nach Kampagnenende (Feld »Start«).
+ Was läuft gut, was sollte bei den aktuellen Verhaltensweisen in Bezug auf den Wert also weiter praktiziert werden? (Feld »Weiter«)
+ Welche Verhaltensweisen in Bezug zu dem Wert sollten in der aktuellen Arbeitsweise ab sofort in jeder Tätigkeit unterlassen werden (Feld »Stop«)?

TOOL
Werte-Aktivierungs-Karussell

Komplexität

Umfang

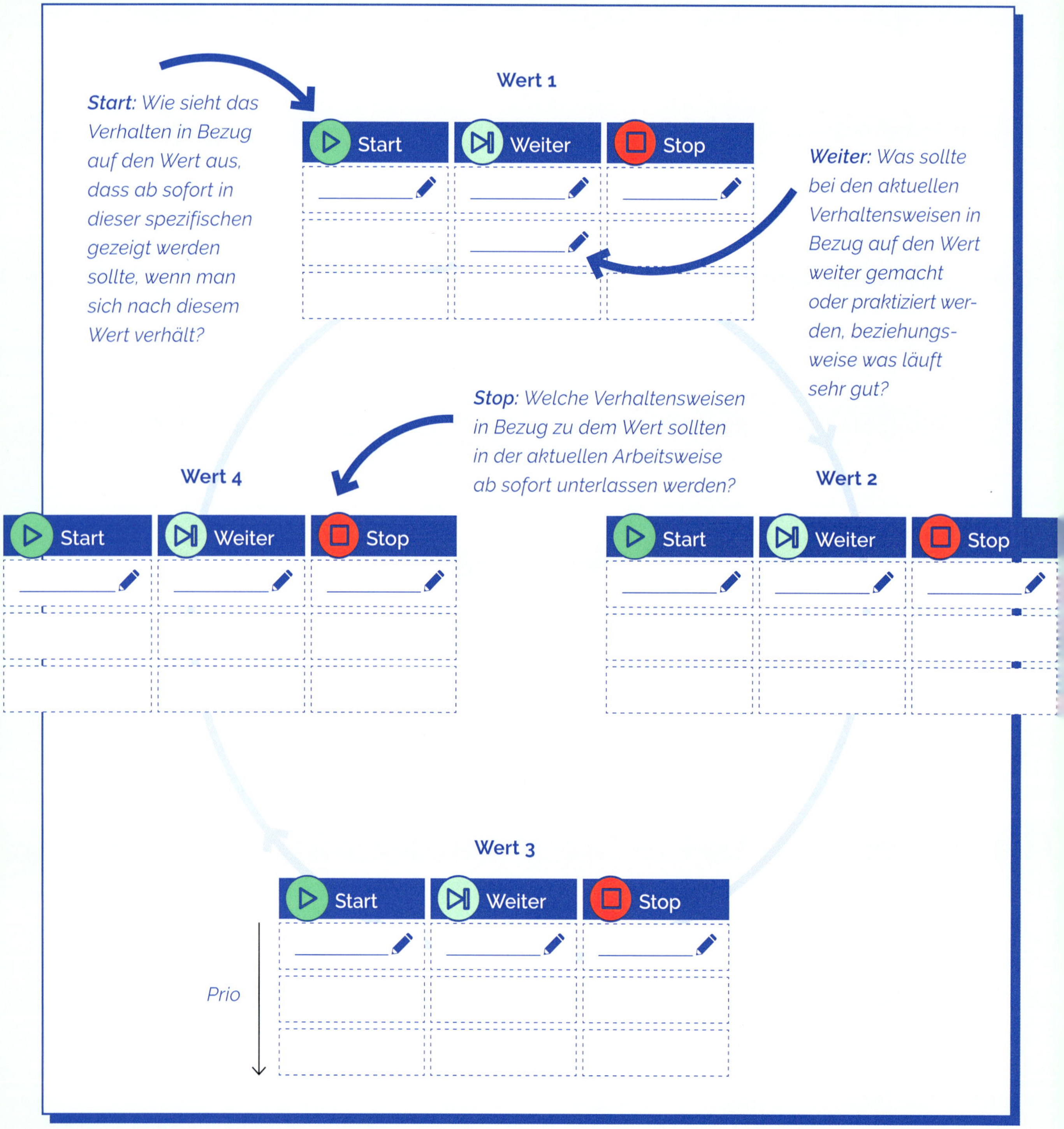

Schritt 1

Wir beginnen mit einer stillen Brainstorming-Phase. Alle Teilnehmenden bekommen sticky Notes oder machen sich digitale Notizen zu diesen Fragen:

+ Welche Werte aus dem Wertekompass verbinden uns am meisten *miteinander*?
+ Unterstützen diese Werte uns bereits ausreichend dabei, die gemeinsame *Vision, den Purpose sowie unsere Mission*, unsere Kampagne oder unsere Organisation in der täglichen digitalen Kommunikationsarbeit zu leben?
+ Welche Werte sollten wir stärker als bisher im Alltag leben, welche werden bisher noch gar nicht gelebt?
+ Welche konkreten Voraussetzungen müssen geschaffen werden, um die Werte in die aktive Umsetzung zu bringen?

Schritt 2

Schreibe jeden eurer zentralen Werte, die bereits im Wertekompass von euch als Priorität definiert wurden, über die Boxen. Solltet ihr mehr Werte haben, als Boxen zur Verfügung stehen, erweitert einfach das Karussell und zeichnet weitere Raster hinzu. Über jeder Box sollte nun einer eurer Werte stehen. Es empfiehlt sich, pro Workshop maximal 3–4 Werte zu behandeln. Sonst bleibt kaum Raum für die Diskussion und die Operationalisierung der besprochenen Inhalte.

BEISPIEL WERT: OFFENHEIT & TRANSPARENZ

Start	Weiter	Stop
Teammitglieder rechtzeitig über wichtige Entwicklungen in einem Kommunikationsziel informieren. Gemeinsamer monatlicher runder Tisch, bei dem kritische Fragen gegenüber dem Leadership offen adressiert werden können. Offenlegung der Werbebibliothek auf der Homepage, in der erkennbar ist, welche Zielgruppen mit viel Budget angesprochen wurden.	Wöchentliches Update, wo Erfolge in der digitalen Kommunikation gemacht wurden. Generelle positive Stimmung und offene Kommunikation im Team untereinander.	Keiner behält Informationen für sich, um in spezifischen Situationen alleine zu glänzen. Auf Social Media nicht Fehler eingestehen, wenn ein Tweet oder Posting verletztend oder missverständlich formuliert war. Unklarheiten, wer gerade an welchen Projekten arbeitet.

Schritt 3

Im nächsten Schritt musst du die wichtigsten Aufgaben benennen, die alle Mitglieder aus deinem Team wenigstens wöchentlich, wenn nicht sogar täglich bearbeiten. Dazu zählen das Wahrnehmen von Meetings, das Schreiben von Reports, Präsentationen, Brainstormings und mehr. Jetzt werden diese Aufgaben in eine der drei Kategorien eingeordnet:

+ *Start:* Welche Verhaltensweisen in Bezug auf den Wert sollten angefangen oder eingeführt werden?
+ *Weiter:* Was läuft aktuell gut und trägt zur Verstärkung des Wertes im Alltag bei?
+ *Stop:* Was schädigt die Glaubwürdigkeit oder verhindert, dass sich dieser Wert im Alltag durchsetzt?

Gehe mit dem Team zum Schluss nochmal durch das Karussell und lege zu den Punkten »Start« und »Stop« verbindliche Maßnahmen fest, die es jetzt einzuhalten gilt. Nach einem Zeitraum von mehreren Monaten empfiehlt es sich, die Methode erneut anzuwenden, um Fortschritte zu überprüfen und eventuell nachzujustieren.

Tool: das 3-Schritte Feedback

Digitale Kommunikation ist schnelllebig. Es bleibt selten Zeit, um auf Projekte zurückzublicken und Feedback für Verbesserungen zu nutzen. Aber nur durch strukturiertes und konstruktives Feedback kann an Schwachstellen gearbeitet werden. Schlechte Kampagnen zeichnen sich durch ein toxisches Klima aus, in dem dies nicht möglich ist. Eine offene und vertrauensschaffende Feedbackkultur mit transparenter Kommunikation ist im Gegenzug die Grundlage, um Stärken, Schwächen und Optimierungspotenziale zu identifizieren. Hierbei ist wichtig, dass Feedback keinesfalls nur top-down gegeben wird, sondern in jedem Fall auch immer bottom-up, also von unten nach oben, und auf bilateraler Ebene zwischen Kolleginnen und Kollegen. Eine Feedback-Kultur, die diesen Namen verdient, lebt vom regelmäßigen Geben und Erhalten von Feedback über alle Hierarchieebenen hinweg.

Wir setzen das von der Kognitionspsychologin Lee Ann Rielerenninger gemeinsam mit ihrem Team entwickelte »3-Schritte-Feedback« ein. Es ist einfach und kostet nur wenig Zeit.

Du gehst nach dem Abschluss von Projekten und dem Erreichen von Meilensteinen oder nach der Bewältigung kritischer Situationen wie folgt vor:

Gegenstand: Im ersten Schritt geht es darum, spezifische Situationen oder Beobachtungen zu erläutern, auf die sich dein Feedback bezieht. Treffe hierbei keine allgemeingültigen Aussagen wie »In letzter Zeit hast du häufig…« oder »Du bist immer…«. Beziehe dich auf eine konkrete Situation und benenne diese. Dabei sollten keine Punkte miteinander vermischt werden. Pro Feedback immer nur ein spezifisches Thema. Achte außerdem darauf, dass du mit deiner Formulierung objektiv und sachlich bleibst.

Beispiel: »Du wolltest mir die Präsentation und Gedanken via E-Mail bis gestern Abend zusenden. Bis heute habe ich sie jedoch nicht erhalten.«

Auswirkung: Im zweiten Schritt erläuterst du, auf welche Art und Weise dich der Gegenstand positiv oder negativ beeinflusst hat. Wieso ist das Thema für dich relevant? Welchen Einfluss hatte es auf deine Arbeit oder die des Teams? Warum ist deshalb Feedback notwendig?

Beispiel: »Der Termin mit dem Minister ist bereits heute Nachmittag. Wir können jetzt keine umfassende Korrekturschleife mehr machen und gewährleisten, dass die Präsentation am Ende fehlerfrei ist. Das geht so nicht.«

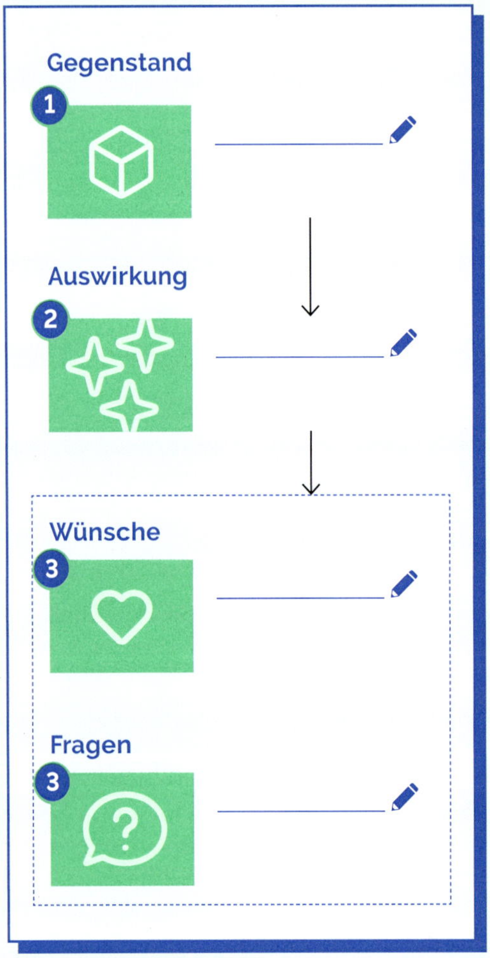

Wünsche/Fragen: Im letzten Schritt geht es darum zu äußern, wie du dir die Situation in Zukunft anders wünschen würdest. Auf diese Weise machst du dein Feedback konstruktiv. Das gleiche gilt, wenn du motivieren möchtest und Arbeit oder Ergebnisse lobst. Außerdem solltest du zum Abschluss erfragen, was dein Gegenüber zu deinem Feedback sagt und ob er oder sie es annimmt. Kann er/sie deinen Standpunkt nachvollziehen? Auf diese Weise führst du keinen Monolog, sondern bindest dein Gegenüber in das Gespräch mit ein.

Beispiel: »Ich würde mir wünschen, dass du mir das nächste Mal rechtzeitig Bescheid gibst, wenn eine Deadline für dich nicht zu schaffen ist. So können wir eine andere Lösung finden oder umplanen. Ansonsten leidet die Arbeit des gesamten Teams. Kannst du meinen Standpunkt nachvollziehen? Wie hast du die Situation denn wahrgenommen?«

Tool: der Diversitäts & Inklusions-Check

Ein strukturelles Problem in der digitalen Kommunikationsarbeit ist nach wie vor die sehr wenig diverse und überwiegend männliche Besetzung der Führungsebenen von Parteien, Verbänden, Agenturen und NGOs. Auch ich als Autor dieses Buches spreche ohne tatsächliche Diskriminierungserfahrung aus einer immer noch privilegierten, weißen Perspektive. Vielen geht es nicht so, und eine Kommunikation, die wertebasiert in der Public Arena ihre Anliegen platzieren will, darf dieses sensible Feld nicht ignorieren. Vielfalt ist heute keine Option mehr, sondern ein Muss in einer modernen digitalen Kommunikationsarbeit. Die Lebensrealitäten und Einstellungen von Menschen hinsichtlich ihrer Hintergründe, Geschlechteridentitäten, Ethnizität, sozialen Klasse, Bildung, sexuellen Orientierung, ihres sozio-ökonomischen Hintergrunds, ihrer körperlichen Fähigkeiten oder Behinderungen, ihrer Religionszugehörigkeit und weiterer Faktoren können sich tiefgreifend und fundamental unterscheiden.

Diversität und Inklusion bedeuten konkret, dass Perspektiven von Menschen mit Diskriminierungserfahrungen oder von anderen Minderheiten in die strategische Arbeit einbezogen und ihre Anliegen gehört werden müssen. Dies bereichert die Planung und bildet die Vielfalt der Gesellschaft in ihrere Breite ab. Dafür müssen aber intern Raum, Zeit und Ressourcen bereitgestellt werden. Diversität ist mehr als nur die visuelle Abbildung im digitalen Content. Sie muss in das strategische Herz der Kommunikationsplanung integriert werden. In Deutschland sticht die wichtige Arbeit der Frauenrechtsaktivistin Kristina Lunz mit ihrem Think Tank Centre for Feminist Foreign Policy hervor. Bei weiterem Interesse kannst du dich dort tiefer mit dem Thema auseinandersetzen.

Wie kannst du deine Kommunikation mit dem *»Diversitäts- & Inklusions-Check«* vielfältiger machen?

TOOL
Diversitäts- & Inklusions-Check

Komplexität

Umfang

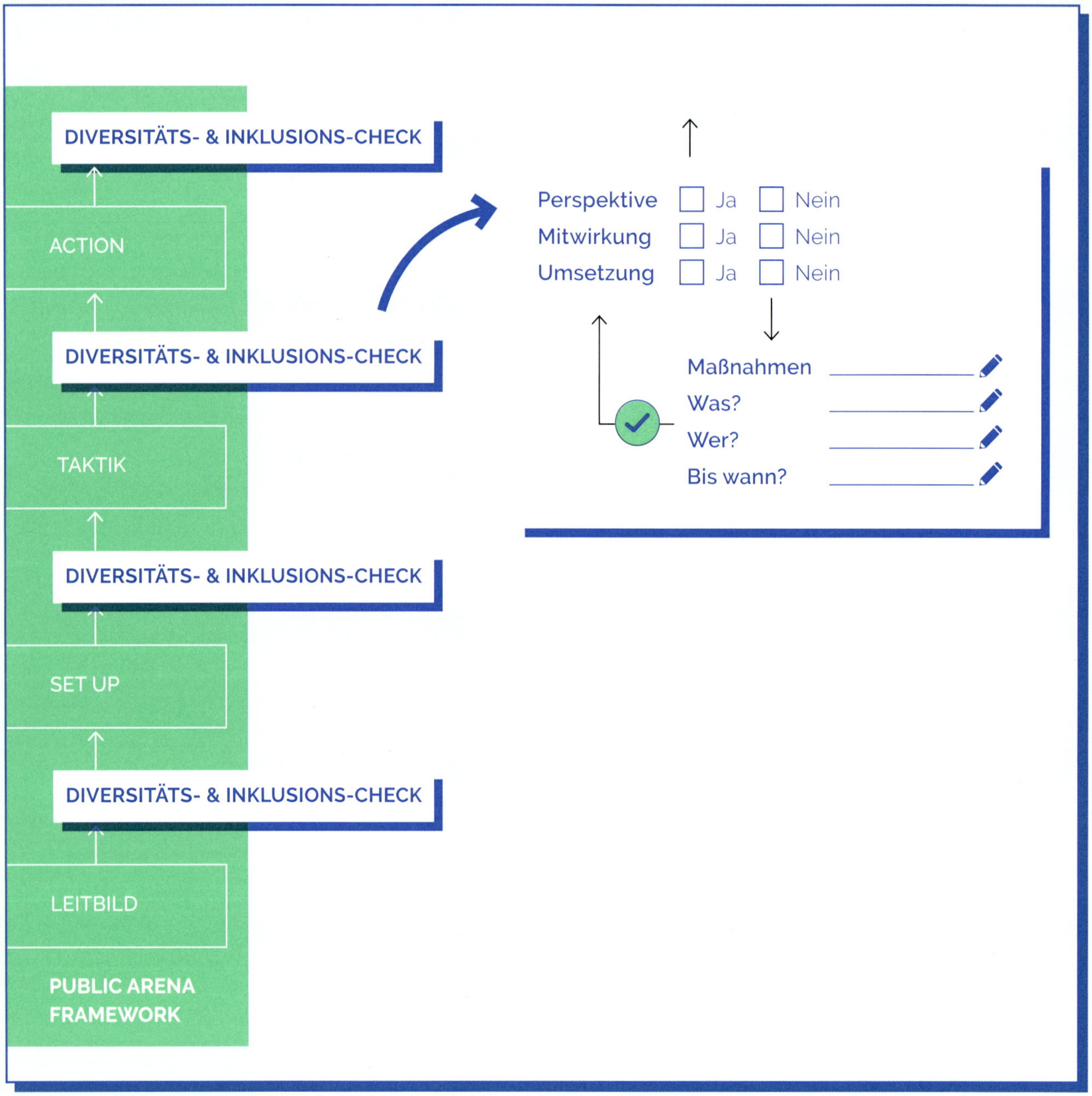

SCHRITT 1: ***Regelmäßige Check-ups einbauen***

Nach jeder Phase, die wir im Public Arena Framework definiert haben, wird ein kompakter Check-up durchgeführt, um Diversität und Inklusion in dem Prozess zu gewährleisten. Gerade in kleineren Teams, in denen es schwierig ist, für eine vielfältige Besetzung zu sorgen, sollten Perspektiven von außen berücksichtigt werden. In diesen regelmäßigen Formaten ist es wichtig, dafür zu sorgen, dass es einen sicheren Raum für Kritik gibt.

SCHRITT 2: ***Die drei Dimensionen Perspektive, Mitwirkung und Umsetzung einbeziehen***

In jedem der Check-Ups müssen in einem Meeting mit den Projektbeteiligten folgende Dimensionen berücksichtigt werden:

+ Perspektive: Ist bereits ausreichend Perspektive und Raum für Diversität und Inklusion geschaffen worden? Wird dem Thema in der jeweiligen strategischen Phase Raum und Zeit eingeräumt? Werden betroffene Menschen befragt oder um Input zur Planung gebeten?
+ Mitwirkung: Ist eine Mitwirkung durch Feedback, Kritik oder Verbesserung an der Kommunikation durch Mitarbeit möglich? Ist die Teamzusammensetzung divers und besteht nicht nur aus einer homogenen Gruppe mit gleichen Merkmalen?
+ Umsetzung: Finden in der Umsetzung von digitalen Inhalten diese Perspektiven auch statt? Sind alle wichtigen Inhalte barrierefrei zugänglich und werden keine marginalisierten Gruppen diskriminiert oder stigmatisiert?

SCHRITT 3: ***Maßnahmen definieren und umsetzen***

Werden in den Check-ups die Fragen nach allen drei Dimensionen mit »Nein« beantwortet, sollten im Kasten unten Maßnahmen formuliert werden, die helfen, es beim nächsten Mal anders zu machen. Keine Zeit zu haben, ist dabei keine Ausrede. Je größer deine Kampagne ist oder je mehr Menschen angesprochen werden, desto zentraler sind Diversitäts- und Inklusionsaspekte. Hier können die Tools *»Zielplan«* und *»Maßnahmen-Roadmap«* aus dem Kapitel »Ziele« helfen, die entsprechenden Aufgaben zu operationalisieren.

SET-UP

Daten

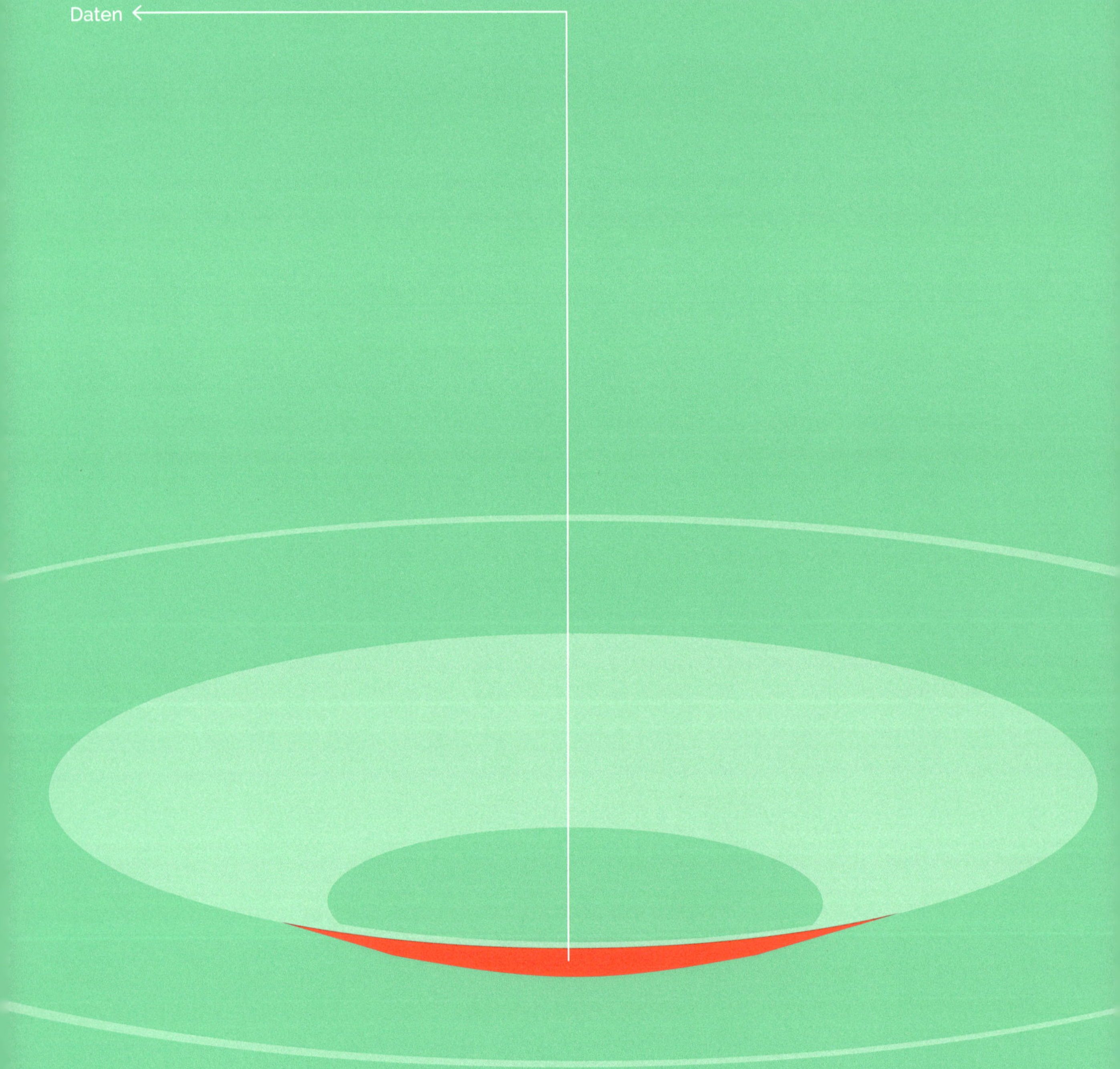

Wie du mit Daten bessere Entscheidungen triffst

Daten sind essenziell für die Planung, Durchführung und Evaluation deiner digitalen Kommunikation. Daten helfen dabei, Inhalte zu erstellen, Zielgruppen auszuwählen oder Debatten auszuwerten. Datengetriebene politische Kommunikation hat den Anspruch, Entscheidungen für oder gegen Kommunikationsmaßnahmen nicht mehr nur auf Basis anekdotischer Erfahrungen oder des politischen Fingerspitzengefühls Einzelner zu fällen, sondern ein Handeln zu empfehlen, das digital begründet sind.

In US-amerikanischen Kampagnen ist die Disziplin der Data Analytics – also der anwendungsorientierten Datenverarbeitung – schon lange elementarer Bestandteil der Arbeit eines jeden Campaigners. In Deutschland wird zwar die Wichtigkeit inzwischen erkannt, aber in der (analogen) Praxis ändert sich wenig. Das liegt zum einen an mangelnden Ressourcen, zum anderen an der heutigen Generation von Entscheidungsträger:innen in Ministerien, Parteien und Verbänden. Sie wurden zum großen Teil ohne datenbasierte Kommunikation sozialisiert. Allzu oft begrenzt man sich deshalb auf visuell nette, aber wenig aussagekräftige Dashboards von Fanzahlen, Reichweiten oder Trending Hashtags. Wie kann der Treibstoff Daten genutzt werden, damit eine digitale Kommunikation wirklich nachhaltig datenbasiert strukturiert ist?

Daten liegen in verschiedenen Formen vor, etwa als Texte oder Bilder, Tabellen oder Diagramme. Eine der zentralen Herausforderungen ist die schiere Menge an möglichen relevanten Daten, die in jeder Sekunde generiert werden. Alle Inhalte, die auf deinen Social-Media-Plattformen, von Akteuren zu deinem Thema, auf Nachrichtenseiten oder als Konversationen zu einer aktuellen Debatte veröffentlicht werden, sind für dich letztlich potenziell wertvolle Informationen, die es erstmal zu strukturieren und dann auszuwerten gilt. Das Gleiche gilt für Daten, die Nutzer:innen durch ihr Verhalten selbst generieren. Wie lange schauen sich Menschen ein Video im Schnitt an? Wie viele wurden über einen Post auf meine Website weitergeleitet? Wer hat sich für meinen Newsletter angemeldet? Auch Umfragen, Studien und Datensätze von öffentlichen Institutionen sind inzwischen kostengünstig und einfach zugänglich geworden.

Wir schauen uns vier nützliche Methoden und Tools an und zum Abschluss zeigen wir – für Fortgeschrittene –, anhand eines realen Beispiels, in welchen Phasen Datenarbeit genutzt werden kann.

Tool: das Daten-Reifegrad-Modell

Vorab sei gesagt: Der Weg zur echten datengetriebenen Kampagne oder Kommunikation ist mühsam und zeitintensiv. Die Tools und Methoden werden nur dann dauerhaft wirksam, wenn du bereit bist, dich strukturell anzupassen und weiterzuentwickeln. In dem dafür genutzten Modell werden die Entwicklungsstufen datengetriebener Organisationen in der Public Arena vereinfacht auf drei Ebenen dargestellt. Du kannst das Modell nutzen, um dich selbst darin zu verorten und einzuschätzen, welchen nächsten Schritt du gehen solltest.

SCHRITT 1: ***Verorte den Ist-Zustand deiner digitalen Kommunikation in Bezug auf Daten***

Welche der drei Zustandsbeschreibungen trifft auf deinen aktuellen Status zu?

Daten-Einsteiger: Daten spielen für dich entweder gar keine oder nur eine nebensächliche Rolle. Reports und Analysen finden nicht statt. Der Dateneinsatz begrenzt sich auf das Ablesen von Reichweiten und Fanwachstum auf Social-Media-Kanälen. Es herrscht keine Sensibilisierung für die Chancen innerhalb der Organisation.

Datenorientiert: Dein Team ist bereit, sich auf datenbasierte Erkenntnisse einzulassen und diese weiterzuentwickeln. Dir ist bewusst, wie Daten dich in deiner täglichen Kommunikationsarbeit unterstützen können. Es gibt eine oder mehrere Personen im Team, die ein Verständnis von Daten haben und diese ordentlich aufbereiten, analysieren und visualisieren können. Social Media Reportings werden in unregelmäßigen Abständen erstellt. Allerdings ist die Datenanalyse noch nicht fest in die Arbeitsabläufe deiner Organisation eingebunden. Du schaffst es noch nicht, das volle Potenzial der Daten abzurufen.

Datenbasiert: Daten sind für dich kein Fremdwort, sondern alltäglicher Begleiter in der digitalen Kommunikation! Es ist dir gelungen, einen dauerhaften Mehrwert aus Daten zu generieren, etwa in Umfragen, systematischen Reportings und dynamischen Dashboards. Du ziehst externe Datenquellen regelmäßig heran, und die Erkenntnisse beeinflussen die Kampagnengestaltung.

SCHRITT 2: Definiere die Maßnahmen, die du priorisieren möchtest, um deine Datenarbeit weiterzuentwickeln

Folgende Maßnahmen kannst du ergreifen, wenn du dich von Stufe 1 (»Daten-Einsteiger«) auf Stufe 2 (»datenorientiert«) entwickeln möchtest:

+ Erstelle eine Übersicht über alle Daten, die dir bereits zur Verfügung stehen. Die unten aufgelistete Datenquellen-Matrix hilft dir dabei
+ Definiere, welche Kennzahlen auf Social Media für deine Kommunikation entscheidend sind (Reichweite, Fanwachstum, Interaktionen mit Inhalten, Verweildauer auf der Landing Page) und beginne, diese monatlich auszuwerten. Dabei helfen die einfachen Seiten-Insights auf den Social-Media-Plattformen oder auch Management-Tools wie Hootsuite.
+ Absolviere einen Einführungskurs zu *Google Data Studio*. Er ist unter support.google.com/datastudio abrufbar und nützlich für die Erstellung von Reports und Dashboards
+ Aktiviere ein Website Tracking auf deiner Homepage, sofern du dies datenschutzrechtlich geprüft hast. Achte auf die Konformität mit der DSGVO.

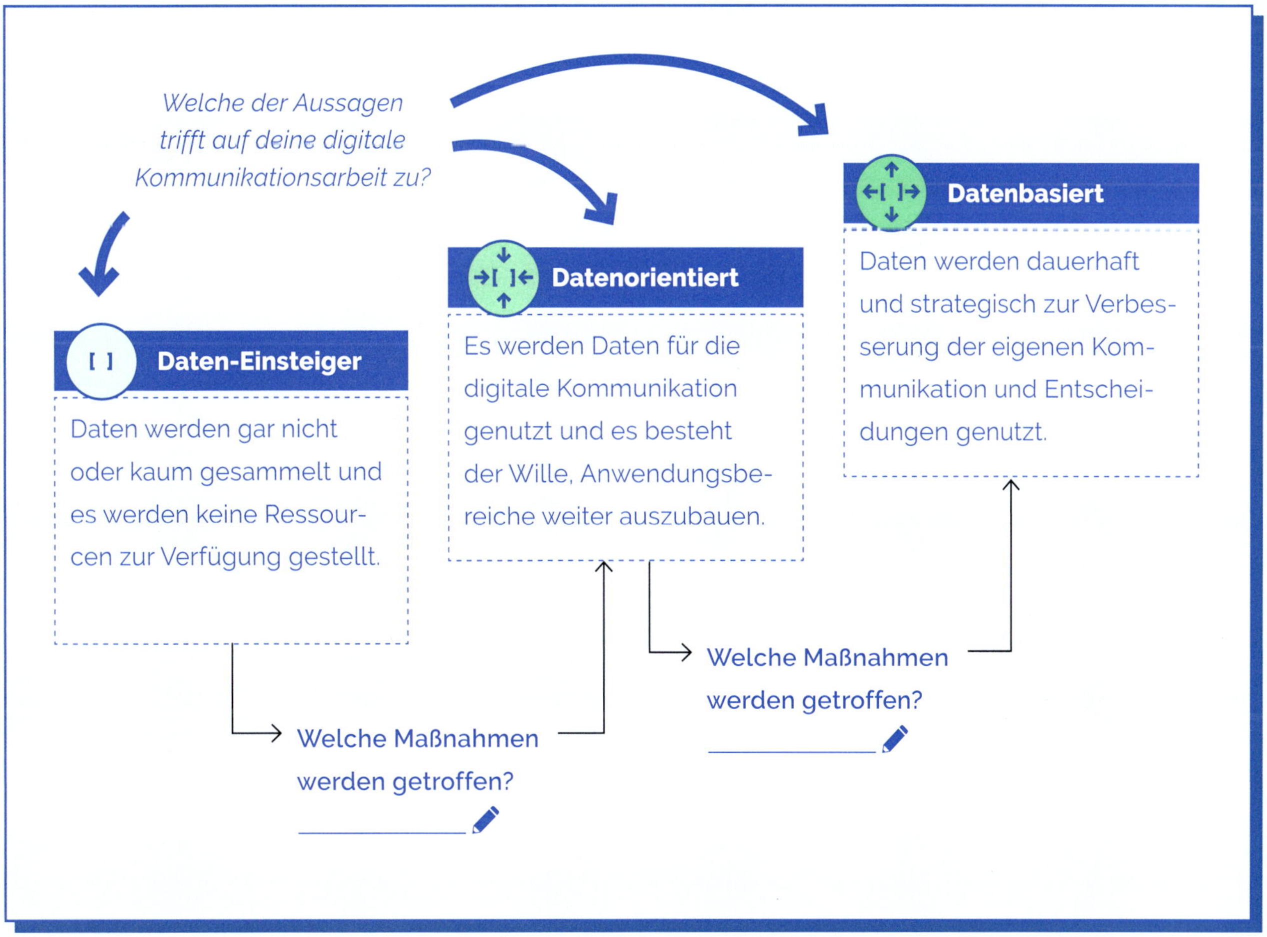

- Erstelle ein regelmäßiges monatliches Reporting mit Fokus auf Social Media und relevanten Themen-Analysen.
- Bilde dich mit geeigneten Onlinekursen regelmäßig weiter.
- Tritt einer LinkedIn-Gruppe wie »Data for Politics« bei und vernetze dich mit anderen Kolleg:innen aus dem Bereich.

Das musst du tun, um dich von Stufe 2 (»datenorientiert«) auf Stufe 3 (»datenbasiert«) weiterzuentwickeln:

- Identifiziere bisher ungenutzte Datenquellen auf der Matrix und beginne, wenn notwendig, Budgets für diese einzuplanen. Gib eine Umfrage beim Dienstleister Civey zu deinem Thema in Auftrag oder lege eine Sammlung mit spannenden Umfragen aus Studien in einer Excel-Liste an.
- Investiere in Fortbildungen und Tools, um Daten zu visualisieren.
- Gewährleiste, dass mindestens ein halber bis ganzer Tag pro Woche für das Thema Daten und Analyse für eine Person deines Teams zur Verfügung steht.
- Automatisiere so viele Prozesse wie möglich, beispielsweise durch die Einbindung von Reportzahlen in Slack oder anderen Programmen.
- Sorge dafür, dass die Cyber-Security-Checkliste aus dem Kapitel »*Struktur*« umgesetzt wird. So lassen sich kritische Daten sichern und schützen
- Halte monatlich ein Meeting ab, um die digitalen Kommunikationsaktivitäten der letzten vier Wochen auszuwerten.
- Fördere die Bereitschaft im Team, sich auf Daten in der alltäglichen Arbeit einzulassen, indem du regelmäßig Workshops organisierst oder spannende Artikel teilst.

SCHRITT 3: *Regelmäßige Evaluation auf dem Weg zur Datenreife*

Wähle aus den beiden Listen, welche Ideen du kurz-, mittel- und langfristig angehen möchtest, und übertrage sie auf die Maßnahmen-Roadmap (Kapitel »Ziele«). Du solltest regelmäßig prüfen, welche Fortschritte bei der Datenkompetenz gemacht wurden, da dieses Thema im hektischen Alltag oft in Vergessenheit gerät.

WAS ABER TUN, WENN DU ÜBER SEHR WENIG BIS GAR KEIN BUDGET VERFÜGST ODER KEINE ZEIT HAST?

Sätze wie »Wir haben dafür keine Ressourcen« sind meist Ausreden, um sich strategisch nicht mit dem Thema Daten beschäftigen zu müssen. Es gibt inzwischen sehr viele niedrigschwellige Ansätze,

Tools und Vorlagen, die sich in der Praxis bewährt haben und von Initiativen, Abgeordneten, Kandidierenden oder kleinen NGOs verwendet werden. Wenn du etwa deinen eigenen Twitter-Kanal oder den eines Stakeholders analysieren möchtest, kannst du etwa das *Tool Account Analysis* von Luca Hammer nutzen. *Google Analytics* oder *Matamo* sind kostenlose Anwendungen, um das Nutzer:innenverhalten auf der eigenen Website zu analysieren, und *Google Data Studio* hilft bei der Datenvisualisierung. Bei der kostengünstigen Generierung von Daten ist Kreativität gefragt. Viele Datensätze sind auf den Seiten der statistischen Landesämter oder des statistischen Bundesamtes frei und ohne Kosten verfügbar zum Download.

Oft sind diese sogar bereits visualisiert und kontextualisiert, sodass du keine großen Datenanalysen selbst erstellen musst. Große Think Tanks und Stiftungen, wie die Bertelsmann Stiftung, die Konrad-Adenauer- oder Friedrich-Ebert Stiftung, oder kleinere wie die Stiftung Neue Verantwortung sowie die Stiftung Wissenschaft und Politik, stellen regelmäßig spannende Forschungsergebnisse mit interessanten Datensätzen zur Verfügung. Du kannst dich in der Regel einfach mit einer E-Mail-Adresse in die thematischen Verteiler eintragen und so immer direkt benachrichtigt werden, wenn eine neue Publikation, Studie oder Umfrage erscheint. Auch in Bezug auf notwendige Fähigkeiten kannst du klein anfangen. *Microsoft Excel* oder *Google Sheets* sind gut dokumentierte Programme, die bereits mit wenig technischem Vorwissen Datenanalysen ermöglichen. Möchtest du mehr lernen, gibt es diverse Onlineressourcen und Webinare. So bietet etwa *datenschule.de* einen sehr guten Einstieg in die Arbeit mit Daten für soziale und politische Zwecke.

Tool: die Datenquellen-Matrix

Die Daten, aus denen man wertvolle Erkenntnisse ziehen kann, sind sehr vielfältig. Sie können von deiner Organisation selbst generiert werden, wie etwa bei Performance-Daten (Erkenntnisse über deine Homepage, werbliche Kampagnen mit Media Budget oder Social-Media-Profile), oder dazugekauft werden, beispielsweise in Form von Umfragen bei externen Dienstleistern. Andere Datenquellen sind öffentlich und können beispielsweise von den Websites der offiziellen lokalen oder bundesweiten Statistikämter direkt heruntergeladen werden. Um dir einen ersten fundierten Überblick zu verschaffen, welche Datenquellen du bereits nutzt und über welche du dir Gedanken machen solltest, hilft dir unsere Methode.

Aus ethischen Gesichtspunkten, die wir bereits im Wertekompass aufgegriffen haben, berücksichtigen wir in dem Screening nur Datenquellen und Datenpunkte, die

+ direkte Anwendungsfälle für politische und gesellschaftliche Kommunikation finden,
+ ohne unrealistisch großen Aufwand akquiriert und analysiert werden können,
+ die Privatsphäre von Bürger:innen und ihre Hoheit über die eigenen Daten respektieren und
+ der politischen Kultur in Deutschland entsprechen, womit etwa illegal erworbene oder für Schmutzkampagnen nutzbare Daten explizit ausgeschlossen werden.

Wir gehen im Kapitel »*Targeting*« später tiefer auf praktische und ethische Parameter ein, wenn es um die Ansprache von Menschen auf Social Media geht.

In der Daten-Screening-Matrix werden also die gängigsten und nützlichsten Datenquellen für politische Analysen dargestellt. Die Differenzierung erfolgt in vier Quadranten und anhand von zwei Achsen. Die horizontale Achse beschreibt dabei, ob es sich um intern oder extern verfügbare Datenquellen handelt. Ob hoher oder niedriger Ressourcenbedarf in Form von Zeit oder Know-how benötigt wird, um diese Datenquelle nutzbar zu machen, erkennst du an der vertikalen Achse. Grundsätzlich stellen Datenquellen schon einen gehobenen Komplexitätsgrad in Form von benötigter Zeit zur Generierung, zur Bewertung und letztlich auch Implementierung für die digitale Kommunikation dar. Folgende Daten lassen sich heranziehen:

+ **Wahlstatistiken:** Datensätze, die Ergebnisse zu Wahlen bei einer Bundes-, Landtags- oder Kommunalwahl liefern. Diese können in der Regel beim Bundeswahlleiter oder den Behörden auf Landesebene abgerufen und heruntergeladen werden.
+ **Bevölkerungsstatistiken:** Vielfältige Daten rund um Alterszusammensetzung, Durchschnittseinkommen, PKW-Zulassungen etc. in einer bestimmten Region oder in Deutschland allgemein. Abrufbar beim Bundes- oder Landesstatistikamt.

TOOL
Datenquellen-Matrix   Komplexität   Umfang

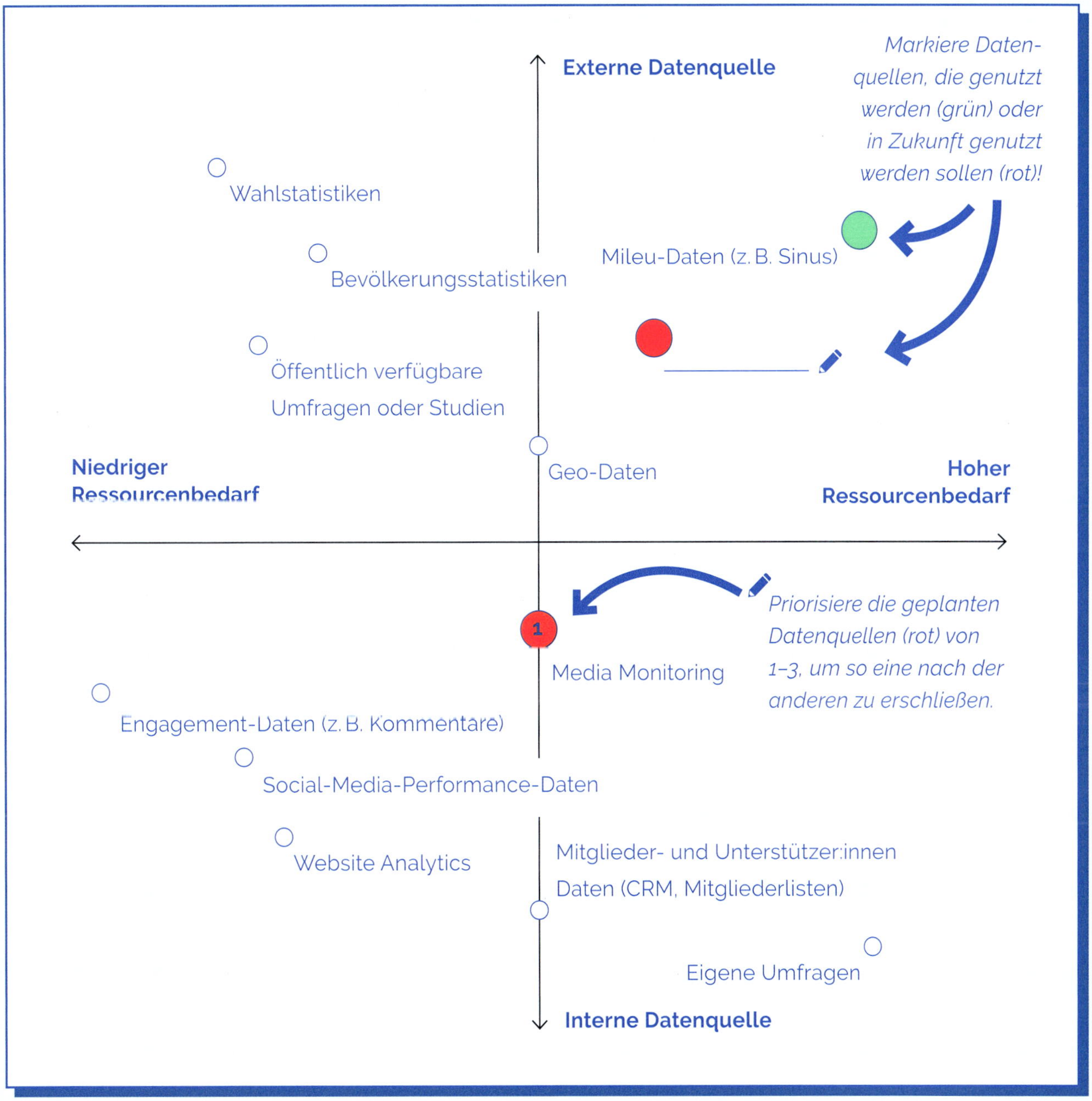

+ Öffentlich verfügbare Umfragen und Studien: Aktuelle, aus den Nachrichten gewonnene Umfragen, Studien von ThinkTanks, Unternehmen oder Stiftungen mit repräsentativen Befragungen. Diese können bei den Organisationen meist direkt auf den Seiten aufgerufen und heruntergeladen werden.
+ **Social-Media-Performance-Daten:** Auswertung von Beiträgen oder Kampagnen, die mit werbli-

chen Mitteln (Media-Budget) auf Social Media umgesetzt oder beworben wurden. Dafür eignen sich die Marketing-Instrumente der jeweiligen Social-Media-Plattformen.

+ **Social-Media-Insights:** Erkenntnisse, die direkt über Seiten wie Twitter Analytics oder Trending Hashtags gewonnen werden können.
+ **Website-Analytics:** Analyse zu allen relevanten Aktivitäten auf der Homepage oder kampagnenspezifischen Landing Pages.
+ **Daten von Mitglieder- und Unterstützer:innen:** Erkenntnisse, die aus persönlichen Daten gewonnen werden können. Dazu gehören E-Mail-Öffnungsraten oder Aktivitäten in internen Apps oder dem Intranet.
+ **(Social) Media Monitoring:** Daten, die über Social Media und normales Media-Themen-Monitoring gewonnen werden können. Welche Akteure äußern sich wozu, und welche Beiträge werden digital am häufigsten geteilt?
+ **Eigene Umfragen:** Eigens beauftragte, repräsentative Umfragen oder Stimmungsbilder, die via Typeform an einen bestimmten Personenkreis ausgesendet wurden.
+ **Milieu-Daten:** Aufwendig generierte Sinus-Daten in Langzeitstudien oder Fokusgruppen.

So gehst du konkret in der Datenquellen-Matrix vor:

Schritt 1

Trage auf der Matrix in einer Farbe die bereits (sofern) vorhandenen und genutzten Datenquellen ein. Diese geben dir einen Überblick, ob du beispielsweise sehr viele CRM-Daten von Mitglieder:innen nutzt und analysierst, aber kaum relevante Studien und Umfragen regelmäßig beobachtest und anwendest.

Schritt 2

Trage nun in einer anderen Farbe die Datenquellen ein, die du noch nicht nutzt, die aber relevant für die Kampagnenplanung oder Verbesserung der Kommunikationsarbeit wären.

Schritt 3

Priorisiere diese jeweils mit einer Zahl von 1 (niedrige Priorität) bis 3 (hohe Priorität) und operationalisiere diese wie im Kapitel »Ziele« beschrieben auf einer Zeitleiste – basierend auf den realistischen Ressourcen, die du bereitstellen kannst. Recherchiere, wie und wo diese Datenquelle genutzt und eingesetzt werden kann und wer operativ dafür verantwortlich ist, diese in die bestehenden Arbeitsprozesse zu integrieren.

Tool: das Daten-Test-Sheet

Du hast gelernt, welche Daten im digitalen Kontext relevant sind. Jetzt geht es darum, operativ Möglichkeiten zu schaffen, diese im Alltag zu nutzen. Das Herzstück jeglicher datenbasierter Kommunikationsarbeit ist eine kulturelle Offenheit für Tests, an deren jeweiligem Ende ein Erkenntnisgewinn steht. In Anlehnung an die vielfach in Start-ups genutzte sogenannte »Test Card« des Unternehmens Strategyzer haben wir das Daten-Test-Sheet ausgebaut. Dieses wird verwendet, um standardisiert Hypothesen und Tests im Innovationsmanagement durchzuführen. Heißt: Aufgrund der im politischen Bereich oft sehr begrenzten Ressourcen bezieht es, anders als die Test Card, die strategische Zielsetzung des Projekts und insbesondere die sensible ethische Komponente der Datennutzung mit ein.

Das Daten-Test-Sheet kann entweder als kollaboratives Tool innerhalb eines digitalen Brainstorming Boards oder für Workshops an einem Whiteboard eingesetzt werden. Du gehst wie folgt vor:

SCHRITT 1: ***Hypothese und Testfeld bestimmen***

Schreibe zunächst auf, was du mit dem Test herausfinden willst. Diese Hypothese kann eine von vielen Hypothesen sein, die wir in Bezug auf eine bestimmte Idee haben, aber sie sollte die Annahme zusammenfassen und ihr einen numerischen Wert zuordnen. Die Hypothese sollte in einem unmittelbaren Kontext zu einem deiner strategischen Ziele stehen, die wir im »*Ziele*«-Kapitel definiert haben.

Die benötigten Ressourcen müssen für Tests wohlüberlegt eingesetzt werden – sie gehen immer auf Kosten von anderen Projekten im Alltag. Daher muss bereits in der Hypothese ein Mehrwert zur Verbesserung der digitalen Kommunikation hergeleitet werden.

Beispiel: »Wir glauben, dass insbesondere ältere Menschen im ländlichen Raum bereit sind, für unsere Tierwohl-Kampagne auf Facebook zu spenden.«

SCHRITT 2: ***Strukturelle Details für die Durchführung formulieren und den Test skizzieren***

Als nächstes werden die technischen Feinheiten geklärt. Wer im Team steuert den Test und ist also der oder die Ansprechpartner:in? Wie viel Zeit und wie viel Geld (für Werbeanzeigen, externe Umfragen etc) müssen schätzungsweise eingeplant werden? Hier ist es wichtig anzumerken, dass vorab im Team definiert werden muss, was einen niedrigen, mittleren und hohen Ressourcenbedarf kennzeichnet, denn das fällt je nach Organisationstyp unterschiedlich aus.

SCHRITT 3: ***Metriken und Erfolgskennzahlen bestimmen***

Wie misst du den Erfolg oder Misserfolg? Auf welche Indikatoren können sich alle Beteiligten einigen? Hier muss man präzise sein.

SET-UP
Daten

TOOL
Daten-Test-Sheet

Komplexität

Umfang

Hypothese

Wie lautet unsere Hypothese für den Test?

Zeitaufwand

Budget-Bedarf

Test

Was genau wird getestet?

Ownership

Wer ist verantwortlich?

Metriken

Welche Metriken benutzen wir für die Durchführung unseres Tests?

Erfolgskennzahlen

Woran messen wir genau, ob wir erfolgreich sind oder nicht?

Strategisches Ziel

Auf welches strategische Kommunikationsziel zahlt unser Test ein?

Ethik-Check

Wurde der Test anhand deiner Werte und ethischen Parameter geprüft?

Beispiel: »Wir starten ein digitales Fundraising auf allen Social-Media-Kanälen, wenn wir mit unserem Facebook-Test-Budget von 500 Euro eine Spendenquote von mindestens 1 Prozent aller erreichten Personen in der Zielgruppe innerhalb des Testzeitraums von 10 Tagen erzielen.«

SCHRITT 4: ***Ethik- und DSGVO-Check machen***

Als letztes gilt es zu prüfen, ob das Projekt im Einklang mit dem Recht (DSGVO) und den gebotenen ethischen Maßstäben steht. Diese Komponenten bilden die sensibelste Achillesverse – ein Fehler oder ein negativer Medienartikel und du bekommst ein Reputationsproblem.

Tool: der Datenreport

Damit Daten in deinem Alltag laufend Erkenntnisse liefern, braucht es ein standardisiertes und regelmäßiges Reporting, das die wichtigsten Analysen, Kennzahlen und Handlungsempfehlungen kompakt bündelt. Es kann sich im ersten Schritt auch nur um ein Social-Media-Monitoring handeln, wenn dir die Zeit und die Ressourcen fehlen. Tools wie *Hootsuite* oder *DashThis* ermöglichen es inzwischen, eigene Reports schnell und automatisiert anzufertigen.

Was zeichnet einen guten Datenreport aus? Dieser ...

+ ... erklärt Analyse-Ergebnisse so, dass jeder in deinem Team sie intuitiv verstehen kann,
+ ... fokussiert sich auf Analysen, aus denen konkrete Handlungsempfehlungen für die digitale Kommunikation abgeleitet werden können,
+ ... enthält schnell verständliche Datenvisualisierungen, die die Leser:innen animieren, sich tiefer mit den Daten auseinanderzusetzen,
+ ... wird regelmäßig erstellt und durch Feedback laufend weiterentwickelt,
+ ... vereint Erkenntnisse aus allen relevanten Datenquellen, die du in deiner Organisation oder Kampagne nutzt,
+ ... kann für sich allein stehen und gleichzeitig Grundlage für eine mündliche Erläuterung im Rahmen einer Präsentation sein,
+ ... sollte soweit automatisiert werden wie möglich, um den Aufwand bei der Erstellung zu minimieren.

Der hier abgebildete, vereinfachte Vorschlag für einen umfassenden Datenreport kam im Zuge der Corona-Krise für die Krisenkommunikation des Bundesgesundheitsministeriums zum Zuge und stellt ein Best-Practice-Beispiel dar. Ob ein Datenreport als Präsentation für Meetings, als digitales Dashboard, PDF oder dynamische Website gestaltet wird, spielt zunächst keine Rolle. Entscheidend ist, dass die Inhalte so dargestellt werden, dass aus ihnen die Handlungsempfehlungen für die digitale Kommunikationsarbeit hervorgehen.

Du kannst dir das Template bei Miro herunterladen und selbst loslegen, um eine Kompaktversion zusammenzustellen:

EIN PRAXISBEISPIEL ZUR DATENNUTZUNG

Grundsätzlich unterscheiden wir auch bei der Datennutzung drei Phasen. Diese sind:

+ *Vorbereitung der Kampagne/Kommunikation:* Hier werden strategische Ziele und Kanalstrategien festgelegt sowie Zielgruppen, Botschaften und Kennzahlen definiert.
+ *Durchführung der Kampagne/Kommunikation:* In dieser Phase findet die eigentliche Kampagne statt. Inhalte werden ausgespielt, Formate laufend entwickelt und parallel ihr Erfolg analysiert.
+ *Evaluation der Kampagne/Kommunikation:* Nach Beendigung der Kampagne oder der Kommunikation wird sie auf Basis der vorher festgelegten Erfolgsindikatoren bewertet.

1. Executive Summary

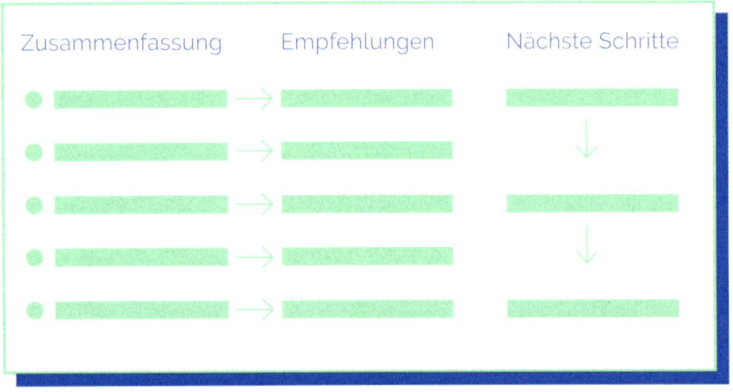

- *Fasse die wichtigsten Ergebnisse des Betrachtungszeitraums aus Datensicht so zusammen, damit Leser:innen die wichtigsten Erkenntnisse in maximal 60 Sekunden verstehen.*
- *Liste die Empfehlungen auf, die du aus den Analysen ableitest, und erkläre, wie du auf sie gekommen bist.*
- *Definiere, was als nächstes gemacht werden sollte, und bis wann.*

2. Executive Summary

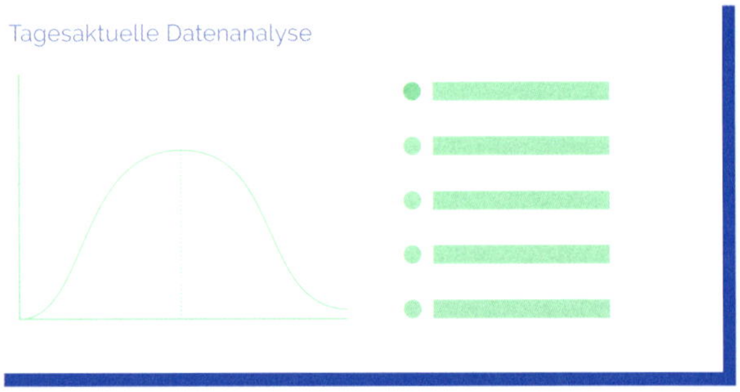

- *Stelle die wichtigsten Daten aus Umfragen, Studien und anderen Datenquellen zusammen.*
- *Visualisiere sie so, dass auf den ersten Blick deutlich wird, was du damit aussagen möchtest.*
- *Erkläre wo nötig in Textfeldern, wie Diagramme zu lesen sind.*
- *Fokussiere dich auf klare Botschaften und Resultate statt auf Methoden und Statistik.*

3. Kampagnen Monitoring

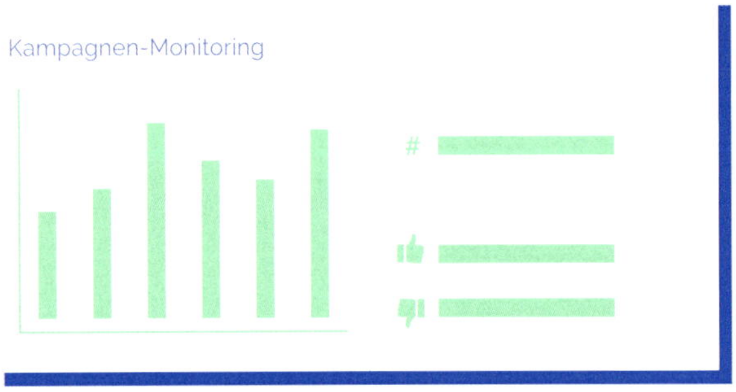

- *Zeige die wichtigsten Entwicklungen der Kampagne auf.*
- *Mache deutlich, was im Betrachtungszeitraum gut lief und was nicht.*
- *Betrachte sowohl die eigenen Kampagneninhalte als auch die Inhalte, die andere über deine Kampagne veröffentlichen.*

4. Executive Summary

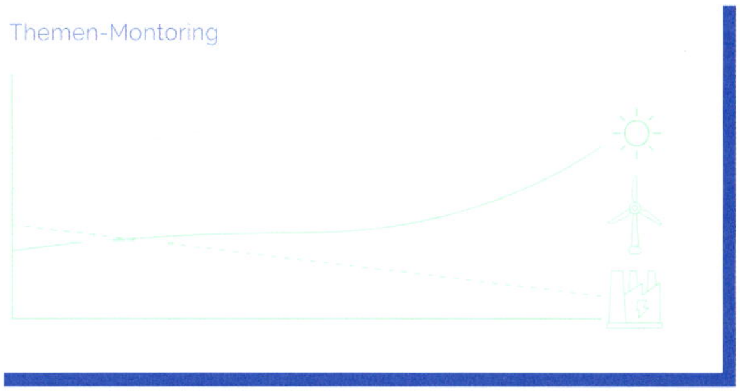

- *Stelle die Entwicklungen der relevanten Themen übersichtlich dar.*
- *Zeige Trends auf und versuche zu antizipieren, wie sich die Themen in den nächsten Tagen entwickeln könnten.*
- *Liste relevante Akteure und ihre Beiträge auf.*

5. Relevante Analysen

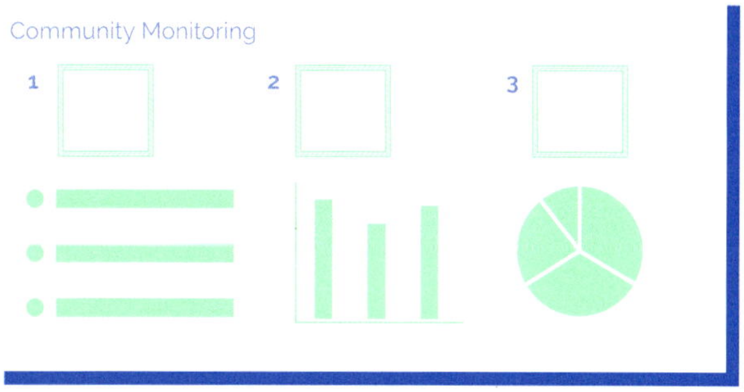

- *Fasse zusammen, worüber deine Community aktuell diskutiert.*
- *Vergleiche verschiedene Beiträge und die Reaktion der Community auf sie.*
- *Stelle heraus, welche Themen in der Community gut ankamen und welche nicht.*

6. Kampagnen Monitoring

- *Nutze Datenvisualisierungen, um die Performance von werblichen Inhalten und Zielgruppen darzustellen.*
- *Fokussiere dich auf einige detaillierte Analysen, die einen echten Mehrwert für die Kampagne bringen könnten.*
- *Erkläre Performance-Begriffe, sodass auch Laien deine Darstellung verstehen.*
- *Berichte die wirklich relevanten KPIs und ignoriere weniger wichtige Kennzahlen.*

Skizziere jeweils Slide für Slide, welches Thema auf einer Seite abgebildet sein soll und welche Darstellungsformen jeweils gewählt werden, um diese Daten zu präsentieren.

Slide 1 / Thema ____________

Slide 2 / Thema ____________

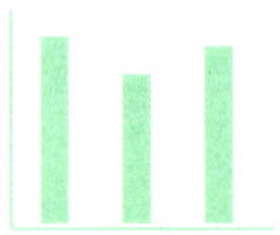

Slide 3 / Thema ____________

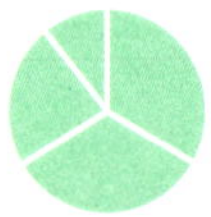

Erkenntnisgewinn

Welche Erkenntnis, Analyse oder Handlungsempfehlung soll am Ende dieses Slide stehen?

____

Erstellungsprozess

Wie sieht der Erstellungsprozess des Reportings aus? Wer ist für welche Slides oder Arbeitsschritte verantwortlich? Wer trägt Projekverantwortung?

____

Visuelle Darstellung

April, Mai, Juni, Juli: Welche visuellen Darstellungen werden genutzt?

____

Form

Wird der Report nur versendet oder auch präsentiert? Bei Präsentationsform weniger Text, Graphen müssen nicht selbsterklärend sein.

____

- Eine fiktive digitale Kampagne soll dir den Mehrwert, den Daten in diesen drei Phasen bieten, verdeutlichen. Das Ziel unserer Beispiel-Kampagne ist es, die Akzeptanz von Windkraftanlagen zu erhöhen. Sie könnte entweder von einem Verband oder einer NGO initiiert werden, die sich für mehr Windkraft in Deutschland engagiert. Anhand dieses Szenarios sollen verschiedene Datenprojekte für die drei Phasen – vor, während und nach der Kampagne – präsentiert werden, die jeweils einzeln oder in Kombination durchgeführt werden könnten.

VORBEREITUNGSPHASE

PROJEKT 1: *Identifikation von politischen Stakeholder:innen:*

Je nach Ausrichtung der Strategie sollen vor allem interessierte Menschen oder politische Stakeholder:innen erreicht werden. Wenn letzteres der Fall ist, geht der Ansprache oder dem gezielten Monitoring der Stakeholder:innen eine Analyse voraus, bei der ermittelt wird, welche Akteure für die Kampagne relevant sind.

Dazu können verschiedene Ansätze gewählt werden. In diesem Fall entscheiden wir uns dazu, alle Tweets der letzten zwei Jahre zu sammeln, die sich auf das Thema Windkraft in Deutschland beziehen, und dann ihre Autor:innen, Inhalte und digitale Performance zu analysieren. Als Output generieren wir eine strukturierte Übersicht der Akteur:innen, die sich mindestens 10-mal zu diesem Thema geäußert haben. Die folgenden Parameter dienen der Einordnung:

- durchschnittliche Anzahl an Retweets
- Anteil der themenbezogenen Tweets an allen Tweets
- Anzahl der Follower:innen der Accounts
- Qualität der Follower:innen (wie viele relevante Accounts folgen dem Account)
- auf einer automatisierten Textanalyse (NLP) basierende thematische Einordnung der Accounts (Themen könnten etwa sein: Windenergie-Förderung, Abstand zwischen Windkraftanlagen und Wohnhäusern, Windenergie als grüne Energieform)

Auf Basis dieser Ergebnisse wissen wir nun, welche Akteure man im Blick behalten oder eventuell in die Kampagne einbinden sollte. Wir können außerdem mögliche Unterstützer:innen und potenzielle Kritiker:innen früh herausfiltern und ihre Aktivitäten – etwa mit Tools wie *Tweetdeck* für Twitter – beobachten.

PROJEKT 2: *Identifikation von Zielgruppen in der breiten Öffentlichkeit:*

Wenn die Kampagne ihren Fokus auf die breite Öffentlichkeit legt, müssen zunächst potenzielle Unterstützer:innen, Kritiker:innen und Personen, die noch keine feste Meinung zum Thema entwickelt haben (im englischen oft »Persuadables«, also »Überzeugbare« genannt), erkannt werden. Dafür können Daten zu Einstellungen, Verhalten und Demografie in einer Umfrage ermittelt werden. Solche Umfragen lassen sich heute sehr einfach mit Anbietern, wie beispielsweise Civey oder Appinio, durchführen. Im Vergleich zu anderen Meinungsforschungsinstituten sind diese deutlich schneller und günstiger. Kleinere Umfragen starten bei etwa 1000 Euro.

Auf Basis der Umfragedaten wird dann eine statistische Clustering-Analyse durchgeführt. Dabei fasst man Personen, die sich in verschiedenen Parametern ähneln, innerhalb der drei Kategorien (Gegner:innen, Agnostische, Unterstützer:innen) zusammen. So ergeben sich pro Kategorie Cluster, die sich in Zielgruppen übersetzen lassen. Im Falle der Windenergie könnten zum Beispiel zwei Cluster innerhalb der Unterstützer:innen gefunden werden:

Unterstützer:innen-Cluster A umfasst Menschen, die vor allem im urbanen Raum leben, ein höheres Einkommen haben, ökologisch konsumieren, mehrheitlich Bündnis 90/Die Grünen wählen und in der Windenergie mehrheitlich einen wichtigen Baustein im Kampf gegen den Klimawandel sehen.

Unterstützer:innen-Cluster B hingegen umfasst Personen, die in Mittel- oder Kleinstädten in wirtschaftsschwachen Regionen wohnen. Sie haben einen mittleren Bildungsabschluss, sind häufig technisch ausgebildet und politisch nicht klar zuzuordnen. Sie eint, dass sie sich von Windenergie vor allem Arbeitsplätze und wirtschaftlichen Aufschwung erhoffen.

Das Beispiel zeigt, wie wichtig eine solche Analyse für die Kommunikation sein kann. Beide Gruppen haben ein Interesse an der Förderung von Windenergie, allerdings aus unterschiedlichen Gründen. Diese müssen in der Gestaltung und Aussteuerung von Kampagnen-Inhalten beachtet werden. Trotzdem sollte sich das grundlegende Narrativ der Kampagne nicht grundsätzlich unterscheiden. Es wäre unlauter, verschiedene Gruppen mit konträren Botschaften anzusprechen.

WÄHREND DER KAMPAGNE

PROJEKT 4: *Themen-Tracking über Social Listening:*

Strategische Ziele, Zielgruppen und Inhalte der Kampagne wurden festgelegt, und die Kampagne ist endlich gestartet. Jetzt geht es darum, die Debatte und den Impact im Blick zu behalten. Mit Hilfe von Social Listening Tools können Keywords, Hashtags, Kampagnen-Claims und Themen in Echtzeit verfolgt werden. So kann man frühzeitig auf Kritik und Fragen reagieren. Das Social Media Monitoring sollte Teil jeder Kampagne sein. Teure Software ist nicht nötig. Auch Google Alerts, Tweetdeck oder andere weniger aufwendige Tools generieren Monitoring-Daten.

PROJEKT 5: *Performance Tracking und A/B-Testing:*

Sobald wir Inhalte via Social Media verbreiten, müssen wir die Performance-KPIs (Key Performance Indicator) erfassen. Wie viele Menschen habe ich erreicht? Wie oft wurde geteilt oder kommentiert? Bei einer werblichen Ausspielung müssen außerdem die einzelnen Inhalte in den verschiedenen Zielgruppen analysiert werden. Zeigen die relevanten KPIs, dass eine Anzeige in einer Zielgruppe im Vergleich nicht gut funktioniert, bedeutet dies, dass der Inhalt unter Umständen kaum relevant für sie ist. Wir sollten die Anzeige dann entweder anpassen oder abschalten.

Über die Anzeigen-Manager der Plattformen lassen sich in der Regel automatisierte A/B-Tests einstellen, die Inhalte oder Zielgruppen gegeneinander testen. Die Ergebnisse dieser Tests sollten nicht in der Schublade verschwinden, sondern in künftigen Planungen berücksichtigt werden.

Das Performance-Tracking kann man uber die einzelnen Plattformen selber durchgeführen. Bei größeren Kampagnen auf mehreren Kanälen ist es ratsam, eine sogenannte Daten-Pipeline aufzubauen, die die Performance-Daten der Plattformen kombiniert. Dabei lassen sich die API-Schnittstellen der Plattformen direkt anbinden, sodass die Performance-Daten regelmäßig von den Plattformen in die eigene Datenbank fließen. Alternativ kann man Drittanbieter (zum Beispiel Supermetrics, Adverity) beauftragen. Das reduziert die Entwicklungs- und Wartungskosten. Auf Basis der Datenbank werden dann plattformübergreifende Performance Dashboards erstellt, die eine Übersicht über den aktuellen Stand der Kampagne liefern.

NACH DER KAMPAGNE

PROJEKT 6: *Kampagneneffekt-Messung:*

Ist die Kampagne vorbei oder hat man einen Meilenstein erreicht, möchten interne und externe Stakeholder in der Regel wissen, ob die Kampagne »etwas gebracht hat«. Im Idealfall wurde vorab festgelegt, wie der Outcome gemessen wird. Geht es darum, Multiplikator:innen beim Thema Windenergie zu erreichen? Dann bietet sich eine Analyse der Interaktionen an. Wer hat meine Tweets geteilt? Habe ich neue relevante Follower:innen hinzugewonnen? Geht es hingegen darum, Windenergie in der Öffentlichkeit zu bewerben, ist – je nach Umfang der Kampagne – ein umfragengestütztes Meinungsmonitoring hilfreich. Wer sich dafür entscheidet, muss mit einer Nullpunktmessung vor der Kampagne die Meinung zum Thema ermitteln. Während und nach der Kampagne wird die Messung wiederholt.

Hat sich die Meinung zu Windenergie allgemein oder in einer bestimmten demografischen Gruppe verbessert, so kann man dies unter Umständen auf die Kampagne zurückgeführen. Die Messung von Effekten ist mit Unsicherheiten behaftet und birgt methodische Herausforderungen. Einen messbaren Effekt auf die Einstellung der Bürger:innen haben in der Regel nur sehr große, sowohl analog als auch digital konzipierte Kampagnen. Zudem muss ausgeschlossen werden, dass andere Faktoren – Nachrichten, tagespolitische Ereignisse – einen Effekt auf die Einstellungen haben. Wurde zuvor definiert, an welche demografische Gruppe sich die Kampagne richtet, kann die Messung auch innerhalb dieser Gruppe durchgeführt werden. Dies kann zu validen Ergebnissen führen, vor allem wenn man die Ergebnisse mit Messungen in einer Kontrollgruppe vergleicht, also einer Gruppe, die nicht Ziel der Kampagne war.

TAKTIK

Positionierung

Wie du dein Alleinstellungs-merkmal findest

Die Positionierung ist essenziell, um eine strategische Orientierung zu haben, wo man sich selbst oder seine Organisation in der Public Arena verortet, welche Zielgruppen relevant sind, wie man Botschaften übermitteln möchte. Ohne Positionierung keine Relevanz. Ohne Relevanz keine digitale Wirkung. Ohne Wirkung kein Erreichen deiner Ziele.

Wir wollen uns im Folgenden darauf konzentrieren, die Stärken deiner Kommunikation im Vergleich zum Umfeld herauszuarbeiten und ein kommunikatives Alleinstellungsmerkmal (kurz: KAM; im Englischen: **U**nique **C**ommunication **P**roposition, **UCP**) zu formulieren. Es stellt das Bild dar, das Zielgruppen von uns im Kopf haben sollen. Die genaue Definition bringen Ruisinger und Jorzik in ihrem Public-Relations-Leitfaden auf den Punkt: »Ein UCP ist die Verankerung eines kommunikativen Alleinstellungsmerkmals, das eine Person, ein Thema oder eine Organisation im Bewusstsein einer bestimmten Zielgruppe erzielt. Dabei sind Wiedererkennungswert, Verständlichkeit der Botschaft und Durchsetzung beziehungsweise Unterscheidbarkeit gegenüber anderen Themen oder Konkurrenten entscheidend.« Zugleich bestimmt das KAM darüber, in *welcher Tonalität* wir kommunizieren und zu *welchen Themen* wir uns äußern. Aus der Positionierung leiten sich einerseits die *Content-Strategie* (was kommuniziere ich konkret?), die *Kanalstrategie* (wo kommuniziere ich?) und die *Storytelling-Strategie* (wie kommuniziere ich meine Themen?) ab – zugleich dient sie als verbindendes Element, weil sie alle Komponenten zusammenhält.

Mit den Methoden »Digitaler *Sweet Spot*«, »*Positionierungsmatrix*« und »*Themenraster*« stellen wir dir drei Werkzeuge vor, um dein kommunikatives Alleinstellungsmerkmal im digitalen Raum zu destillieren, dich effektiv zu positionieren und Themen zu selektieren. Bevor wir zu diesen kommen, müssen vier grundlegende Merkmale genannt werden, die wichtig für die digitale Positionierung sind.

Glaubwürdigkeit: Authentizität kann man nicht kaufen. Niemand folgt dauerhaft einem Account nur wegen Jubel-PR für eine Partei oder eine Firma. Du solltest stets wahrhaftig bleiben, wozu auch gehört, im Zweifel kritisch mit sich und seiner Branche oder dem eigenen politische Lager zu sein. Menschen wollen Menschen mit Meinungen, Ideen und eigenem Kopf folgen. Wenn du falsch liegst, korrigiere das und benenne Fehler ohne Ausflüchte.

VIER MERKMALE DIGITALER POSITIONIERUNG

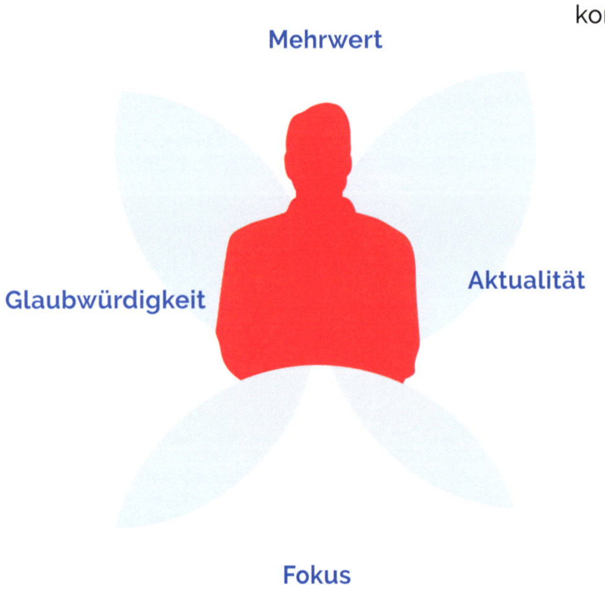

Mehrwert: Du wirst als relevant erachtet, wenn du Debatten oder politische Themen auf den Punkt bringst, Komplexität bei schwierigen Sachverhalten reduzierst und mit visionären Gedanken Weitblick bietest. Du stiftest Mehrwert durch interessante Meinungen oder spannende Fakten. Content-Formate, die man nicht auf jedem Account sieht, heben dich von anderen ab. Es geht um Ideen – und nicht um Produkte oder Parteislogans.

Fokus: Du kommunizierst nicht zu jedem Thema. Lege den Fokus auf das Wesentliche – auf die Themen und Aspekte also, die du bearbeiten möchtest und die für die Erreichung deiner zuvor definierten Ziele wichtig sind.

Aktualität: Aktuelle Debatten rund um deine Themen ziehen nicht an dir vorbei und du bringst deine eigene Position ein. Deine Stakeholder und Meinungsmacher:innen registrieren, dass du dich kompetent einmischst.

Tool: der Digital Sweet Spot

Die Methode des Digital Sweet Spot ist dafür geeignet, dein kommunikatives Alleinstellungsmerkmal für die digitale Meinungsführerschaft herauszuarbeiten. Dafür wird in einem Diagramm die Schnittmenge zwischen deiner Expertise, deinen Interessen und den Interessen deiner Zielgruppe gebildet. Im Marketing und Branding ist seit einigen Jahren der Begriff des »Thought Leadership« inflationär dafür geläufig. Der Journalist Joel Kurtzman hatte ihn schon 1994 in einem Artikel geprägt.

Für gesellschaftliche oder politische Themen im digitalen Raum geht es darum, Debatten entweder durch einen Mehrwert an Meinungen oder Informationen zu prägen. Meinungen zeichnen sich durch originäre, emotionale und pointierte Standpunkte aus, während Informationen aus der komplexitätsreduzierenden Aufarbeitung von Fakten, einer fachlichen Tiefe zu spezifischen Themen oder nüchternen Analysen bestehen.
Du positionierst dich idealerweise dort, wo sich deine inhaltliche Expertise mit der deines Umfeldes und deinen Interessen überlagert. In diesem Sweet Spot liegt das **K**ommunikative **A**lleinstellungs**m**erkmal – das **KAM**. Es bildet das ab, was deine Zielgruppe als ihren größten Mehrwert herausziehen kann, was du mit deinem Know-how beisteuern kannst und gleichzeitig auch, dass du motiviert bist, dauerhaft mit neuen Formaten zu arbeiten oder Ideen weiterzuentwickeln. An die Arbeit!

SCHRITT 1: ***Liste die Felder deiner Expertise auf***

Schreibe in den linken Kreis deine fachliche Expertise. Das ist dein Home Turf, in dem dir niemand etwas vormachen kann. Überlege, wie du aufgrund deines Wissens auf Social Media einen Mehrwert stiften kannst. Worüber könntest

Mehrwert durch Information ← → **Mehrwert durch Meinung**

»Thought Leader werden von Kollegen, der Öffentlichkeit und anderen Branchenexperten als jemand angesehen, die ihr Geschäft, die Bedürfnisse ihrer Kunden und den breiteren Markt, in dem sie tätig sind, genau verstehen. Sie haben unverwechselbar originelle Ideen, einzigartige Sichtweisen und liefern neue Erkenntnisse.«

Interessen der Zielgruppe
Welche Interessen hat deine Zielgruppe, die du digital ansprechen möchtest?
Dein KAM!
Was ist dein kommunikatives Alleinstellungsmerkmal?
Deine Expertise
In welchen Themen besitzt du eine gute Expertise und kannst Mehrwert durch Wissen oder Meinung stiften?
Deine thematischen Interessen
Für welche politischen oder gesellschaftlichen Themen begeisterst du dich?

du am ehesten lange LinkedIn-Artikel schreiben oder bei einer Veranstaltung sprechen? Welche Fragen beschäftigen dich am meisten? Welche Projekte hast du erfolgreich umgesetzt?

Beispiel: »Ich kenne mich sehr gut in Public Affairs rund um Energiethemen aus.«
»Lokale Themen in Bielefeld sind mein Metier: Ich kenne alle aktuellen Entwicklungsprojekte in der Stadt!«

SCHRITT 2: *Skizziere deine größten Interessensgebiete und kreise die politischen oder gesellschaftlichen ein*

Für welche Themen begeisterst du dich? Welchen Anliegen folgst du auf Nachrichtenseiten? Schreibe erst alle in den rechten Kreis mit »thematischen Interessen«. Danach kreist du diejenigen ein, die einen besonderen gesellschaftlichen oder politischen Fokus haben. Nicht alle müssen sich mit deinem Job oder deinem Engagement in der Public Arena überschneiden. Dabei werden vielleicht auch Interessensfelder freigelegt, die später ungeahnte neue Chancen bieten, wenn es darum geht, auch einen Zugang zu den definierten Zielgruppen zu finden.

Beispiel: »Ich interessiere mich für biologisch-nachhaltige Ernährung und Urban Gardening.«

SCHRITT 3: *Schätze ein, welche Interessen deine Zielgruppen hat!*

In den oberen Kreis trägst du die Interessen deiner Zielgruppen ein. Diese stellen Präferenz-Annahmen anhand von Erfahrung, Gesprächen oder Einschätzungen dar. Du kannst diese später schnell mit dem Fokus-Umfrage-Tool aus dem Kapitel »Analyse« mit einigen Personen aus der Zielgruppe checken.

Beispiel: »Unsere Zielgruppen sind überwiegend auf LinkedIn aktiv und interessieren sich sehr für Artikel und kurze White-Paper-Dokumente.«

SCHRITT 4: *Formuliere in der Mitte dein KAM*

Analysiere nochmal die Ergebnisse der drei Kreise und versuche jetzt den digitalen Sweet Spot zu füllen. Ein kommunikatives Alleinstellungsmerkmal kann aus nur einem oder mehreren Sätze bestehen. Diese müssen nicht perfekt ausformuliert sein. Es geht darum, einen eigenen Anspruch zu formulieren, aus dem wir später digitale Formate ableiten können.

Beispiel: »Wir sind Experten für Entwicklungsprojekte in Bielefeld und begeistern uns für Urban Gardening. Daher wollen wir mit informativen, digitalen Formaten dieses noch unbekannte Thema lokalen Unternehmen in der Region zugänglich machen und Interesse wecken!«

SCHRITT 5: *Entwickle digitale Formate, die dein KAM sichtbar machen!*

Jetzt geht es darum, das KAM kommunikativ hervorzuheben. Du möchtest die besten Infografiken zur Digitalisierung des Gesundheitswesens produzieren, um so bei mehr relevanten Follower:innen Aufmerksamkeit zu erzeugen? Dann müssen auch die Ressourcen bei der Content Erstellung und Kreation zu bestimmten Kommunikationsanlässen – wichtige Debatte im Bundestag, Themenabend im Fernsehen –) entsprechend priorisiert werden.

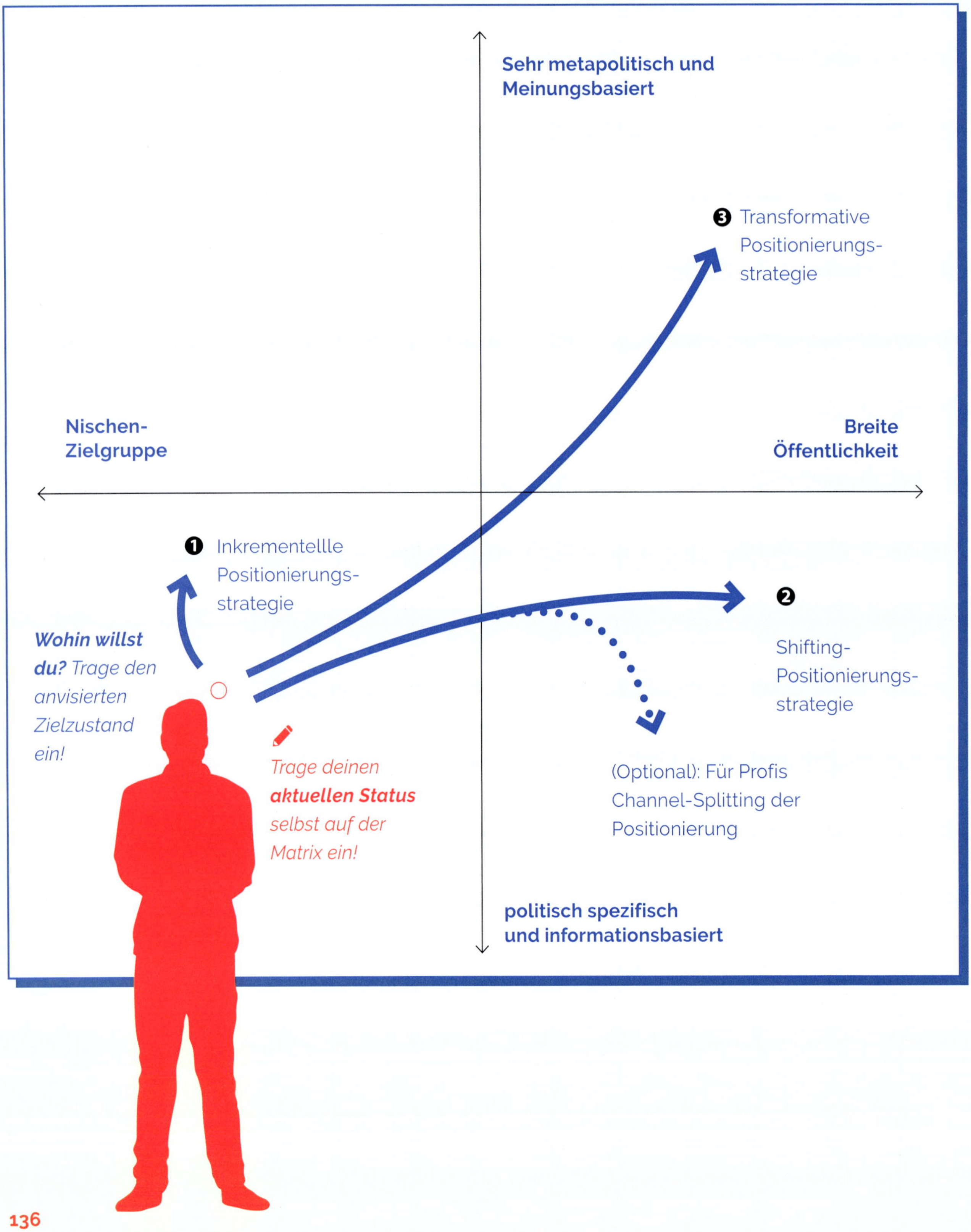
Sehr metapolitisch und Meinungsbasiert
❸ Transformative Positionierungs-strategie
Nischen-Zielgruppe
Breite Öffentlichkeit
❶ Inkrementellle Positionierungs-strategie
❷ Shifting-Positionierungs-strategie
Wohin willst du? Trage den anvisierten Zielzustand ein!
Trage deinen aktuellen Status selbst auf der Matrix ein!
(Optional): Für Profis Channel-Splitting der Positionierung
politisch spezifisch und informationsbasiert

Tool: die Positionierungsmatrix

Nachdem wir das kommunikative Alleinstellungsmerkmal im Digital Sweet Spot herausgearbeitet haben, geht es nun darum, eine visuelle Darstellung und Verortung der Positionierung für sich selbst oder die eigene Organisation zu schaffen. Dafür haben wir die Positionierungsmatrix entwickelt. Sie hat sich in zahlreichen Workshops mit Politiker:innen, CEOs und anderen Führungskräften im Public Sector bewährt.

WIE FUNKTIONIERT SIE?

Auf der *horizontalen Achse* der Matrix kann man die geplante **Zielgruppengröße** ablesen: von »breiter allgemeiner Öffentlichkeit«, also einer auf maximale Reichweite fokussierten Positionierung, bis hin zu »Nische«, einer numerisch verhältnismäßig kleinen, aber sehr spezifischen und klar abgrenzbaren Zielgruppe.

Die *vertikale Achse* beschreibt den **Grad der Meinungsäußerung beziehungsweise den kommunikativen Stil**, den man mit seinen Themen verfolgt (je nachdem, ob du alleine für dich die Matrix definierst, oder für eine Organisation mit mehreren Rollen und Köpfen). Das reicht also von pointierten Meinungen oder Statements zu den großen gesellschaftlichen Leitlinien fern der Tagespolitik (Klimakrise, Zukunft der Demokratie, Innovation, Rassismus, demografischer Wandel etc.) bis hin zu spezifischen und umfassenden Kenntnissen von hochkomplexen Zusammenhängen wie der EEG-Gesetzgebung oder dem Verhältnis zwischen Bund und Ländern. Die Matrix wird insbesondere genutzt, damit du daraus deine Positionierungsstrategie mit den entsprechenden Maßnahmen ableiten und umsetzen kannst.

SCHRITT 1: ***Verortung auf der Positionierungsmatrix***

Trage den Ist-Zustand in der Vorlage anhand der beiden Achsen selbst ein. Sprichst du aktuell sehr viele Menschen an oder nur eine sehr kleine Zielgruppe? Sprichst du über die großen gesellschaftlichen Themen, hast sehr starke oder vielleicht polarisierende Meinungen? Oder werden sehr lokale oder fachlich komplexe Themen auf den Social-Media-Kanälen behandelt? Markiere deine Einschätzung mit einem Punkt auf der Matrix und diskutiere das Ergebnis im Team.

SCHRITT 2: ***Formulierung des Zielzustands – wohin willst du?***

Bestimme jetzt, wohin du möchtest. Wie sieht dein anvisiertes Ziel aus? Trage es auf der Matrix ein und verbinde es durch einen Pfeil mit dem Ist-Zustand. Es gibt drei wichtige digitale Strategien, um deine Positionierung zu verändern. Ihr Schwierigkeitsgrad reicht von 1 (einfach) bis 3 (schwer):

+ Inkrementelle Positionierungsstrategie (einfach): Bei dieser Strategie nimmt man nur geringfügige Anpassungen vor. Sie lässt sich leicht in die

Welche Strategie verfolgen wir?

Wie lautet unsere Hypothese für den Test?

- [ ] Inkrementell
- [ ] Shifting
- [ ] Transformativ

Ownership

Wer ist verantwortlich?

____

Dein neues KAM?

Wie soll nach der neuen Positionierung dein KAM lauten?

____

Formatideen?

Auf welchen Kanälen wollen wir welche Formate umsetzen?

____

Nächste Schritte?

Was muss bis wann getan werden? Was muss als nächstes getan werden? Danach auf Zielplan eintragen.

____

bestehenden Arbeitsabläufe integrieren und wird deshalb – im Vergleich zu den Strategien 2 und 3 – am häufigsten gewählt. Das Ziel ist es, mit seinem Content etwas mehr Tiefe zu bieten. Um das zu erreichen, musst du deine Zielgruppenansprache durchs Targeting oder durch neue Formate verfeinern. Möglich ist es auch, pointiertere Kommentare zu veröffentlichen.

+ Shifting-Positionierungsstrategie (mittel): Von Shifting spricht man bei moderaten Anpassungen. In der Regel bedeutet es, dass du auf der Matrix in einen anderen Quadranten wechselst. Dafür ist es nötig, sukzessive mehr oder präzisere Zielgruppen digital zu erreichen oder Inhalte zu veröffentlichen, die deutlich meinungs- oder informationsbasierter sind als bisher.

+ Transformative Positionierungsstrategie (schwer): Diese Strategie stellt einen Bruch mit den bisherigen Kommunikations-Logiken dar. Das zu vollziehen, ist sehr schwer, da kulturell alle Praktiken, Formate und Social-Media-Kanäle auf den Prüfstand kommen müssen. Es kann bedeuten, die Kommunikation gänzlich auf etwa LinkedIn zu bündeln und andere Kanäle aufzugeben. Diese Strategie hat auch zur Folge, dass du erneut das BHAG und den Zielplan aus den Kapiteln »Vision & Mission« und »Ziele« bearbeiten musst.
+ Channel Splitting: Diese Strategie ist optional und nur für Profis geeignet. Dahinter steckt der Plan, anhand mehrerer Kanäle unterschiedliche Positionierungen anzustreben. Dies setzt substanzielle Ressourcen bei Content-Planung, Produktion und Community-Management voraus. Daher empfehlen wir eine Splitting-Strategie nur größeren Teams oder Organisationen mit ausreichend digitalen Fähigkeiten.

SCHRITT 3: *Positionierungsstrategie mit der Aufgaben-Card strukturieren*

Jetzt musst du deine Strategie in die Praxis umsetzen. Dafür kannst du die Aufgaben-Card nutzen und hier die wichtigsten Informationen sammeln. Abhängig davon, welchen strategischen Weg du wählst, musst du ein neues kommunikatives Alleinstellungsmerkmal formulieren und einige Gedanken zu möglichen digitalen Formaten skizzieren. Die konkreten nächsten Schritte können allein oder gemeinsam im Team besprochen und dann auf die Maßnahmen-Roadmap und den Zielplan aus dem Kapitel »Ziele« übertragen werden.

PRAXIS-BEISPIEL POSITIONIERUNGSMATRIX

Für Unternehmen und Verbände, die an der Schnittstelle zur Politik arbeiten, ist es besonders wichtig, sich effektiv zu positionieren. Je größer eine Organisation ist, desto mehr Themenfelder muss man in der Regel abdecken. Vorstände, Pressesprecher:innen und Heads of Public Affairs haben häufig einen spezifischen Themenbereich, zu dem sie nicht nur die Management-Verantwortung tragen, sondern im Idealfall auch die digitale Kommunikationshoheit haben. Eine erfolgreiche Positionierung kann aber nur wirksam werden, wenn in der Organisation eine integrierte Gesamt-Positionierungsstrategie für alle zentralen Köpfe existiert.

In unserem Beispiel sind die unterschiedlichen Rollen und ihre kommunikative Ausrichtung eines Unternehmens exemplarisch dargestellt. Eine visualisierte Positionierungsstrategie hilft intern bei der Entwicklung und Umsetzung von Formaten und neuen innovativen Ansätzen.

Gerade für Kampagnen und größere Kommunikationsteams empfiehlt es sich zudem, zu definieren, welche Aufgaben den jeweiligen Organisations- und Personen-Accounts in der digitalen Positionierung zugeordnet werden. Menschen wollen mit Menschen interagieren. Daher ist es sinnvoll, emotionalere und meinungsbasiertere Themen über diese zu etablieren. Du musst dir also gut überlegen, wer welche Inhalte übernehmen soll.

TAKTIK
Positionierung

TOOL
Positionierungsmatrix

Komplexität

Umfang

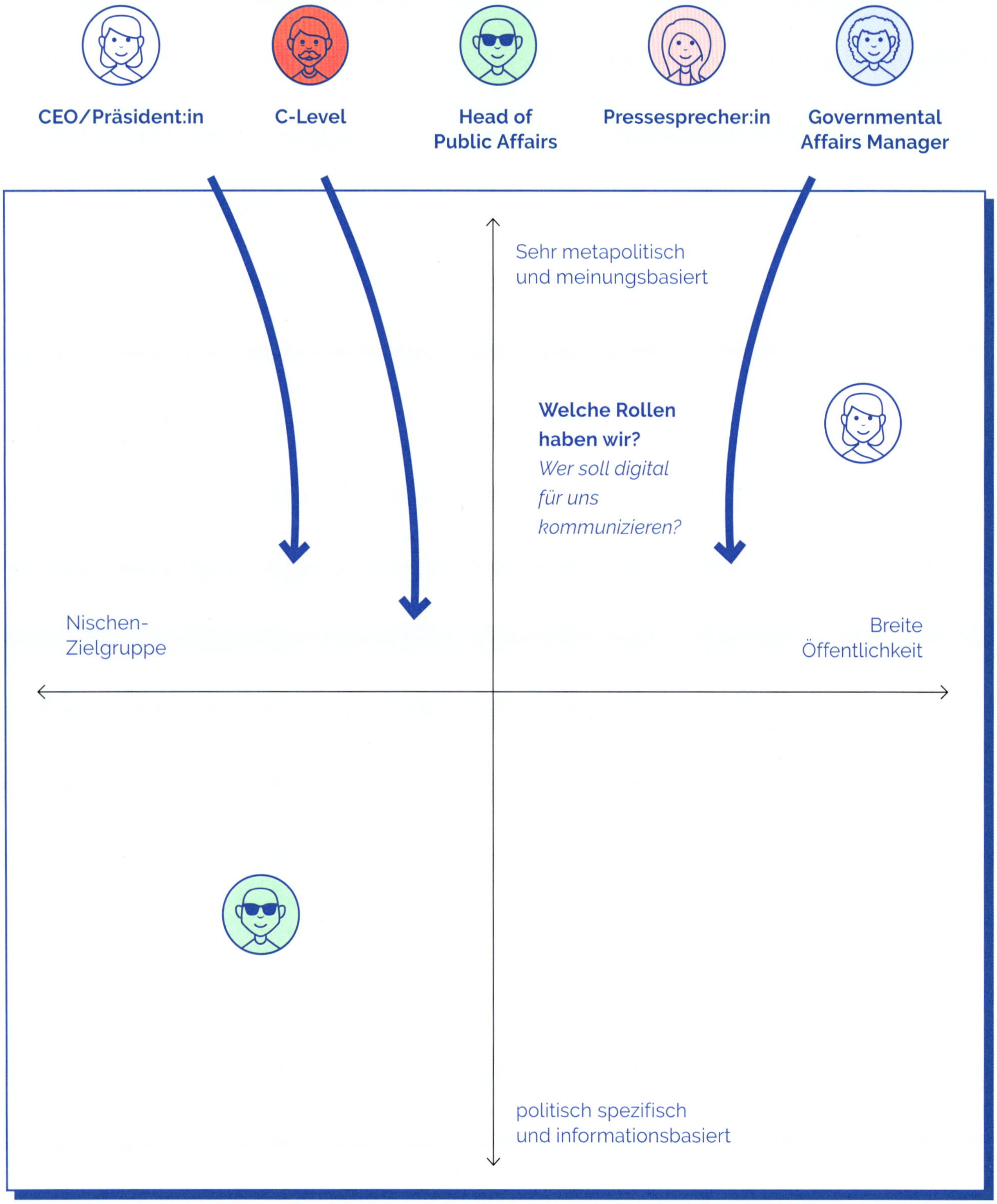

Tool: das Themenraster

Zuletzt müssen wir klären, wie wir Kommunikationsanlässe auswählen, also die wichtigen von den unwichtigen trennen, um uns nicht zu übernehmen.

Die wichtigsten Cluster von Kommunikationsanlässen in der Public Arena sind in der Regel:

+ interne Veranstaltungen oder Ereignisse (eigene Events, Jahrestagungen, Studien, eigene Umfragen, Erhebungen, Besuche oder Meetings von relevanten Personen etc.);
+ spezifische Gedenk-, Jahres- und Aktionstage oder Themenwochen;
+ mediale Berichterstattung (Dokumentationen, Interviews, Artikel, Instagram-Story) zu relevanten Themenclustern;
+ unvorhergesehene externe Ereignisse (der Tod einer berühmten Persönlichkeit, wissenschaftliche Entdeckungen, Katastrophen);
+ Statements oder Aussagen relevanter Entscheidungsträger:innen auf Social Media;
+ das sogenannte Grundrauschen eigener Formate, die unabhängig von externen Faktoren planbar sind (Interview Reihe, Q&A-Serie).

Das Themenraster ist in 9 Felder unterteilt. Es wird zwischen niedriger, mittlerer und hoher Relevanz sowie einer zeitlichen Komponente von lang-, mittel- und kurzfristig differenziert. Die Relevanz leitet sich aus den strategischen Kommunikationszielen und der Zeitleiste aus unserem Kapitel *»Ziele«* ab. Steht etwa die Jahrestagung eines Verbandes an, ist es sinnvoll, Kommunikationsanlässe zu anderen Themen in die Wochen davor zu legen, um mehr Aufmerksamkeit für die Veranstaltung zu erzeugen. Das Themenraster lässt sich dauerhaft einsetzen und dient in der Regel zur schnellen Einordnung von digitialen Kommunikationsanlässen.

Timeline	Relevanz für Dich: Niedrig	Mittel	Hoch
Kurzfristig (bis 4 Wochen)	Monitor	Kommunikation	Kommunikation
Mittelfristig (bis 3 Monate)	Monitor	Konzeption	Kommunikation
Langfristig (ab 3 Monate)	Monitor	Monitor	Konzeption

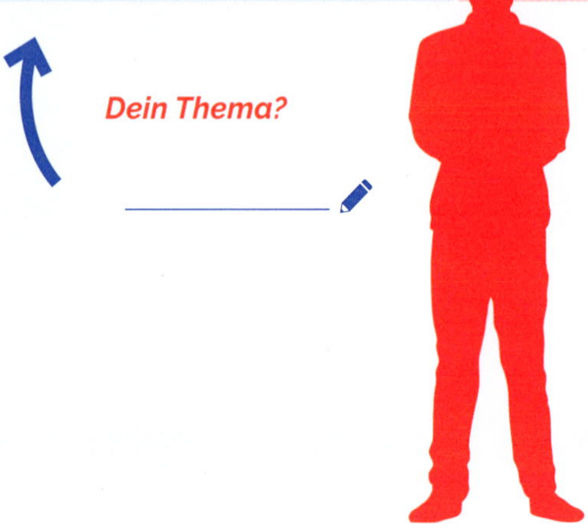

Das Priorisierungsraster kennt drei Kategorien, die jeweils eine andere Aufgabe mit sich bringen:

+ Kommunikation: Dies bedeutet: Je nach Dringlichkeit solltest du sofort oder innerhalb der nächsten Stunden (oder Tage) zu diesem Thema kommunizieren. Greife für solche Fälle auf Vorlagen in deinem Design zurück oder räume den Kalender frei. Diese Aufgabe hat oberste Priorität.
+ Konzeption: In diesem Fall ist keine sofortige Kommunikation nötig. Arbeite aus, wer Absender sein soll, nutze das Format »*Template*« im Kapitel »*Content*«, um zu skizzieren, welche Kernbotschaften wie transportiert werden sollen. Je besser du vorbereitet bist, desto wahrscheinlicher der Erfolg.
+ Monitoring: Es ist keine unmittelbare Reaktion erforderlich, aber du kannst dich entscheiden, das Thema in einem größeren Zeitabstand erneut zu bewerten. Sofern notwendig, kannst du den Hashtag mit einfachen Tools wie Tweetdeck beobachten, Google-Alerts-Benachrichtigungen aktivieren oder fragen, wie das Team die Lage einschätzt.

ZIELGRUPPEN

Wie du deine Zielgruppen genau definierst

Ohne zu wissen, wen man digital erreichen möchte, kann man kein zielführendes Narrativ für die Ansprache entwickeln. Zielgruppen werden meistens immer noch von Entscheidungsträger:innen aus dem Bauch heraus in wenigen Sätzen bestimmt – ohne nennenswerte Konsequenzen für die weitere Strategie. Das ist fahrlässig und ineffizient.

Wenn wir von der Zielgruppe sprechen, also etwa von »Grünen-Wähler:innen« oder dem »politischen Ökosystem«, muss man wissen, dass sich die Menschen dahinter jeweils in viele verschiedene Gruppen mit eigenen Interessen, Wünschen, soziodemografischen Hintergründen, Erwartungen und digitalem Nutzungsverhalten verbergen. Es ist wichtig zu differenzieren, um eine Grundlage für die spätere Ansprache zu haben.

Wir zeigen dir in diesem Modul, wie du eine Zielgruppenbestimmung vornimmst und deine Arbeit unterschiedlich nuancieren kannst. Es kann nämlich eine Strategie sein, verschiedene Zielgruppen auf unterschiedlichen Plattformen zu adressieren. Das bedeutet aber auch, jeweils eigene Formate zu produzieren und dafür letztlich mehr Zeit und Ressourcen zu beanspruchen. Wenn ich beispielsweise als Tierwohl-Aktivist:in junge Akademiker:innen an deutschen Universitäten für mich gewinnen möchte, muss ich andere Formate haben als wenn ich konservative Rentner im ländlichen Raum überzeugen will.

Diese Vorarbeit kannst du später im Kapitel *»Politisches Targeting«* mithilfe von Plattform-Daten in werbliche Kampagnen und Maßnahmen übersetzen. Darin gehen wir auch näher auf die ethischen Parameter bei der Zielgruppenansprache ein.

GRUNDLAGEN DIGITALER ZIELGRUPPENARBEIT

Sofern du über fortgeschrittene Kenntnisse im Bereich digitaler Zielgruppen verfügst, kannst du diesen Part überspringen und direkt zu den Tools gehen.

Im ersten Schritt geht es um die **Einstellung** deiner potenziellen digitalen Zielgruppen zu deinen Themen. Wir sprechen von einem anliegenzentrierten statt einem akteurszentrierten Zielgruppenansatz. Wichtig für die Erstellung von Content ist nicht die Frage, wer du bist, sondern was du eventuell bereit bist, für mich zu tun oder wie du eventuell sogar gegen mich arbeitest. Deshalb gilt es, zuerst die sechs Einstellungen abzubilden, die für gesellschaftliche Anliegen relevant sind. Diese reichen von sehr positiv über neutral bis hin zu sehr negativ.

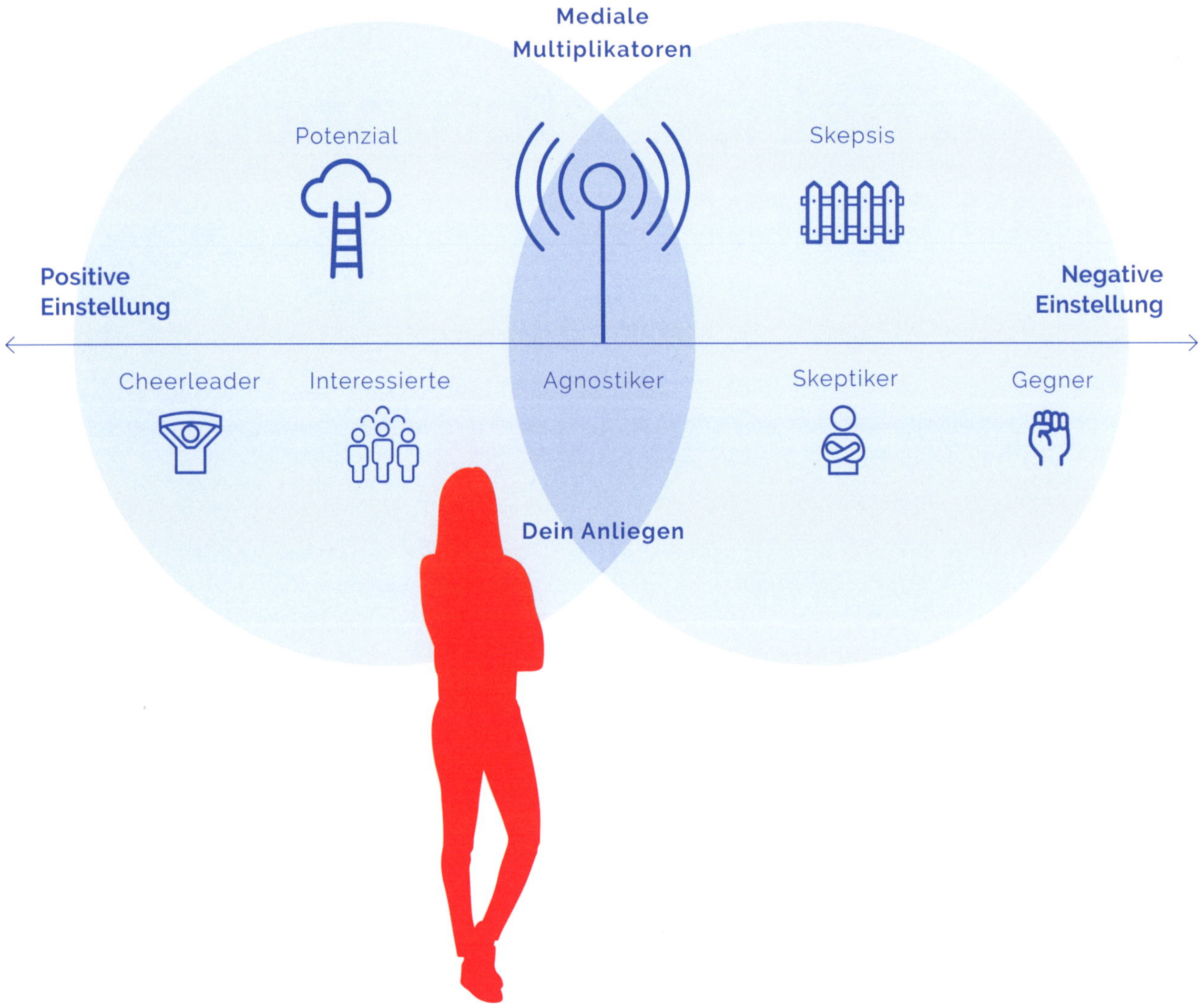

In Anlehnung an die gebräuchlichen Begrifflichkeiten in der Campaigning-Terminologie aus den USA sind dies: »*Cheerleader*« und »*Potenziale*« (sehr positive oder leicht positive Einstellung), *»Agnostiker«* und *»Mediale Multiplikatoren«* (neutral) und *»Skeptiker«* oder *»Gegner«* (negative bis sehr negative Einstellung). Die frühe Bestimmung von Einstellungen hilft dir, dich später bei der Entwicklung von Kernbotschaften erstmal auf die leicht erreichbaren Unterstützer:innen zu konzentrieren. Warum? Je mehr Gegenwind man digital am Anfang bekommt, desto mehr Ressourcen werden für das Community-Management, die Argumentationsketten und Debatten benötigt. Dies kann die beabsichtigte Wirkung der digitalen Maßnahmen konterkarieren.

Tool: das Einstellungs-Board

Mit unserem Einstellungs-Board kannst du dir insbesondere in Brainstormings oder frühen Stadien der Zielgruppen-Strategie einen ersten Überblick verschaffen. Es ist wichtig anzumerken: Die getroffenen Hypothesen zu den Einstellungen bestimmter Zielgruppen beruhen auf selbst getroffenen Präferenz-Annahmen. Je mehr du diese mit Daten validieren kannst, desto besser. Frage also, ob aktuelle Umfragen oder Studien existieren und du etwaige Zahlen in die Planungen einbinden kannst. Das Einstellungs-Board liefert ein erstes Stimmungsbild, das schrittweise verfeinert werden muss .

SCHRITT 1: *Alle Zielgruppen auf dem Ideenboard sammeln*

Trage auf der linken Seite zuerst in einem intensiven, 10-minütigen Brainstorming alle digitalen Zielgruppen ein, die dir auf Anhieb einfallen. Vergleiche die Ergebnisse und ergänze das Ideenboard, sofern du diese Übung im Team machst. Beispiel: »Landwirte und Landwirtinnen aus dem Großraum Göttingen mit Interesse an Nachhaltigkeitsthemen«, »Mitarbeiter:innen von Bundestagsabgeordneten«

SCHRITT 2: *Übertragung auf die sechs Einstellungsfelder*

Jetzt werden die gesammelten Zielgruppen auf den rechten Feldern einsortiert. Wenn du dir unsicher bist, ob es sich beispielsweise um »Potenziale« oder »Cheerleader« handelt, trage diese zwischen den Räumen ein. Es geht um ein Stimmungsbild und nicht um eine repräsentative Arbeit. Bei den medialen Multiplikatoren empfiehlt es sich, relevante Medien und darunter die für den Themenbereich zuständigen Journalist:innen und ihre Twitter-Accounts (sofern beruflich genutzt) zu nennen.

SCHRITT 3: *Kreise deine Top-3-Prioritäten ein*

Nun sollen die wichtigsten Zielgruppen eingekreist werden. Wer ist zum Erreichen deines BHAG aus dem Kapitel »Mission & Vision« absolut unverzichtbar? Wo wirst du intern am meisten gefeiert, wenn du in dieser Zielgruppe eine relevante Reichweite oder Interaktionen nachweist? Diese Priorisierung bildet die Grundlage, um sich darauf später beim Clustering oder der Verteilung des Media Budgets zu konzentrieren.

Wir kommen jetzt zum sogenannten **Clustering-Ansatz.** Du kannst ihn dir wie einen großen Trichter vorstellen, der mit jeder Ebene zwar die Anzahl der Personen darin verringert, aber auch eine präzisere Bestimmung der Personen anhand von soziodemografischen, interessens- oder verhaltensbasierten Merkmalen erlaubt. Wir arbeiten mit vier Ebenen – wobei wir die Testing-Ebene bloß kurz erwähnen, da sie aufgrund ihrer Komplexität nur für Digital Natives empfohlen ist.

+ **Einstellung:** Diese Ebene haben wir zuvor schon erläutert. Sie beschreibt alle Personen, die etwa

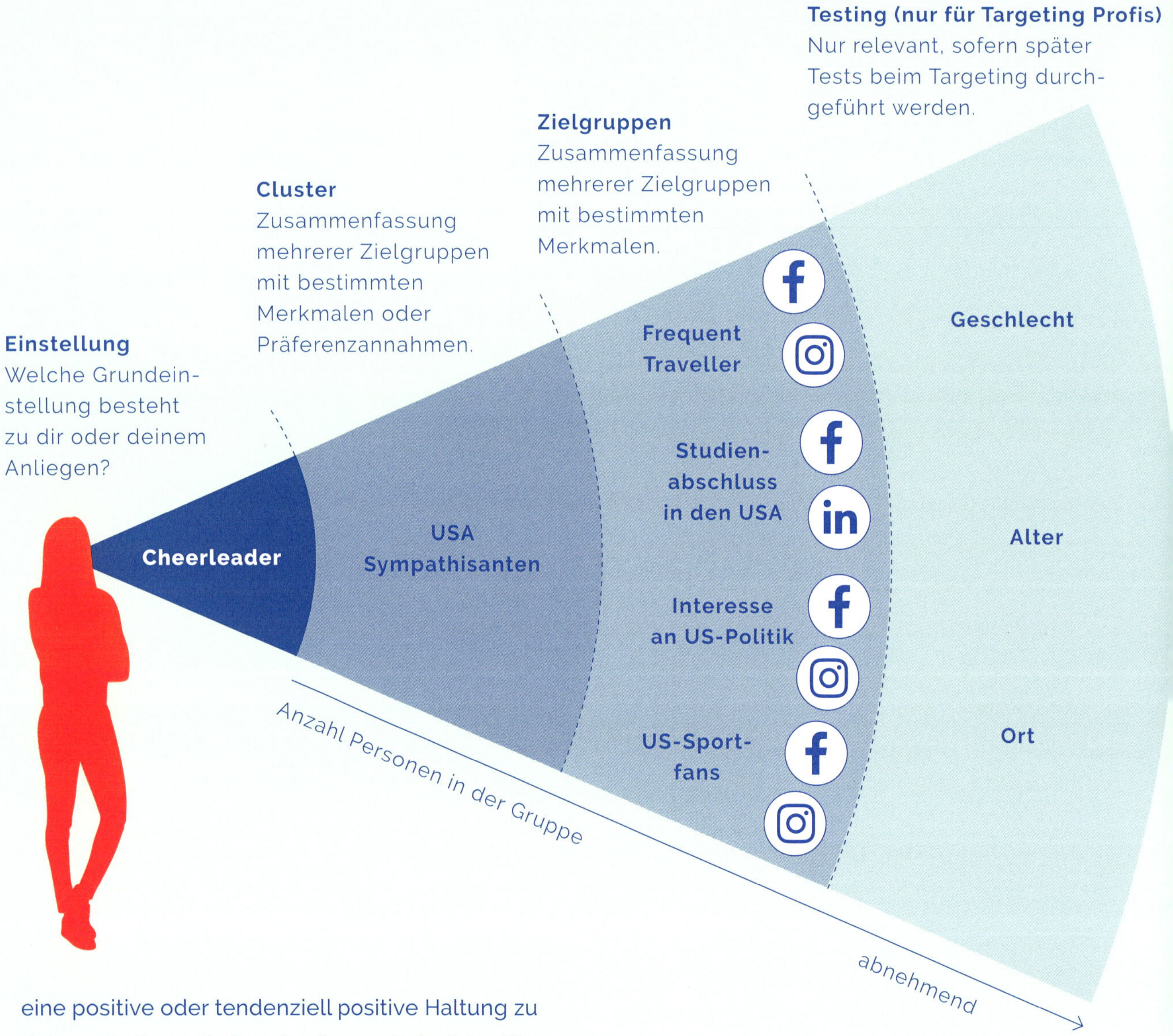

eine positive oder tendenziell positive Haltung zu deinem Anliegen haben. In diesem Beispiel: »Alle Menschen, die wahrscheinlich eine positive Einstellung zu guten Beziehungen mit den Vereinigten Staaten haben.«

+ **Die Cluster-Ebene:** Cluster beschreiben eine Sammlung mehrerer Zielgruppen mit ähnlichen Präferenz-Annahmen. Diese können unterschiedliche soziodemografische Merkmale aufweisen, sich in einer entscheidenden Sache aber überschneiden. In unserem Beispiel weiter unten kann dies konkret das Cluster *»USA-Sympathisanten«* für einen Außenhandelsverband sein, dem besonders ein positives Bild der USA in der Bevölkerung oder starke Transatlantische Beziehungen ein Anliegen sind.
+ **Zielgruppenebene:** Wir verwenden laufend das Wort »Zielgruppen« als Oberbegriff. Damit es

nicht zur Verwirrung kommt: In dieser Cluster-Logik beschreiben Zielgruppen eine den Einstellungen und Clustern untergeordnete Ebene, die Personen mit gemeinsamen verhaltensorientierten, interessensbasierten oder soziodemografischen Faktoren enthalten. Jede Zielgruppe weist eigene Spezifika auf und kann später im Segment »*Targeting*« mit Inhalten, die für sie relevant sind, angesprochen werden. So sind in unserem Beispiel enthalten:

+ *Frequent Traveller:* Personen in Deutschland, die beruflich mehrfach in den letzten Monaten in den USA waren.
+ *Studienabschluss in USA:* Personen in Deutschland, die an einer amerikanischen Hochschule einen akademischen Abschluss erhalten haben.
+ Wir gehen bei beiden Zielgruppen also aufgrund der Lebensweise oder dem Hintergrund davon aus, dass sie ein tendenziell positives Amerika-Bild haben; auch wenn das sicher nicht auf jede/n Einzelne/n zutrifft.
+ **Testing-Ebene (nur für Fortgeschrittene):** Sofern ausreichend Ressourcen für die Content-Erstellung und Know-how beim Targeting vorhanden sind, können innerhalb der einzelnen Zielgruppen nochmal Tests durchgeführt werden, etwa dazu, wo der Content besser abschneidet (Stadt oder Land?) oder ob das Alter eine Rolle spielt (Jung- und Erstwähler:innen vs. Boomer 50+). Man läuft jedoch schnell Gefahr, sich im Klein-Klein des Testings zu verlieren. Daher ist dies nur für fortgeschrittene digitale Kommunikator:innen empfohlen.

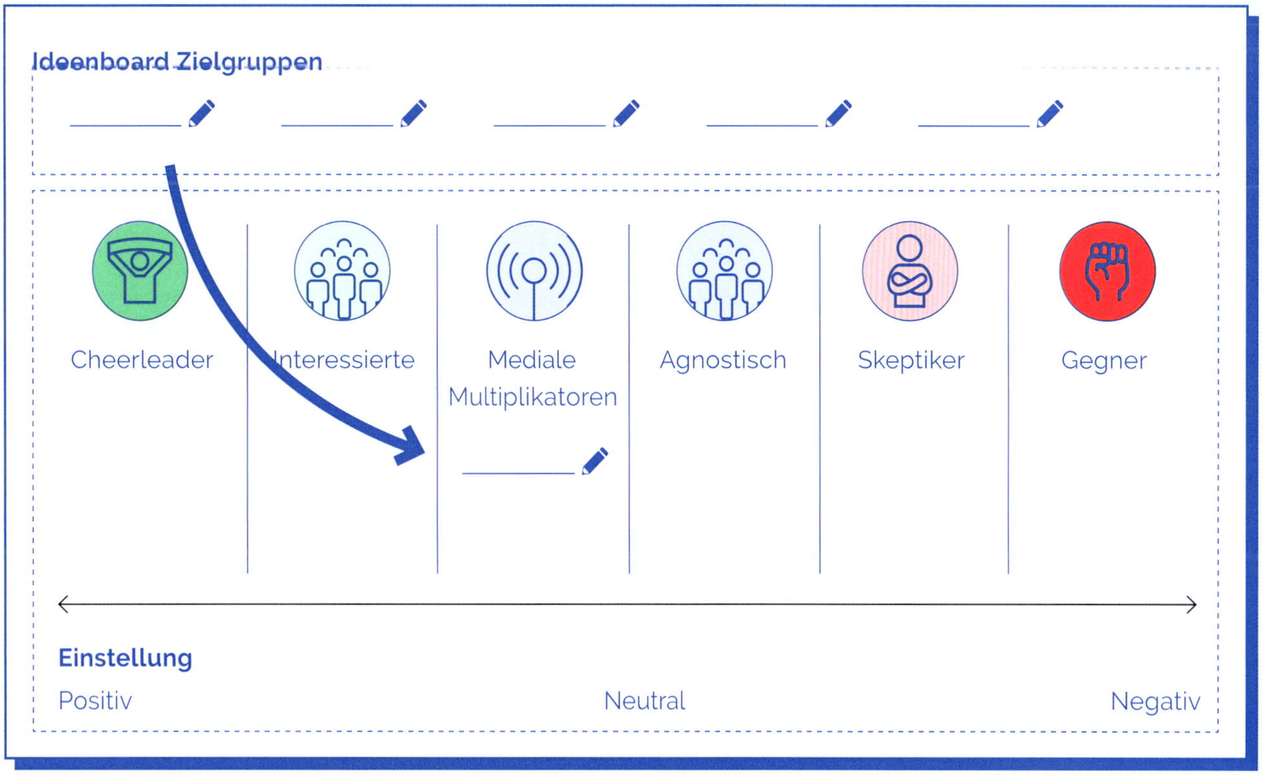

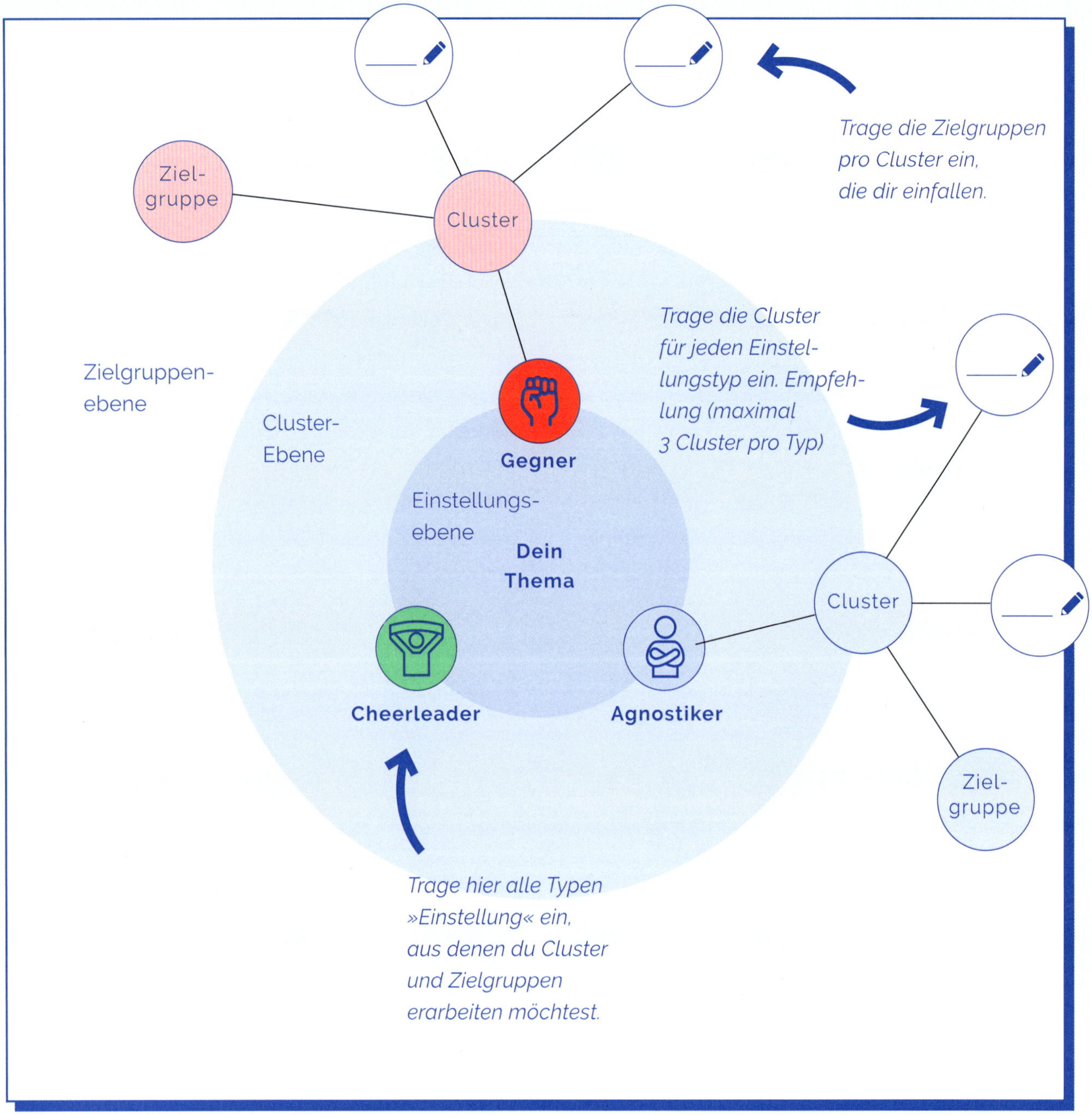
Ziel-
gruppe
Cluster
Trage die Zielgruppen
pro Cluster ein,
die dir einfallen.
Zielgruppen-
ebene
Cluster-
Ebene
Trage die Cluster
für jeden Einstel-
lungstyp ein. Empfeh-
lung (maximal
3 Cluster pro Typ)
Gegner
Einstellungs-
ebene
Dein
Thema
Cluster
Cheerleader
Agnostiker
Ziel-
gruppe
Trage hier alle Typen
»Einstellung« ein,
aus denen du Cluster
und Zielgruppen
erarbeiten möchtest.

Tool: der Cluster-Kreis

Die zuvor beschriebenen Ebenen werden nun in einer interaktiven Übung auf dein digitales Kommunikationsanliegen angewendet.

SCHRITT 1: ***Brainstorming***

Zeichne auf einem digitalen Board oder Whiteboard in einem Workshop drei Kreise (Einstellung, Cluster, Zielgruppenebene). Priorisiere dann, welche Einstellungsebene du als erstes angehst. Es empfiehlt sich immer, mit den *»Cheerleadern«* und *»Potenzialen«* zu beginnen. Diese lassen sich am leichtesten mobilisieren.

SCHRITT 2: ***Ausdifferenzierung in Cluster und Zielgruppen***

Jetzt bestimmst du je nach Dringlichkeit und kommunikativer Lage die einzelnen Cluster und gehst von innen nach außen vor. So ergibt sich ein kreisförmiges Baumdiagramm, das später die Grundlage für die Methoden bei Storytelling, Content und Targeting liefert. Als nächstes trägst du die Cluster ein und gleichst das Ergebnis unbedingt mit allen Teammitgliedern ab. Diskutiere die Resultate, sodass am Ende ein gemeinsames Verständnis besteht, wer digital angesprochen werden soll.

SCHRITT 3: ***Priorisierung der Zielgruppen, Vorlage für das Targeting***

Die wichtigsten Zielgruppen werden jetzt eingekreist. Überschneiden sie sich mit dem ersten Stimmungsbild aus dem Einstellungsboard weiter vorne? Stellt sich heraus, dass als wichtig eingestufte Zielgruppen bislang kaum oder gar nicht digital adressiert wurden, gilt es hier, verbindliche Maßnahmen vorzumerken, die wir später im »Content«-Kapitel ausarbeiten. Wir haben jetzt einen Cluster-Kreis, den wir dauerhaft für Kreativprozesse oder die Kampagnenplanung heranziehen können. Daher solltest du diesen auch entweder als dauerhaftes Miro Board oder ausgedruckte Variante immer zu Rate ziehen, wenn es zu prüfen gilt, ob alle Zielgruppen mit Formaten und Botschaften abgeholt werden.

Tool: die Public-Arena-Personas

Personas mögen für erfahrene digitale Kommunikator:innen etwas abgedroschen klingen, aber Wirkungsstudien haben gezeigt, wie sehr eine präzise ausformulierte Persona im Kreations- und Kampagnenprozess hilft. Sie ermöglicht es zum einen, die digitalen Berührungspunkte der bereits ausformulierten Zielgruppen besser auf die individuellen Bedürfnisse zuzuschneiden und gleichzeitig eine runde Erzählung für das Storytelling anhand realer Lebensgeschichten aufzubauen. Personas bauen ein Bild in deinem Kopf auf und helfen dir, Komplexität zu reduzieren.

Eine Persona, im klassischen Marketing »Buyer Persona« genannt, ist eine fiktive, idealisierte Person, die eine Zielgruppe repräsentiert. Die erstellte Person vereint also die Merkmale der zuvor ausgearbeiteten Zielgruppe. Neben den klassischen soziodemografischen Eigenschaften wie Alter, Geschlecht, Familienstand, Bildung und Beruf erfasst eine Persona auch die politischen Interessen und verhaltensorientierten Merkmale. Sie hat, ähnlich wie eine reale Person, persönliche Werte und Ziele, die ihr wichtig sind.

Es ist aber sehr wichtig, die Limitationen des Modells zu begreifen. Es ist eine sinnvolle Stütze und gute Ergänzung, aber kein datenbasiertes Modell, das dir präzise evidenzbasierte Anleitungen liefert. Ebenso müssen auch ethische Probleme genannt werden. Das Entwerfen von Personas basiert auf stark vereinfachten Stereotypen und repliziert diese, da es Ansprachen motiviert, die wiederum Stereotype abfragen. Bei Zielgruppen werden zum Teil Datensätze zu ähnlichen Kampagnen oder anderem Verhalten im Internet herangezogen oder die Personen, die sie entwerfen, haben wenig bis keine Kenntnisse über die tatsächlichen Lebensrealitäten. So könnte der erste Impuls beim Thema »Familienpolitik« vielleicht sein, Frauen oder Mütter anzusprechen, und das auch noch konzipiert von einem Mann. Behalte das bei der Persona-Entwicklung immer im Hinterkopf!

Basierend auf dem herkömmlichen Persona-Modell im Marketing haben wir das *Public-Arena-Persona-Modell* entwickelt. Es ist für digitale Berührungspunkte und gesellschaftliche Einstellungen optimiert und bietet dir die Chance, nach dem Zielgruppen-Clustering tiefer einzusteigen.

Du kannst das Persona-Modell aus dem Miro Board kopieren oder mit eigenen Infos erweitern und individualisieren. Wichtig ist insbesondere die rechte Spalte. Hier vermerkst du die genutzten Social-Media-Kanäle, ihre Nutzungsfrequenz, das digitale Verhalten, die Kernbotschaften und den Content-Fokus. Daraus leiten sich später wichtige Indikatoren bei der *Storytelling*- und *Content-Entwicklung* ab!

SCHRITT 1: *Persona-Infos eintragen und Kurzbiografie schreiben*

Die digitale Persona ist in einen sozio-biografischen und einen digitalen Teil aufgesplittet. Zuerst wird die linke Spalte ausgefüllt; mit den Merkmalen und Attributen lässt sich eine kurze Biografie formulieren. Diese ist besonders für den Kreationsprozess hilfreich und macht Lebensweisen und Einstellungen von Personas verständlicher. Wenn ihr mehrere Personen seid, tragt die Informationen gemeinsam ein.

SCHRITT 2: *Digitale Infos sammeln und Kernbotschaften skizzieren*

Beschreibe, welche Social-Media-Kanäle deine Persona nutzt und wie ein typisches User-Verhalten aussieht. Ist die Person sehr aktiv, und wenn ja, auf welchen Kanälen? Welchen Accounts folgt sie? Welche Formen von Content werden konsumiert? Werden digital viele oder wenige Nachrichten konsumiert? Wie solltest du die Ansprache an diese Persona gestalten? Sprich: Was sind deine digitalen Kernbotschaften, und sollte der Content eher informativ, überzeugend oder aktivierend wirken? Diese Informationen helfen dir später, deine Kommunikationsziele auf klare, präzise und kompakte Kernbotschaften herunterzubrechen, die auf die jeweilige Persona zugeschnitten sind. Hier kannst du Stichworte notieren, die du später wieder nutzen kannst.

Digitale Persona: *Max Arena*

Cluster: *Urbane Millenials*

Persona-Infos

Alter

____

Beruf

____

Wohnort

____

Beziehungsstatus

____

Politische Affinität

Was ist Max' politsche Einstellung?

____

Gesellschaftliche Themen

Welche Anliegen sind Max wichtig?

____

Kurzbio *Max Arena*

____

Hier schreibst du eine Kurz-Bio über Max mit Fokus auf der Art und Weise, wie er digitale Medien nutzt, und welche gesellschaftlichen Themen ihm wichtig sind.

Weitere Attribute

Nachrichtenkosum

gering — hoch

Bildungsniveau

niedrig — hoch

Einkommen

niedrig — hoch

Eher introvertiert — Eher extrovertiert

Digitale Infos

Genutzte Social-Media-Kanäle

Welche Plattformen und digitalen Dienste nutzt Max?

____

Digitale Kernbotschaften

Welche Kernbotschaften aus deiner Kommunikation sind für Max relevant?

Argument 1 ______________

Argument 2

...

Digitales Verhalten

Wie sieht die tägliche digitale Nutzung aus? Welche Art von Content (Video, Tweets, etc.) bevorzugt er?

____

Content-Fokus

Welche Formate könnten für Max ansprechend sein?

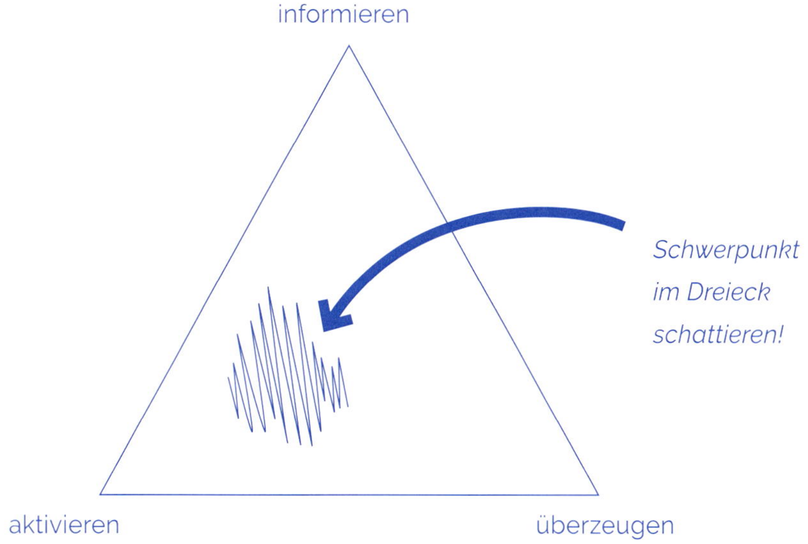

Beispiel »Spenden für ein Wasserschutzprojekt«

	Aufmerksamkeit	Interesse	Überzeugung	Bindung
Digitale Touchpoints	Erstmaliges Sehen und Interagieren des Kampagnen-videos »Grund-wasserschutz jetzt!« auf Insta-gram oder Twitter	User:in besucht die Kampagnen-Landing-Page und informiert sich über die Anliegen.	Verweildauer von mehr als 3 Minuten auf der Landing Page und Eintra-gen in Newsletter oder Social Media Follow.	Aktiv werden in der Kampagne durch eine bestimmte Handlung, wie Freunde einla-den oder Mikro-Spende tätigen.
Präferierte Handlung	Videoaufruf	Besuch der Landing Page, Klick auf »Mehr Informationen«	• Eintragen in den Newsletter-Verteiler • Like der Facebook-Seite	• Klicken auf den Spenden Button der Landing Page • Einladen von Freunden via »Freunde Einladen« in E-Mail
Erfolgs-kennzahlen	• Anzahl Aufrufe Video • View-Rate des Videos (Sekun-denlänge) • Erreichte Personen in Zielgruppe	• Verhältnis Video-aufrufe/Landing-Page-Besuche • Verweildauer Landing Page mehr als 60 Sekunden	• Follow Social Media • Accounts im Ver-hältnis zu Seiten-besucher:innen • Sign-up in Kampagnen • Newsletter	• Aktivitätsgrad in der Kampagne • Anzahl getätigter Spenden • Regelmäßige Interaktion mit digitalen Inhalten
Stimmung Supporter:In	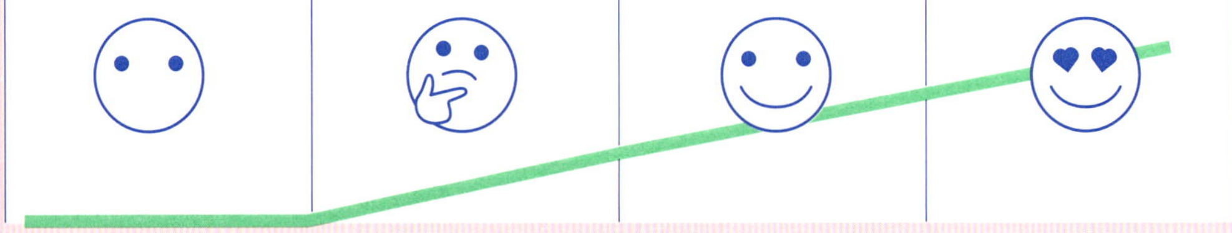			

Tool: die digitale Supporter Journey

Wir haben Personas entwickelt, Zielgruppen und Cluster gebildet. Fehlt noch die Frage: Wo und wie kommen wir mit diesen Personen digital in Berührung? Die digitale Zersplitterung der Aufmerksamkeit eines Menschen auf immer mehr Social-Media-Plattformen, Apps und Websites macht es zunehmend schwieriger für Kommunikator:innen, die passende Botschaft mit relevanten Inhalten zum richtigen Zeitpunkt auf dem Screen des Handys zu platzieren. Jede App hat zudem nochmal eigene Interaktionspunkte. Mit der »*Supporter Journey*« kann man diese entlang der digitalen Kommunikation mit der jeweiligen Zielgruppe herausfinden, strukturieren und daraus schließlich Maßnahmen ableiten, um die Qualität der langfristigen Beziehung zu diesen Personen für dein spezifisches Anliegen nachhaltig zu verbessern.

Wir starten mit dem Beispiel einer kleineren NGO, die sich mit einer digitalen Kampagne für nachhaltigen Wasserschutz in Deutschlands Wäldern einsetzt. Wir haben eine klassische Reise visualisiert. Dabei werden die vier wichtigsten Differenzierungskriterien genutzt, die auch später beim sogenannten »Funneling« im Targeting zum Einsatz kommen:

+ *Aufmerksamkeit:* Wir schaffen es mit unseren digitalen Inhalten, die Aufmerksamkeit der User auf uns zu ziehen und uns gegen den anderen Content auf dem Social-Media-Newsfeed durchzusetzen.
+ *Interesse:* Die User zeigen Interesse an unseren Inhalten und besuchen unsere Seite oder schauen sich ein Video komplett an.
+ *Überzeugung:* Die Überzeugungsphase setzt ein und wir schaffen es, die User:innen zu Unterstützer:innen zu konvertieren.
+ *Bindung:* Die langfristige Bindung zeigt sich anhand regelmäßiger digitaler Interaktionen mit unseren Inhalten oder Botschaften.

Schreibe hier, für welche digitale Maßnahme oder Kampagne die digitale Journey ist!

Phasen digitaler Interaktionen

	Aufmerksamkeit	Interesse	Überzeugung	Bindung
Digitale Touchpoints	Welche digitalen Berührungspunkte kennzeichnen die Reise des Users / der Userin?			
Präferierte Handlung	Welche Handlung führt idealerweise zur nächsten Stufe auf der Reise?			
Erfolgskennzahlen	Was sind die Erfolgskennzahlen, mit denen wir unsere Arbeit messen?			
Stimmung Supporter:In				

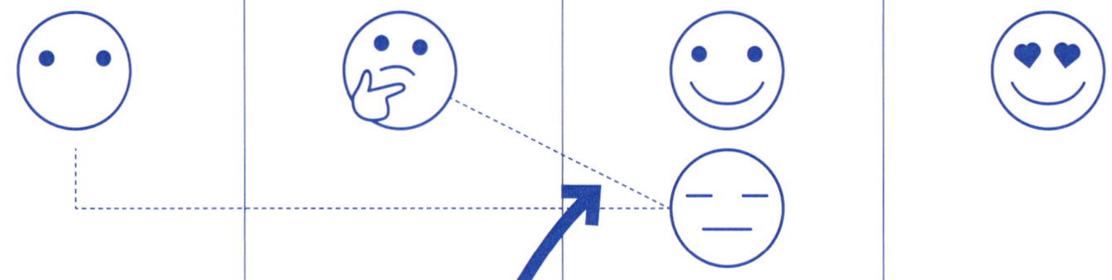

Bei Nicht-Konvertierung Neustart der Journey

JETZT BIST DU DRAN!

Schritt 1

Liste alle Momente auf, in denen deine Zielgruppe mit dir oder deinem Anliegen digital in Berührung kommt, und arbeite dich von links nach rechts vor. Das kann alles sein, von einer Google-Suche nach »Engagement gegen Rassismus« bis hin zum Kick-off-Video einer spezifischen Kampagne.

Schritt 2

Bringe diese als nächstes anhand der unterschiedlichen Kommunikationsphasen in eine sinnvolle Reihenfolge. Bezieh, wenn die Zeit und Ressourcen es erlauben, ein oder zwei Personen deiner bestehenden Unterstützter:innen in dieses Brainstorming mit ein. So kannst du viel über das digitale Verhalten, die Bedürfnisse und die Sorgen in verschiedenen Phasen erfahren.

Zusammenfassend solltest du also beim Mapping der Supporter Journey folgende wichtige Punkte beachten:

+ Führe immer diese Übung aus der Sicht der jeweiligen Zielgruppe durch – dabei kann eine zuvor erarbeite Persona sehr gut helfen.
+ Konzentriere dich nur auf die wichtigsten Supporter Typen! Du kannst aus Zeitgründen nicht für jede Zielgruppe eine eigene Journey bauen.
+ Evaluiere in regelmäßigen Abständen die Supporter Journey und nutze erhaltenes Feedback von Usern und Userinnen, um die Interaktionspunkte zu verbessern.

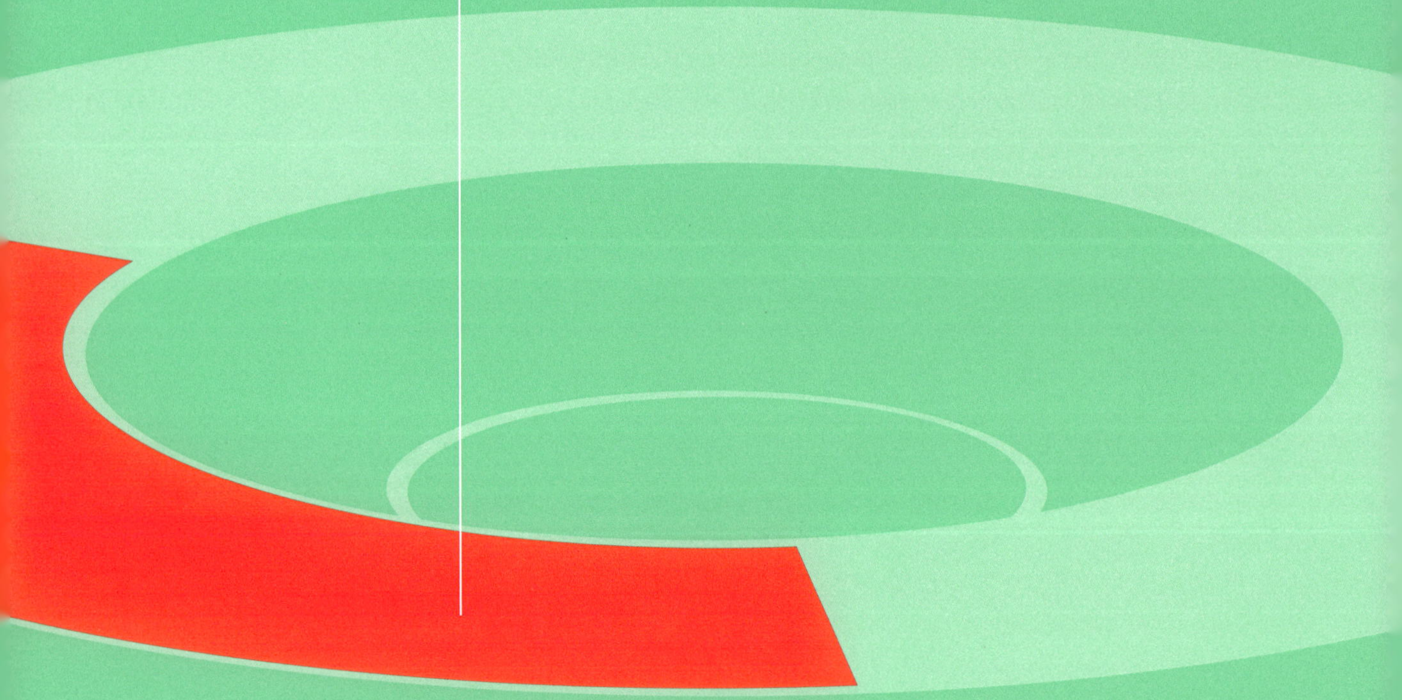

Wie du die richtige Plattform auswählst

In den letzten Jahren hat sich der Trend der Diversifizierung bei der Kanalnutzung verstärkt. Neue Akteure wie TikTok drängen aggressiv auf den deutschen Markt, und die vom Politikberater Martin Fuchs seit Jahren beobachte »Messengerisierung« der politischen Kommunikation – also die zunehmende Nutzung von Messengern, wie Telegram oder WhatsApp, zur Verteilung von politischen Inhalten – stellt Kommunikator:innen vor neue Herausforderungen. Die Ressourcen sind in der Regel nicht gewachsen, die Komplexität und die Anzahl der Kanäle schon. Deshalb soll dir dieses Kapitel helfen, eine Priorisierung der möglichen Kanäle vorzunehmen und diese richtig zu bespielen. Darüber hinaus erstellst du am Ende deinen persönlichen Kanal-Mix.

Bevor wir in die Benutzung des ersten Tools einsteigen, ein kurzer Überblick über die wichtigsten Merkmale der Kanäle für Kommunikation in der Public Arena:

FACEBOOK

Facebook ist in Deutschland aktuell immer noch der große Marktplatz, über den du mit deinen Inhalten die breite Bevölkerung ansprechen kannst. Ab der Generation Z nimmt die Nutzungsfrequenz rapide ab – Instagram, Snapchat, TikTok und andere Nischen-Kanäle wie Jodl sind deutlich beliebter. Reine Textbeiträge können genauso funktionieren wie Bilder, Videos und eine Reihe an Abwandlungen dieser Darstellungsformen (Bildergalerien, Umfragen, Live-Videos oder Storys). Die Beiträge können im Feed geteilt, über eine Story-Funktion für 24 Stunden abrufbar gemacht oder auch in offenen und den beliebten geschlossenen Gruppen verbreitet werden.

Live-Videos sind ebenfalls ein populäres Format politischer Akteure, um die Community in Echtzeit zu informieren. Der Facebook-Auftritt des Auswärtigen Amtes zeigt beispielsweise, wie dies gelingen kann. Lockere Sprache, ein Umgang mit der Community, der Elemente, wie Witz, Ironie und Sarkasmus zulässt sowie unpolitische Themen lassen die Menschen hinter der Organisation erkennen. Das erzeugt Sympathie.

INSTAGRAM

Instagram ist die Plattform der schönen Bilder und Videos. Wer Instagram als Public Arena wählt, muss sich dem durchaus hohen Aufwand bewusst sein. Überzeugende Inhalte wollen geplant, produziert und bearbeitet werden. Der Fokus liegt hier nicht

DIE WICHTIGSTEN KANÄLE UND MESSENGER in Deutschland. Stand: 01.12.2020

Facebook	Twitter	LinkedIn	Instagram	Telegram
• 32 Millionen monatlich aktive Nutzer:innen • 18 Millionen wöchentlich • 10 Millionen täglich	• 12 Millionen monatlich • 3,5 Millionen wöchentlich • 1,4 Millionen täglich	• 15 Millionen monatlich • 2,8 Millionen wöchentlich • weniger als 1 Millionen täglich	• 21 Millionen monatlich • 14 Millionen wöchentlich • 11 Millionen täglich	7,8 Millionen Nutzer:innen

YouTube	TikTok	WhatsApp	Snapchat	Threema
• 30 Millionen Nutzer:innen wöchentlich (wöchentlich und täglich zusammengefasst)	• 2 Millionen wöchentlich • 1,4 Millionen täglich	• 58 Millionen täglich	• 5 Millionen wöchentlich • 3,5 Millionen täglich	5 Millionen Nutzer:innen

immer auf Bildqualität: Authentizität, Kreativität und Ästhetik sind gefragt. Die Posts sollten Emotionen transportieren und einen Einblick in die Persönlichkeit des Absenders zulassen. Instagram eignet sich daher besonders, um mit gut strukturierten Stories zu überzeugen, zu motivieren und mitzureißen.

Möchtest du längere Videos veröffentlichen, ist dies über die IGTV-Funktion möglich. Hier können auch Live-Videos stattfinden und gespeichert werden. Instagram Guides fassen veröffentlichte Inhalte in Blogbeiträgen zusammen. All diese Funktionen helfen auf verschiedene Weise, mit der Instagram Community zu kommunizieren. Eine Organisation, die sehr gut auf die Bedürfnisse der Zielgruppe eingeht und ihre Beiträge optisch, technisch und inhaltlich anpasst, ist das EU-Parlament. Die Kommunikation des Parlaments wirkt jung, verspielt, die Themen ausgewählt, und es werden verschiedenen Plattform-Optionen verwendet.

TIKTOK

Die Community der Entertainment-Plattform TikTok ist jung, und TikTok wächst so schnell kein anderer Kanal in Deutschland. Du begegnest dort vor allem der Generation Z, aber auch mehr und mehr Millennials. Die junge Zielgruppe spiegelt sich auch in der Nutzung dieser Plattform wider: Digitalkompetenz ist der Schlüssel zum virtuellen Tor der Community. Die Produktion der Inhalte ist aufwendig, und die Videos sollen unterhalten. Wer nur Inhalte aus anderen Kanälen adaptiert, statt TikTok-Trends zu folgen und die Darstellungslogik der Plattform anzunehmen, wird vom Algorithmus und den User:innen mit Nichtbeachtung gestraft. Auf der ursprünglich für Gesang- und Tanzvideos bekannt gewordenen Plattform findet man zunehmend auch ernste Themen, darunter etwa Black Lives Matter, Feminismus oder Klima- und Umweltschutz.

Für Diskussionen und Austausch bietet sich die Duett-Funktion von TikTok an. Die Nutzer:innen veröffentlichen ihr Reaktionsvideo zusammen mit dem ursprünglichen Video. Auch mit der Kommentarfunktion und der Möglichkeit, mit Videos auf Kommentare zu reagieren, animiert TikTok dazu, sich auszutauschen. Die Schnelligkeit von TikTok macht die Nutzung für Politiker:innen, Verbände und andere Organisationen schwierig. Um auf Trends aufzuspringen und relevante Themen nicht zu verpassen, müssen Inhalte trotz hohem Produktionsaufwand schnell vorliegen. Die Videos sollten zwischen 15 Sekunden und einer Minute lang sein. Kurze, prägnante Aussagen sind aus diesem Grund wichtig.

Da TikTok-Videos meist Personen und Gesichter zeigen, eignet sich die Plattform insbesondere für Politiker:innen, die ihre Personenmarke bei jungen Wähler:innen bekannter machen wollen. Ein positives Beispiel ist Thomas Sattelberger. Der FDP-Politiker zeigt sich auf TikTok seinen mittlerweile über 100 000 Follower:innen nahbar und selbstironisch. Er schafft es, seine politischen Botschaften geschickt zu platzieren und gleichzeitig für Unterhaltung zu sorgen. Dabei greift der über 70-Jährige Trends der Community auf und ist – vermutlich gerade wegen seiner Unbeholfenheit – vergleichsweise erfolgreich. Für den Politik-Nachwuchs sehen die Herausforderungen anders aus:

Lockerheit und ein sicherer Umgang mit der Plattform wird erwartet. Hier ist es eher der Content-Mix, der weise gewählt werden sollte. Wie viel authentische Politik verträgt die Community? Polit-Influencerin Lily Blaudszun von der SPD hat auf TikTok einen Mittelweg eingeschlagen. Neben politischen Beiträgen bringt sie Persönlichkeit in ihr Profil und stellt etwa häufig ihre Liebe zu Mecklenburg-Vorpommern zur Schau.

TWITTER

Twitter ist keine Plattform für die Massenkommunikation, aber ein Instrument, um politischen Diskurs mit Stakeholdern anzuregen. Es ist in Deutschland der digitale Treffpunkt für Meinungsmacher:innen aus den unterschiedlichsten Bereichen. In »Tweets«, die maximal 280 Textzeichen lang sein dürfen, wird sich ausgetauscht, Position bezogen und gestritten. Das Posten von Bildern im Feed oder als Story und die Kommunikation mit »Voice-Tweets« sind grundsätzlich möglich, aber eher unüblich. Die Twitter-Community fasst sich gezwungenermaßen kurz und setzt auf das getippte Wort. Die Diskussionen zwischen User:innen finden in der Regel nicht im privaten Chat, sondern öffentlich im Feed statt. Nutzer:innen können durch eine Erwähnung des Twitter-Namens (@mention) andere direkt ansprechen. Durch die Retweet-Funktion kann auf Tweets von anderen Plattform-User:innen Bezug genommen werden. Diese Kommunikationskultur erhöht die Reichweite deiner Beiträge und ermöglicht es dir, in fremden Communitys mitzulesen und dort gesehen zu werden. Was bedeutet das für deinen Auftritt in der Public Arena? Auf Twitter sollte kommunizieren, wer etwas zu sagen hat. Kurze prägnante Statements, Kommentare zur Tagespolitik und inhaltliche Diskussionen mit Expert:innen – dafür solltest du einen Twitter-Account führen. Gute politische Kommunikation zeichnet sich hier aus durch Schnelligkeit, Netzwerkpflege und die Fähigkeit, im richtigen Moment die Füße still zu halten. Mit der hohen Sichtbarkeit auf Twitter steigt auch das Fettnäpfchen-Potenzial.

LINKEDIN

Über das berufliche Netzwerk LinkedIn kannst du Vertreter:innen verschiedener Branchen erreichen. In Feed-Beiträgen, Storys und Artikeln können lange und kurze Inhalte mit und ohne Fotos sowie Videos veröffentlicht werden. Da die Netzwerke auf berufliche Vernetzung ausgelegt sind, werden branchenfremde Werbebeiträge ungern gesehen. LinkedIn bietet sich demnach besonders an, um die Expertise deines politischen Akteurs in einem bestimmten Themenbereich hervorzuheben. Auf Studien, journalistische Artikel und andere externe Informationsangebote kann in Form eines Beitrags hingewiesen werden, auch der eigene Standpunkt zu Themen sollte in einem solchen Text dargestellt werden. Zudem kannst du eigene Artikel veröffentlichen, diese tauchen im Feed deiner Follower:innen oder Kontakte auf und lassen sich zusätzlich über dein Profil abrufen. Dort werden die Artikel in Form eines Blogs gesammelt. In den Artikeln kannst du wortreich informieren oder Position beziehen. Das auf LinkedIn vertretene Fachpublikum ist deutlich aufgeschlossener gegenüber langen Beiträgen als Nutzer:innen anderer Plattformen. Um mit Beiträgen zu mobilisieren, ist es allerdings essenziell, dass

Politiker:innen oder andere politische Akteur:innen sich zuvor als Expert:innen positioniert haben. LinkedIn kann also insbesondere als Personal-Branding-Instrument verstanden werden, wobei auch Organisationen einen Expertenstatus etablieren können. Genutzt wird das Netzwerk von Spitzenpolitikern wie Christine Lagarde, Emmanuel Macron, Justin Trudeau oder auch Ex-Bundeskanzler Gerhard Schröder. Politiker:innen sollten das Netzwerk unbedingt auch zur Vernetzung nutzen. Gerade in der Lokalpolitik kann ein Einblick in die Vorstellung von regional ansässigen Unternehmen oder Arbeitnehmer:innen im Wahlkreis helfen.

YOUTUBE

YouTube ist eine Videoplattform, auf der Nutzer:innen kostenfrei Videos hochladen, ansehen und mit ihnen interagieren können. Anders als auf bei anderen Social-Media-Plattformen dürfen die Videos unbegrenzt lang sein. Die Qualität und Professionalität variiert auf der Plattform stark und ist nicht unbedingt entscheidend für den Erfolg von Beiträgen. Auf YouTube sind vielfältige Zielgruppen vertreten, die durch die Ausgestaltung der Videos angesprochen werden können. Informative, detailreiche Inhalte können genauso funktionieren wie kurze unterhaltsame Videos oder Statements mit klarer politischer Position. Wie Politik-Talk funktioniert, ohne zu langweilen, hat der Youtuber Rezo vorgemacht. Er veröffentlichte 2019 das knapp einstündige Video »Die Zerstörung der CDU«, in dem er politische Entscheidungen der CDU und auch der SPD angriff. Kommunikativ arbeitet Rezo mit Clickbait, jugendlicher Sprache und der Dramaturgie von klassischen Unterhaltungsvideos auf der Plattform. Das Engagement eines Influencers oder einer Influencerin ist sinnvoll, wenn du deine Zielgruppe erweitern willst oder selbst Schwierigkeiten hast, deine Inhalte zielgruppengerecht zu gestalten.

MESSENGER-DIENSTE: WHATSAPP, TELEGRAM & CO.

Apps wie WhatsApp, Signal, Threema oder Telegram, sind keine klassischen Social-Media-Kanäle. Dennoch sollten sie in deiner Kommunikationsplanung bedacht werden. Die Reichweiten von WhatsApp und Telegram sind in Deutschland enorm. Allerdings funktioniert Kommunikation über diese Direktnachrichten-Kanäle anders. Die versendeten Push-Benachrichtigen tauchen direkt auf dem Bildschirm deiner Interessenten auf – kein buhlen um Aufmerksamkeit im Newsfeed. Solch ein direkter Kommunikationskanal bietet viele Möglichkeiten der Multiplikation, die auf anderen Kanälen nicht umsetzbar wären: Wahlaufrufe, exklusive News, Umfragen, Bürgersprechstunden.

Auf WhatsApp kannst du mithilfe eines einfachen Chat-Bots Informationen anbieten. Sich häufig wiederholende Fragen können so automatisiert und rund um die Uhr beantwortet werden. Zusätzlich bieten Politiker:innen wie Lars Klingbeil, der Generalsekretär der SPD, digitale Bürgersprechstunden via Messenger an. Die SPD nutzt den Kanal Telegram auch für Campaigning-Zwecke. Schon während der Kanzlerkandidatur von Martin Schulz wurden über Messenger-Dienste Memes von Unterstützer:innen verbreitet. Über einen parteieigenen Infokanal verbreitet die Partei zudem vermeintlich exklusive Informationen und Einblicke in die politische Arbeit. Die Möglichkeiten der inhaltlichen Aufbereitung auf einem solchen Infokanal sind vielfältig. Bilder, Videos, Texte, Sprachnachrichten, Dateien und Links können zur Informationsvermittlung verwendet werden. Wenn du Messenger-Dienste zum Campaigning verwenden willst, kannst du über Push-Nachrichten Neuigkeiten schnell verbreiten, deine Mitstreiter:innen an wichtige Termine erinnern, zur Wahl aufrufen und Unterstützer:innen mobilisieren. Die Umfrage-Funktion hilft zudem, die Meinung deiner Follower:innen schnell und unkompliziert abzufragen. Dies kann gerade bei spontanen Entscheidungen von Vorteil sein.

JODEL/TWITCH/TINDER/SPOTIFY UND WEITERE

Auch Plattformen und digitale Anwendungen, die auf bestimmte Zielgruppen ausgelegt sind oder Nischenthemen behandeln, kannst du zur politischen Kommunikation nutzen. Wir empfehlen, die Nutzung dieser Kanäle von Situation, Zielgruppe und Bespielbarkeit abhängig zu machen. Hier ein paar Inspirationen:

Jodel ist eine App, die Studierende ursprünglich zum Austausch genutzt haben. Die Menschen schreiben anonyme Botschaften, die in einer Pinnwand-Ansicht dargestellt werden. Mit diesen Botschaften kann man interagieren.

Die Nutzer:innen von Twitch, einem Live-Streaming-Videoportal, stammen hauptsächlich aus der Gamer-Szene und übertragen auf Twitch ihre Videospiele. Dass Gaming nicht unpolitisch sein muss, zeigt der SPD-Europaabgeordnete Tiemo Wölken, der in seinen Videospiel-Livestreams über seine Arbeit und politische Themen spricht. Die Konrad-Adenauer-Stiftung nutzt die Plattform für ein ähnliches Format, »Twitch & Politics«, zu dem sie Gäste aus der Gaming- und Politikszene einlädt.

Auch die Dating-Plattform Tinder hat auf den ersten Blick wenig mit Politik zu tun. Dennoch solltest du sie nicht direkt aus deiner Public Arena verbannen. Es wurden bereits erfolgreiche Kampagnen von Blutspendenaufrufen bis hin zu einer Kampagne gegen häusliche Gewalt in Kooperation mit dem Unternehmen in Deutschland umgesetzt. Das Bundesgesundheitsministerium hat beispielsweise Informationen zum Dating in Zeiten der Pandemie direkt bei der Zielgruppe auf Tinder platziert.

Der schwedische Marktführer für Audio-Streaming Spotify bietet beispielsweise die Möglichkeit, spezifische Audio Ads zu schalten. Es gibt spannende Targeting Optionen, je nach Nachrichten- und Musikpräferenzen der Nutzer:innen. Dies kann sich lohnen, wenn ihr euren Podcast bewerben wollt oder zu bestimmten politischen Themen informieren wollt. Unter ads.spotify.com könnt ihr erste konkrete Schritte machen und euch durch spannende Cases inspirieren lassen.

Tool: das Kanal-Mix-Gitter

Grundsätzlich gilt für die Auswahl der passenden digitalen Kommunikationskanäle, dass diese immer nach eigener Priorität eröffnet oder bespielt werden sollten – man beginnt also zunächst dort, wo man die meisten Menschen aus den etablierten Zielgruppen erreicht. Dies ist im Prinzip nicht anders als bei der analogen Kommunikation. Wenn ich im Wahlkampf ältere Menschen in Berlin erreichen will, stelle ich mich auch nicht abends mit Flyern auf den Boxhagener Platz in Friedrichshain, wo vor allem junge Leute ihr Feierabendbier trinken. So ist es auch in den Social Media. Man muss überlegen: Wo bewegen sich die Menschen, die ich mit meiner Kommunikation erreichen will? Und zweitens: Wie schätze ich meine Ressourcen realistisch ein? Jeder weitere Kanal, der regelmäßig betreut und für den Inhalte produziert werden müssen, verursacht Arbeit, kostet Zeit und Geld, bindet Know-how. Das Kanal-Mix-Gitter hilft dir, für deine Strategie die richtigen Antworten zu formulieren und eine geeignete Auswahl zu treffen.

SCHRITT 1: ***Strategisches Ziel***

Überlege und halte fest, auf welches strategische Ziel die Nutzung des Kanals einzahlt. Solltest du zu dem Schluss kommen, dass es kein wirkliches Ziel gibt, streiche den entsprechenden Kanal. Hier gilt: Weniger ist im Zweifel mehr! Lieber einen Kanal sehr gut mit innovativen Formaten bespielen und regelmäßig mit der Community interagieren, als drei Kanäle mit schlechten Inhalten und sehr wenig spezifischen Formaten. Die strategischen Ziele sollten unmittelbar auf deine definierten Narrative aus dem Kapitel »Storytelling« und die Kommunikationsziele aus dem Kapitel »Ziele« einzahlen.

SCHRITT 2: ***Zielgruppen bestimmen***

Durch deine Recherche solltest du in der Lage sein abzuwägen, ob und inwieweit du für dich definierte Zielgruppen auf diesem Kanal erreichst. Formuliere möglichst präzise, wen du auf dem Kanal erreichen willst. Folge Social-Media-Accounts, die bei diesen Zielgruppen beliebt sind. So entwickelst du auch schnell ein Gespür, welche Inhalte gut funktionieren können.

SCHRITT 3: ***Formate vordenken und Tonalität setzen***

Hier geht es noch nicht um die finale Ausarbeitung deiner zukünftigen Formate. Durch deine Recherche solltest du aber eine Ahnung davon bekommen haben, welche Art von Formaten und Kommunikationsformen auf dem Kanal möglich sind und welche gut funktionieren. Beschreibe die Formate kurz und überlege dir, in welcher Frequenz und Tonalität du das Format spielen würdest. So bekommst du eine Gefühl für den benötigten Aufwand. Zur Feinbearbeitung eignet sich die Format-Innovations-Card im »Content«-Kapitel.

TOOL
Kanal-Mix-Gitter

Komplexität

Umfang

Strategisches Ziel Auf welches strategische Ziel zahlt die Kommunikation auf diesem Kanal ein?						
Wichtigste Zielgruppen Was sind die wichtigsten Zielgruppen, die wir auf diesem Kanal erreichen wollen?						
Regelmäßige Formate Welche Formate finden auf dem Kanal statt und in welcher Frequenz?						
Key-Performance-Indikatoren Wie messen wir Erfolg auf dem Kanal? Was sind für uns dabei die wichtigsten Indikatoren?						
Priorität in der digitalen Strategie Welche Priorität nimmt dieser Kanal (1=sehr hoch) in unserer digitalen Kommunikation ein? Daran orientieren sich die Dringlichkeit in der Content Produktion und zeitliche Ressourcen.						

SCHRITT 4: ***Erfolgsindikatoren festlegen***

Formuliere ein qualitatives Ziel, an dem du den Erfolg des Kanals bewerten kannst, und quantitative Indikatoren, die es dir ermöglichen, den Erfolg messbar zu machen. Ein qualitatives Ziel kann zum Beispiel die Auseinandersetzung von Nutzer:innen mit deinen Inhalten sein, und als Indikatoren eignen sich etwa Likes und Kommentare.

Beispiel: »Uns ist es wichtig, auf Facebook eine hohe Reichweite mit besonders interaktiven Inhalten zu erzielen. So wollen wir möglichst viele Menschen ansprechen und, anders als auf unserem informativ gehaltenen Twitter-Kanal, vor allem auf Dialog und Interaktion setzen. Deshalb stehen für uns insbesondere Interaktionsindikatoren, wie Likes, Kommentare und Shares im Verhältnis zur Reichweite im Fokus.«

SCHRITT 5: ***Priorität ableiten***

Nachdem du die Schritte 1–4 durchlaufen hast, solltest du ein Gefühl dafür bekommen haben, was auf dem Kanal möglich ist, wie der Kanal sich für dich eignet und mit welchem Aufwand du ihn betreiben würdest. Daraus kannst du jetzt die Priorität des Kanals für deinen Kanalmix ableiten. Schreibe dazu eine Zahl von 1–5 in das entsprechende Feld, wobei 1 eine sehr hohe Priorität bedeutet, 5 eine sehr niedrige.

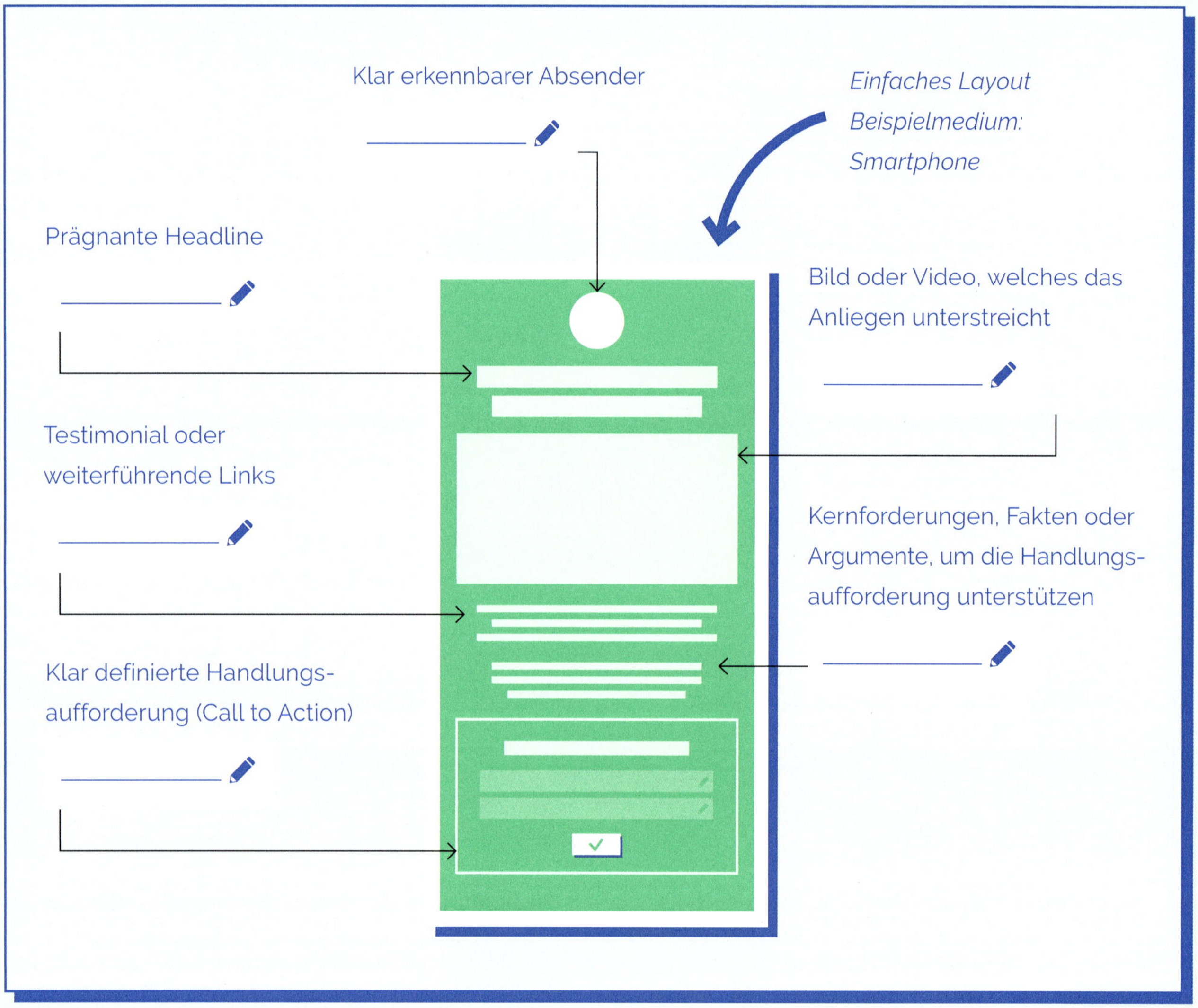
Klar erkennbarer Absender
Einfaches Layout
Beispielmedium:
Smartphone
Prägnante Headline
Bild oder Video, welches das Anliegen unterstreicht
Testimonial oder weiterführende Links
Kernforderungen, Fakten oder Argumente, um die Handlungsaufforderung unterstützen
Klar definierte Handlungsaufforderung (Call to Action)

Tool: Landing Page Checklist

In der Regel ist es empfehlenswert, zusätzlich zu der allgemeinen Website deiner Organisation oder von dir als Person eine Seite zu haben, auf der du alle relevanten Informationen rund um deine Anliegen bündelst. Im Gegensatz zur Website ist eine Landing Page temporär und immer auf eine spezifische Handlungsaufforderung optimiert, die sich an die Zielgruppen richtet.

Sie verfolgt zwei primäre Ziele: Zum einen kannst du auf ihr alle relevanten und weiterführenden Informationen in einem größeren Umfang sammeln und von den anderen Social-Media-Kanälen auf diese verlinken. Sie erfüllt damit die Rolle eines Push-Mediums. Das heißt, dass du aktiv Personen auf diese Seite zu bringen versuchst. Dort bekommen sie tiefergehende Informationen und werden zu einer bestimmten Handlung motiviert. Das kann das Eintragen in den Verteiler eines Newsletters sein oder das Unterschreiben einer Petition.

Zum anderen dient die Landing Page auch als Pull-Medium. Berücksichtige dafür die Logik von Suchmaschinen. Sollte deine Landing Page Antworten auf Fragen von Nutzer:innen liefern oder relevante Informationen zu häufig gesuchten Themen bieten, wird die Seite bei Suchmaschinen besser bewertet und damit sichtbarer. Zudem können auf der Landing Page Google Analytics Codes installiert werden, um später anonymisiert und ohne personenbezogene Daten das Nutzungsverhalten interessierter Personengruppen nachzuverfolgen, was der Optimierung deiner Supporter Journey dient.

Landing Pages stellen dank zahlreicher einfacher Drag-and-Drop-Software-Lösungen wie Unbounce, Squarespace oder Hubspot, keine hohe technische Hürde mehr dar. Du solltest daher bei jeder größeren Kampagne oder Kommunikationsmaßnahme mit gewünschten Aktivitäten der Zielgruppen auf eine Landing Page zurückgreifen. Mithilfe der »Landing Page Builder Checklist« kannst du die sechs wichtigsten Punkte abgleichen, die immer für eine effektive Landing Page berücksichtigt werden sollten.

SCHRITT 1: *Prägnante Headline festlegen*

Sobald man auf deiner Landing Page landet, helfen Überschrift und Unterüberschrift bei der Entscheidung, ob man weiterliest – oder direkt abspringen möchte. Verwende keine verwirrenden, komplizierten oder zu langen Wörter. Die Überschrift kann ein Claim sein oder ein Satz, der direkt ins Auge springt. Denke daran: Wenn du deine Zielgruppen auf die Landing Page gelenkt hast, wird hier ein Link zu dem Content erwartet, der den initialen Klick hervorgerufen hat. Halte dich kurz, formuliere prägnant und bleibe mit deinen Social-Media-Botschaften konsistent!

SCHRITT 2: ***Klarer Absender, simples Layout***

Es muss sofort erkennbar sein, wer Absender der Botschaften ist. Dies sollte sich in einem Design, das mit den Social-Media-Botschaften konsistent ist, wiederfinden. Fokussiere dich beim Layout auf Kontrastfarben, bau keine unnötigen Animationen oder andere Spielereien ein. Konzentriere dich und lenke die Aufmerksamkeit der Nutzer:innen auf die wesentlichen Punkte.

SCHRITT 3: ***Bild oder Video im Header***

Eine Studie des CRM-Software-Unternehmens Hubspot hat gezeigt, dass Landing Pages mit einem Video oder Bild fast 50 Prozent bessere Ergebnisse erzielen als textbasierte. Das richtige Bild oder Video kann also die Kernbotschaften unterstreichen.

SCHRITT 4: ***Kernforderungen und Argumente***

Hier sollten kurz und prägnant die wichtigsten Kernforderungen aufgeführt werden, die für die Herleitung der Handlungsaufforderung relevant sind. Es sollte erklärt werden, worum es in unserem Anliegen geht oder warum es jetzt wichtig ist, aktiv zu werden. Aufzählungszeichen, Nummerierungen oder fett gedruckte Wörter sind eine großartige Möglichkeit, den Standpunkt schnell zu vermitteln. Verwende eine nutzenorientierte Sprache, die aktivierende Wörter und Verben benutzt.

SCHRITT 5: ***Klare Handlungsaufforderung/ »Single-Call-to-Action«***

Welche zentrale Handlung soll unsere Zielgruppen auf der Landing Page ausführen? Der sogenannte »Call-to-Action« muss durch Farbe hervorstechen und sollte so gestaltet und geformt sein, dass schnell erkennbar wird, wofür man sich einträgt oder wobei man mitmachen kann. Wichtig hier: Es muss erkennbar sein, wofür Sign-up-Daten genutzt werden und zu welchen Zwecken man angesprochen werden darf. Das muss sowohl im Impressum als auch bei der eventuell darauf folgenden »Opt-in-Mail« kenntlich gemacht werden.

SCHRITT 6: ***Testimonials oder weiterführende Links***

Authentische Testimonials aus den Zielgruppen sind eine gute Möglichkeit, die Notwendigkeit deiner Kampagne zu unterstreichen. Ebenso können weiterführende Links zu Studien, Quellen oder deiner eigentlichen Website gesetzt werden, um so bei Interesse noch tiefer gehende Informationen anzubieten.

ACTION

Wie du packende Geschichten erzählst

Die Fortschritte in der digitalen Kommunikation und der technologischen Automatisierungen sind enorm, und gerade in den letzten Jahren haben viele neue Tools im Campaigning ihren Einzug gehalten. Dennoch hat sich gerade die wichtigste Komponente seit Urzeiten nicht verändert: Unser Emotionen werden noch immer über Geschichten und Narrative transportiert, und unsere Reaktionen basieren auf Sympathien. Es ist nur schwieriger geworden, am großen Lagerfeuer unserer Zeit mit seiner Geschichte Aufmerksamkeit zu erlangen. Psychoanalytiker und Psychologen seit Freud betonen, dass Geschichten uns helfen, Geschehnisse einzuordnen, Fakten miteinander ins Verhältnis zu setzen und sie emotional zugänglich zu machen. Der Mensch erfährt die Welt durch Geschichten. Geschichten transportieren, wie der Mensch sich in der Welt orientiert und seine Weltsicht konsolidiert. Und, wie der Autor Philip Seargant schreibt: »Geschichten helfen uns, bestimmte Wertesysteme als normal oder natürlich anzusehen und tragen so zu den in Gesellschaft und Kultur eingebetteten Wertesystemen bei.«

Heute geschieht dies maßgeblich durch unsere Smartphones und Social-Media-Newsfeeds. Gerade die Kurzlebigkeit von politischen Themen durch das Ringen um Aufmerksamkeit macht wirksames Storytelling zu einer absolut notwendigen Kompetenz für jeden digitalen Kommunikator. Wir betrachten für dieses Kapitel daher vier wichtige Elemente, die als Grundlage für digitale Erzählungen in der Public Arena dienen:

NARRATIV: WAS IST UNSER NARRATIV FÜR DIE DIGITALE KOMMUNIKATION?

Das Public Narrative ist eine bekannte Methodik, die maßgeblich vom Harvard-Professor Marshall Ganz entwickelt wurde und seit mehreren Jahren besonders im Non-Profit-Sektor Anwendung findet. Sie basiert darauf, dass aus den eigenen Werten und Erlebnissen von sich selbst und auch der Gesellschaft als ganzes oder einer Teilgruppe übergeordnete kommunikative Verbindungen gebaut werden, die emotionale Handlungskorridore für politische Themen begünstigen und zu Handlungen aufrufen. Wir passen diese Theorie für die digitale Kommunikation an.

FRAMING: *Wie framen wir dieses Narrativ?*

Für unsere praxisorientierte Perspektive geht es hier weniger um medienwissenschaftliche Betrachtungen, sondern um die Eingrenzung des zuvor entwickelten übergeordneten Erzähl- und Deutungsmusters auf unseren digitalen Rahmen –

STORYTELLING ANSATZ

den Frame. Dieses Vorgehen hilft uns zu erkennen, welche Themen innerhalb oder außerhalb des Rahmens liegen und welche Strategien bei Angriffen auf die eigenen oder andere Themen entwickelt werden können.

MESSAGING: ***Wie entwickle ich aus dem geframten Narrativ digitale Kernbotschaften?***

Aus dem durch das Framing eingegrenzten Narrativ werden digitale Kernbotschaften erarbeitet. Diese lassen sich mit Argumenten und Fakten unterfüttern und können anschließend repetitiv in verschiedenen Formaten und Inhalten immer wieder wiederholt werden.

STORYTELLING: ***Wie verknüpfe ich die Kernbotschaften zu einer digitalen Geschichte?***

Im digitalen Storytelling geht es darum, die Botschaften und Kommunikationsanlässe zu einer Geschichte mit den dafür notwendigen Elementen zu verknüpfen. Dafür dienen uns die bis heute anwendbaren Theorien des Philosophen Aristoteles. Dieser hat in seinem Werk »Poetik« die Zutaten für ein wirksames Storytelling zusammengestellt. Zwar ist nur ein Fragment des Werkes überliefert, aber es bietet neben einer Dichtungstheorie auch ein praxisorientiertes Regelwerk. Auf die Merkmale für eine prägnante Geschichte kommen wir später in unserer Story Checklist zurück.

Tool: das Public Narrative

Mit der Public-Narrative-Übung wollen wir die Grundlage für die übergeordnete Erzählung deiner Kampagne oder digitalen Kommunikation legen. Wichtig: Bei dieser Methode handelt es sich weniger um ein statisches Skript, das es zu erarbeiten gilt, sondern um ein sich immer weiterentwickelndes Deutungskonstrukt, welches in den meisten Settings genutzt werden kann, um emotionale Verbindungen zu Menschen aufzubauen. Am Ende steht ein Narrativ, das wir später durch das Framing auf unsere strategischen Kommunikationsziele begrenzen. Diese Methode eignet sich primär für die Social-Media-Arbeit von Personen und nicht Organisationen. Diese haben meist (nicht alle) schon relativ starre Narrative, die sich auf die Erfüllung ihrer Ziele begrenzen. Menschen wollen mit Menschen kommunizieren. Das gilt für die Politik wie für lokale Initiativen. Im Kern der Public-Narrative-Methode stehen drei Erzählungen, aus denen sich dein Narrativ für die Public Arena speist. Und so geht's:

SCHRITT 1 ***Schreibe deine persönliche »Story of Self« für die Public Arena nieder***

Beginne mit deiner Geschichte, die der erzählende Rahmen zu deiner Vision und deinem BHAG darstellt. Du kannst auf die bereits ausformulierten Sätze aus dem Kapitel »Mission & Vision« zurückgreifen. Die »Story of Self« baut auf diesen auf und reichert sie um persönliche Anekdoten, Erfahrungen und Motive an. Was treibt dich an und wie kannst du dieses in ein Selbst-Narrativ verpacken? Formuliere kompakte, verständliche Sätze, die du so auch in Social-Media-Videos oder Postings schreiben könntest.

Beispiel: Warum bist du in die Politik gegangen, gab es einen Auslöser?
Wieso kommunizierst du zu diesem Thema so viel?
Was treibt dich wirklich an?
Welche Geschichte in deinem Leben ist Teil der Geschichte unserer Kampagne?

SCHRITT 2: ***Suche mit der »Story of Us« das verbindende Element zu deiner Zielgruppe***

Jetzt geht es darum, verbindende Elemente zu deiner Zielgruppe zu definieren. Welche Werte, Themen oder Vorstellungen teilen wir? Abhängig von deinen persönlichen Story-Elementen finden sich so individuelle Anknüpfungspunkte. Sprechen wir zu Menschen im Gesundheitswesen, können eigene Erlebnisse mit einer Mutter, die Krankenschwester ist, eine Brücke bauen. Teilen wir aufgrund der Tatsache, dass wir Kinder haben, einen ähnlichen Blick auf die Zukunft? Trage hier ein, was du mit deinen Geschichten erreichen willst. Schreibe dann in Anlehnung an die »Story of Self« auf, was die verbindenden Elemente zwischen dir und deiner Zielgruppe sind. Wie wird daraus ein »Wir« und ein »Uns«?

Beispiel: Menschen, die im Gesundheitswesen arbeiten, sollen für eine Petition gewonnen werden.

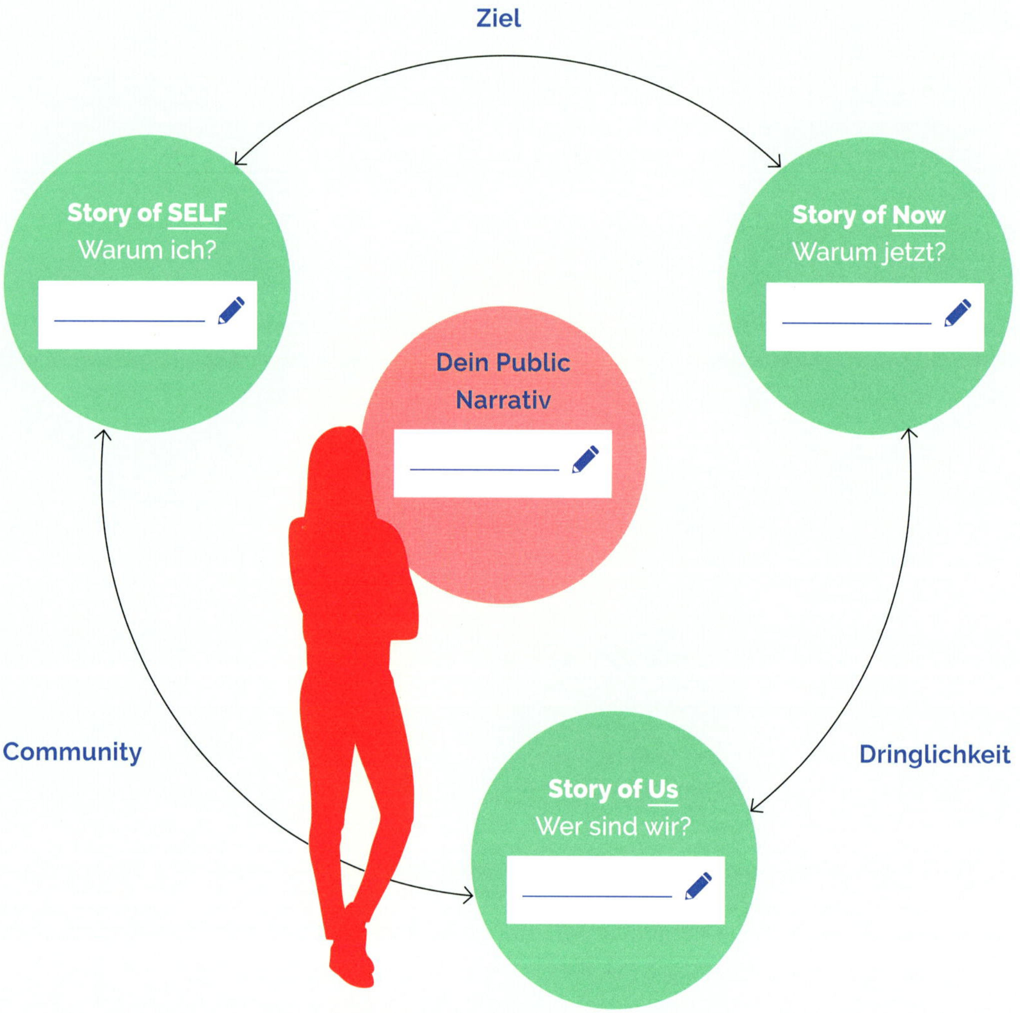
Ziel
Story of SELF
Warum ich?
Story of Now
Warum jetzt?
Dein Public
Narrativ
Community
Dringlichkeit
Story of Us
Wer sind wir?

Idee: Erzähle eine persönliche Geschichte von nahe stehenden Freunden, die im Gesundheitswesen arbeiten. Du spürst eine tiefe Dankbarkeit und bist zu der Erkenntnis gekommen, dass nach Corona die Arbeitsbedingungen dort dringend verbessert werden müssen.

SCHRITT 3: *Warum sollte man jetzt aktiv werden?*

Nun müssen wir die gemeinsamen Herausforderungen benennen, vor denen wir stehen. Welche Entscheidungen braucht es jetzt? Was können wir mit unserer Arbeit bewirken, und was kann unsere Zielgruppe digital dazu beitragen, dieses Ziel zu erreichen? Je dringlicher unser Narrativ ist, desto wichtiger ist es, die »Story of Now« repetitiv auf allen Kanälen zu wiederholen. Im Campaigning spricht man auch vom »perpetuiven Narrativ-Shifting«. Die AfD hat das 2017 erfolgreich vorgemacht. Durch die laufend wiederholte Erzählung von Anti-Elitismus und kriminellen Migranten in skandalisierenden Kurzvideos konnte die Partei vor der damaligen Bundestagswahl die meisten Kleinspenden einwerben.

Beispiel: Vor welcher dringenden »Gefahr« können wir warnen und digital auffordern aktiv zu werden? Warum ist dieses Thema jetzt so wichtig?
Warum sollte man jetzt Mitglied werden/eine Spende tätigen oder diesen Beitrag mit Freunden teilen und nicht erst in einer Woche oder in einem Monat?

SCHRITT 4: *Verbinde die drei Kreise zu deinem Public Narrative!*

Am Ende gilt es jetzt, die drei Kreise zu einem Public Narrative zu verbinden. Wie verbinden uns unsere Erfahrungen, Werte oder Anliegen mit unserer Zielgruppe und welche Dringlichkeit geben wir unserer Geschichte? Du kannst in Stichworten die wichtigsten Verben notieren. Letztlich wird dies aber kein Skript, sondern die Grundlage, um die Rahmung festzulegen, Kernbotschaften abzuleiten und eine stimmige digitale Story zu erzählen. Wenn ihr diese Übung im Team macht, stellt euch gegenseitig die entwickelten Gedanken zum Public Narrative vor und diskutiert diese.

Beispiel: Ein Public Narrative für eine Petitions-Kampagne im Gesundheitsbereich:
»Basierend auf meinen Erfahrungen als Sohn einer Krankenschwester kann ich sehr gut nachempfinden, was es heißt, wenn abends niemand Zuhause beim Essen ist (›Story of Self‹). Ihr seid stille Helden und es braucht mehr als Applaus (›Story of us‹). Deshalb müssen wir jetzt gemeinsam diese Petition für einen Pflege-Soli auf alle Kanäle tragen und klar machen: Ohne gerechte Entlohnung für die harte Arbeit steht unser Gesundheitssystem vor dem Kollaps (›Story of now‹)!«

TOOL
Framing-Viereck

Komplexität ⚙⚙⚙ Umfang ⧗⧗⧗

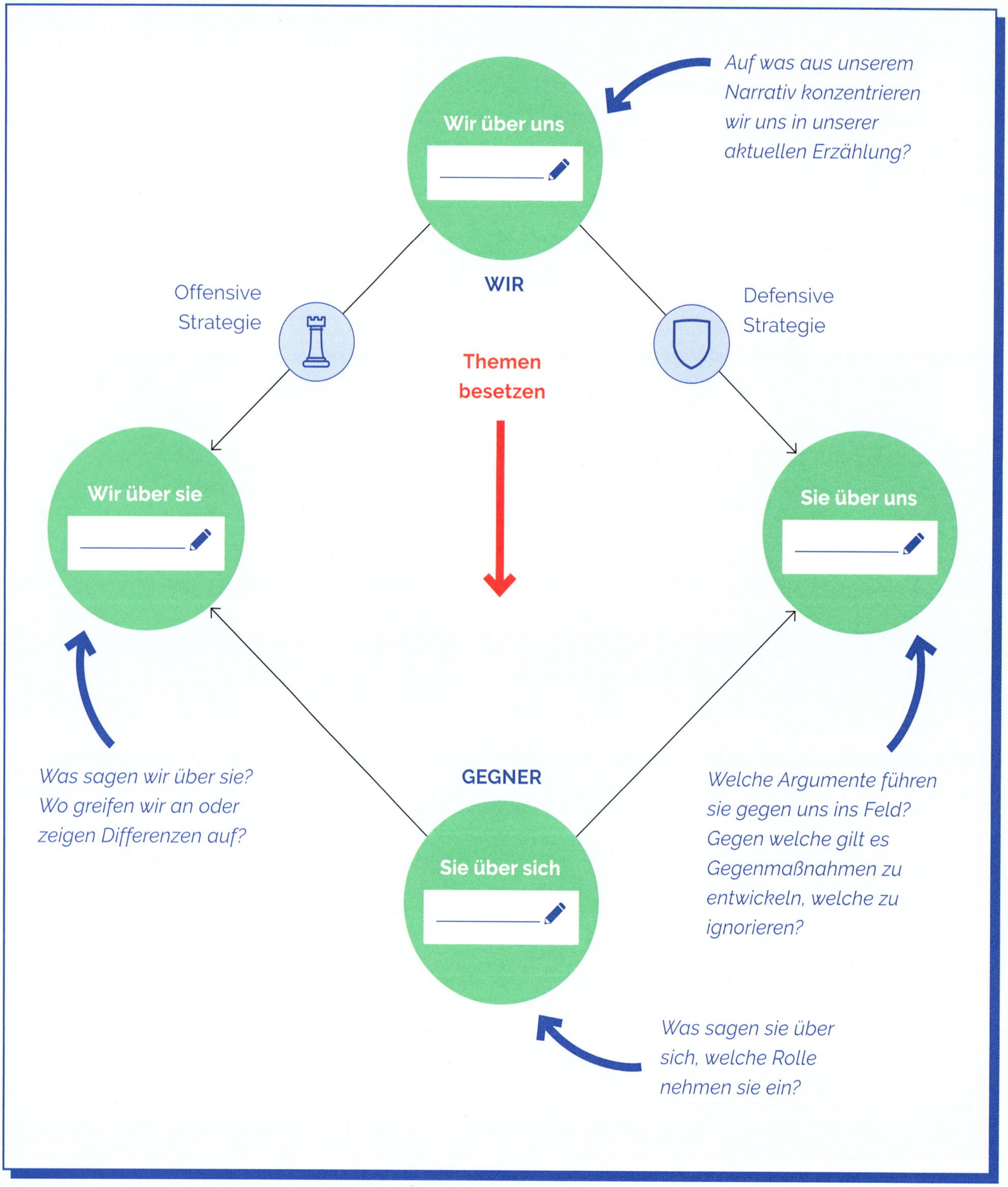

Tool: das Framing-Viereck

Framing im digitalen Kontext bedeutet, das entwickelte Narrativ schnell und effektiv an die aktuelle Situation anzupassen. In der heutigen Medienlandschaft können sich Themen sehr schnell drehen, und digital geführte Debatten können innerhalb von Stunden entstehen oder wieder in sich zusammenfallen. Unser Framing-Viereck eignet sich, um vor digitalen Maßnahmen oder situativ auftretenden Ereignissen (deplatzierte Äußerung eines Parteimitglieds oder eine Eilmeldung, die eine politische Debatte lostritt) einen Frame der zu kommunizierenden Themen in Bezug zum Narrativ zu definieren und gleichzeitig die strategische Marschrichtung vorzugeben. So kann eine offensive, defensive oder eine auf eigene Themen ausgerichtete Strategie verfolgt werden. Es handelt sich auf jeden Fall um ein Tool für fortgeschrittene digitale Kommunikator:innen in der Public Arena. Es wird substanzielles Wissen über das Wirkungsverhältnis von Social Media, Medien, eigenen Stärken und Gegnern benötigt.

Das Framing-Viereck kennt vier Quadranten. Uns selbst, den/die Gegner:in beziehungsweise den/die Antagonist:in in der Geschichte und die Kommunikation über den jeweils anderen. Dies kann eine bestimmte gesellschaftliche Gruppe, Partei, ein Unternehmen, eine Person oder politische Haltung sein, die unser Narrativ und die zu kommunizierenden Ziele behindert. Framing bedeutet also im digitalen Kontext, dass zusätzlich zu den eigenen Anliegen und Positionen Kontrastpunkte eingeführt werden. Aus diesen entwickelten Kontrastpunkten folgt eine Zuspitzung – hier ist aber die Abgrenzung zum »Negative Campaigning« sehr wichtig. Es ist legitim, pointiert und inhaltlich differenzierend zu argumentieren und auch anzugreifen. Das ist notwendig, um Aufmerksamkeit zu erzeugen. Aber wenn etwa Zitate bewusst verdreht oder skandalisiert werden, um eine Person, Partei, oder Organisation gezielt zu diskreditieren, wird eine rote Linie überschritten. Behalte das und deinen Wertekompass immer im Hinterkopf, wenn du ein offensives Framing planst.

SCHRITT 1: ***Auf welche Elemente des Narrativs konzentrierst du dich? Was ist der kommunikative Anlass?***

Trage in die Vorlage zuerst den Gegenstand des Framings ein: Was ist der Fokus? Auf welche Themen konzentrierst du dich? Stichworte sind ausreichend! Beispiel: Wenn dein übergeordnetes Narrativ darauf abzielt, digitale Bildungsarbeit rund um internationale Politik auf Social Media besonders jungen Menschen zugänglich zu machen, könnte eine Fragestellung für den Frame lauten, wie du über den EU-Wiederaufbaufonds nach der Corona-Krise berichten möchtest. Worüber möchtest du in den Formaten sprechen? Worüber sprichst du nicht, und was ist zu komplex oder führt vom Weg ab, wenn es darum geht, die wichtigsten Punkte platzieren zu können?

SCHRITT 2: ***Wer bildet den Kontrastpunkt zu unserem Standpunkt?***

Wer ist Antagonist in dieser bestimmten kommunikativen Situation? Welche Erzählungsmuster verwendet der Rivale? Bei einer Partei oder Politiker:in gilt es beispielsweise zu identifizieren, wie über das Thema gesprochen wird: eher sachlich argumentativ oder emotionalisierend? Wie framen sie selbst ihre eigene Rolle in diesem Prozess? Eher pragmatisch konstruktiv, kämpferisch oder gar konfrontativ? Hier ist eine fundierte Analyse notwendig. Schaue dir die letzten Tweets und Postings an. Lässt sich eine Tendenz erkennen? Notiere dir in Stichworten, welche Erkenntnisse du gewonnen hast.

SCHRITT 3: ***Was sagen wir über die andere Seite? Wo und wie gehen wir eventuell in die Offensive und zeigen Differenzen auf?***

Wie framen wir unsere Botschaften so, dass sie wirksam die Schwachstellen, Inkonsistenzen oder Lücken der Gegenseite aufdecken? Bei welchen Themen lohnt es sich, offensiv zu spielen – also in Videos, Tweets oder Postings auf Konfrontation zu gehen? Schreibe Ideen auf und spiele sie mit dem Team durch. Bedenke auch die möglichen Konsequenzen. Wie könnte die Gegenseite reagieren, wie die Medien oder deine Community? Könnte der Angriff als Foulspiel gewertet werden? Gerade im Digitalen ist es wichtig: keine Herabwürdigung, sondern respektvoller Umgang mit anderen Meinungen. Keine Verzerrung oder Bearbeitung von Bildern von Personen, damit sie schlechter erscheinen. Die wichtigste Frage, die du hier beantworten musst: Wie kann dir ein offensives Framing helfen, deine strategischen Kommunikationsziele zu erreichen?

SCHRITT 4: ***Bei welchen Themen oder Botschaften müssen wir dagegenhalten, welche lassen wir ins Leere laufen?***

Schreibe in dieses Feld, welche Argumente genutzt werden, um dein Narrativ anzugreifen. In welchem Stil geschieht dies? Welche Entscheidung wird bei welchen Botschaften getroffen: Ignoriert die Gegenseite dich bewusst oder leitet sie Gegenmaßnahmen ein? Es ist nicht ratsam, auf jeden gegnerischen Angriffe einzugehen. Du läufst damit Gefahr, in der knappen digitalen Aufmerksamkeitsspanne der Zielgruppen mehr über die anderen zu sprechen als über deine Themen. Definiere, nach welchen Parametern zu entscheidest, gegenzuhalten und »auf ein Thema drauf zu gehen«.

SCHRITT 5: ***Welche Themen wollen wir besetzen und dabei die Gegenseite ignorieren? Welche Kernbotschaften sind relevant?***

In der Mitte des Framing-Vierecks sollten die wichtigsten Kernbotschaften stehen. Notiere in Stichworten, welche das sind. Auf diese kann man sich konzentrieren und sie repetitiv auf allen digitalen Kanälen wiederholen. Bundeskanzlerin Angela Merkel war eine Meisterin darin, konsequent nur auf eigene Themen zu setzen, sich auf Stimmungslagen einzustellen und Angriffe von politischen Gegnern zu ignorieren. Je mehr du es also schaffst, Kommunikationsanlässe mit deinen Themen, deinen Kernbotschaften und damit auch deinem Narrativ zu verknüpfen, desto besser!

Tool: das Messaging-Rad

Wenn man digitale Kernbotschaften einmal herausgefiltert hat, muss man relevante Fakten, Zahlen oder Argumentationsketten nicht immer wieder konstruieren. Sie können stattdessen später aus einer Excel-Liste kopiert und angepasst werden. Für die Sammlung deiner wichtigsten Kernbotschaften empfehlen wir die Nutzung unseres Public-Arena-Messaging-Rads. Dieses teilt deine Kernbotschaft je nach Zielgruppe in drei Phasen auf. In dem folgenden Beispiel lautet unsere Kernbotschaft: *»Für unsere Mission als NGO zu mehr Tierwohl, wollen wir die Regierungsparteien aufrufen, die Massentierhaltung bis 2025 zu verbieten!«*

+ Aufmerksamkeit: Mit welchem Teil aus der Botschaft triggern wir Aufmerksamkeit bei der Zielgruppe? Eine Idee für die Zielgruppe der 15–18-Jährigen im urbanen Raum könnte lauten: *»Wie viel Zeit hast du gestern auf TikTok verbracht? Wusstest du, dass du mit deinem Daumen mehr Meter zurückgelegt als ein Rind in Massentierhaltung in Deutschland?«*
+ Argument: Du hast die Aufmerksamkeit einiger Nutzer:innen aus der Zielgruppe erlangt. Jetzt gilt: Welche Argumente unterstreichen deine Kernbotschaft in dieser Zielgruppe? Idee:: *»Eine Studie von hunderten Wissenschaftlern kritisiert, dass junge Menschen immer noch zu ungesund essen! Wusstest du, wie viele Medikamente in einem Kilo Rind sind? Besuche unsere Internetseite für mehr Infos!«*
+ Aufruf: Zu welcher Handlung wollen wir die Zielgruppe aufrufen? Was kann man idealerweise tun? Idee: *»Teile unser Video Reel hier auf Instagram und hilf mit, Deutschland zu einem besseren Ort für Tiere zu machen!«*

Schritt 1

Trage basierend auf dieser Logik zuerst die Zielgruppen am äußeren Rand ein, bei denen du die Übung der digitalen Kernbotschaften durchführen möchtest. Es kann auch erstmal nur eine einzige sein.

Schritt 2

Schreibe in die Mitte eine allgemeingültige Kernbotschaft, die sich aus dem Framing deines Narrativs ableitet. Diese kann an eine Organisation, Gruppe oder Person adressiert oder auf dich selbst bezogen sein.

Schritt 3

Brich diese Kernbotschaft für die Zielgruppe in drei Schritten herunter in: **Aufmerksamkeit** (wie erlange ich mit dieser Botschaft Aufmerksamkeit?) **Argument** (wie überzeuge ich?) und **Aufruf** (was sollen sie tun?). Trage die Antworten in die Felder im Rad ein.

Schritt 4

Überprüfe die Konsistenz! Lassen sich alle Botschaften auf die Kernbotschaft zurückverfolgen? Dies ist wichtig, damit du zwar jeder Zielgruppe Anknüpfungspunkte bietest, aber eine übergeordnete Gemeinschaftlichkeit herstellst. Diese ausformulierten Sätze helfen später im Kapitel »Content« bei Texten und Kreativ-Prozessen.

MESSAGING RAD

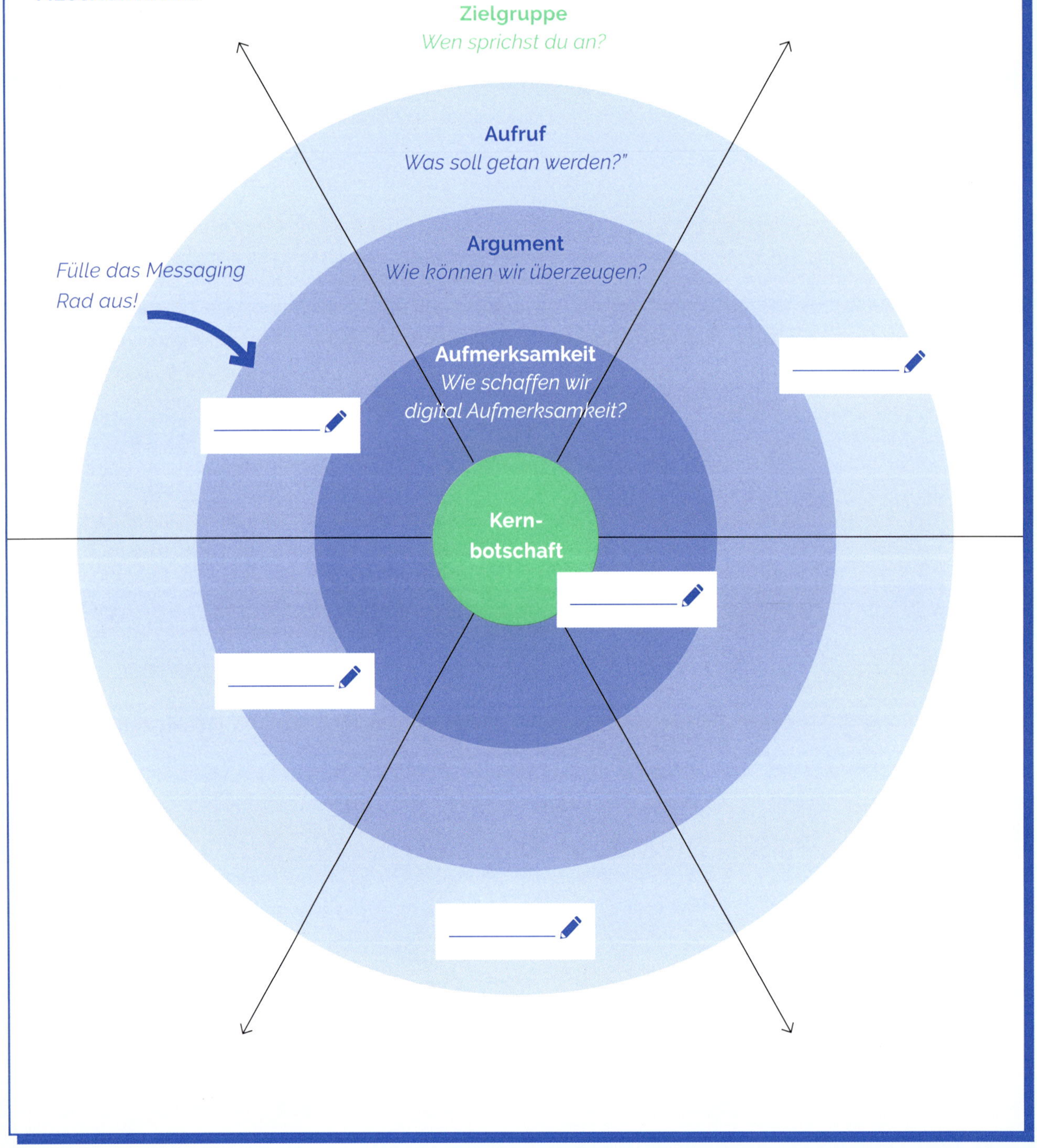

Tool: Aristoteles' Story-Checklist

Kernbotschaften prägen sich umso besser ein, wenn wir es schaffen, daraus eine konsistente digitale Erzählung zu schmieden. Um eine Geschichte nachhaltig in den Köpfen von Menschen zu verankern, braucht es nach Aristoteles sieben Elemente, und diese lassen sich auch auf das digitale Zeitalter anwenden. Alle Elemente unterstützen sich gegenseitig und ergeben zusammen eine in sich geschlossene Geschichte. Wir haben aus den Kernpunkten in Aristoteles' Werk »Poetik« eine kompakte Checkliste destilliert.

HANDLUNG: *Was ist deine Handlung in wenigen Sätzen?*

Die Handlung ist nach Aristoteles der wichtigste Aspekt einer Geschichte – ihre Essenz. Sie definiert, worum es in der Geschichte geht und was die Zielgruppe erleben wird. Eine gute Geschichte hat eine Handlung, die in wenigen Sätzen erklärt werden kann.

+ **Digitaler Elevator Pitch:** Kannst du in 30 Sekunden oder zwei Instagram-Story-Längen erklären, worum es bei deiner digitalen Kommunikation oder Kampagne geht?
+ **Handlungsmöglichkeiten:** Bietest du Nutzer:innen die Möglichkeit, aktiv deine Kommunikation zu unterstützen oder weiterzuverbreiten? Das kann ein kurzer Hinweis am Ende eines Videos sein oder ein Aufruf im Text.

CHARAKTER: *Welche Charaktere existieren in der Handlung?*

Bekanntlich kommt keine Geschichte ohne Charaktere aus. Sie sind es, die Action erzeugen, Emotionen wecken und sich mit Ihrem Publikum verbinden.

+ **Eigene Akteure:** Ist bestimmt, wer welche Rolle im Storytelling einnimmt? Gibt es nur einen Absender – oder mehrere in der Kampagne, die unterschiedliche Strategien übernehmen? Es kann ratsam sein, einige Formate über Organisations-Accounts und andere über persönliche Accounts zu fahren.
+ **Kontrastpunkt/Antagonist:** Ist es eindeutig, wer als Spiegelbild und Projektionsfläche zu unserer Erzählung dient? Wer verhindert unsere Ziele, und warum ist das für die Zielgruppe schlecht? Sind alle Antagonisten identifiziert und werden sie digital erwähnt?
+ **Konsistenz:** Ist die digitale Erzählung im Einklang mit unseren Werten? Besteht keine Gefahr eines Bruchs, durch den wir eventuell Reputations- oder Glaubwürdigkeitsprobleme bekommen könnten?

THEMA/SETTING: *Wie setzen wir die Handlung in Szene?*

Beim Erstellen der Handlung ist eine thematische Umgebung gefragt, die sich direkt und indirekt auf die Geschichte, die Handlung und

Dialog ______

Melodie ______

Dekor ______

Spektakel ______

Thema ______

Handlung ______

Charakter ______

die Charaktere auswirkt. Wir sprechen dabei vom sogenannten »Setting«.

- **Atmosphäre:** Wie unterstreichen wir mit einem Setting die Botschaft? Wer etwa ein Statement-Video zu einem Umweltthema veröffentlichen will, sollte dies besser in der Natur aufnehmen als im heimischen Büro. Lässt sich durch Schnittbilder mehr Dynamik erzeugen als starr vor der Kamera zu stehen?
- **Eigene Schnittbilder:** Nicht immer wieder die gleichen ausgelutschten Stock-Bilder oder Videos verwenden. Sorge dafür, dass du zu deinen zentralen Anliegen authentisches eigenes Material besitzt oder produzieren lässt. Es gibt kostengünstige Freelancer, die dir zuarbeiten können.

DIKTION: ***Wie wird die Handlung transportiert?***

Wortwahl oder Tonfall sind von entscheidender Bedeutung, um sicherzustellen, dass unsere Geschichte beim Publikum ankommt. Unterstützen unsere Tonalität und Ausdrucksweise die Botschaft? Allzu oft werden Inhalte produziert, ohne dass auf die Diktion geachtet wird.

- **Tonalität:** Welche Verben sind für unsere Geschichte zentral? Welche Emotion wollen wir transportieren, und drücken diese sich in Wort, Bild, Video, Gestik oder Mimik aus?
- **Interaktion:** Wie und wann interagieren wir mit unserer Community? Unterstreichen wir auch dabei die Kernbotschaft? Sanktionieren wir Fehlverhalten wie inakzeptable Kommentare angemessen?

MELODIE: ***Was ist die »Tune« unserer Erzählung?***

Als Melodie beschreibt Aristoteles wiedererkennbare Strukturen und Muster. Auch diese dienen dazu, effektiv zu kommunizieren.

- **Musikalische Konsistenz:** Nichts ist schlimmer, als ein wunderbar geschnittenes Social-Media-Video mit einer fürchterlichen Musik. Musik triggert tiefe neuronale Netze im Gehirn und löst

Stimmungen aus. Investiere daher ausreichend Zeit, um die treffende musikalische Umrahmung für deine Instagram-Stories und Videos zu finden.

+ **Einzigartigkeit der »Melodie«:** Nichts ist ärgerlicher als ein Kampagnen-Claim oder Hashtag, der bereits verwendet wird. Recherchiere also vorab sorgfältig: Welche ähnlichen Hashtags wurden bereits eingesetzt und sind damit verbraucht? Hast du alle relevanten Domains gesichert?

DEKOR: ***Wie ist die Handlung verpackt?***

+ Als Dekor versteht man das Design der Umgebung. Deine Geschichte findet in einem bestimmten Setting statt oder gehört zu einem Thema, das ein eigenes Aussehen hat und Gefühl transportiert.
+ **Konsistentes Markenerlebnis:** Wie sieht das Website-Design oder das Social-Media-Design aus? Ist es an die Bedürfnisse der Zielgruppe angepasst und nicht nur an unsere eigenen Wünsche?
+ **Professionalität:** Keine verwackelten Live-Videos mehr, kein schlechter Ton. Die Erwartungen deiner Zielgruppe an eine Mindestqualität bei digitalem Content ist aufgrund vieler verfügbarer digitaler Produktionstools gestiegen. Sorge für Guidelines und Standards und halte diese ein.

SPEKTAKEL: ***Überraschen wir?***

Aristoteles definiert Spektakel in »Poetik« als den Auftritt der Schauspieler:innen oder alles, was auf der Bühne gesehen und gehört wird. Menschen wollen unterhalten werden – das gilt insbesondere für komplexe politische Sachverhalte.

+ **Trigger:** Haben wir einen prominenten politischen Influencer, der sich in einem Video für uns einsetzt? Ein mit Musik und Effekten unterlegtes Video, das auf dem Newsfeed hervorsticht? Im »Content«-Kapitel gehen wir näher auf die Notwendigkeit eines Aufmerksamkeits-Triggers ein.
+ **Überraschung:** Können wir Formate oder Inhalte integrieren, die nicht von uns erwartet werden? Überraschend kreative, humorvolle oder inspirierende Inhalte haben erfahrungsgemäß die höchsten Interaktionsraten. Stell sicher, dass du zumindest eine Überraschung planst.
+ **Soundbites und Snippets:** Solltest du einen Auftritt in den klassischen Medien haben, eine politische Rede halten oder eine Reaktion verbreiten, die Meme-Potenzial hat – dann ergibt es Sinn, längere Formate mit diesem unterhaltsamen Ausschnitt anzuteasern. So macht man Appetit auf mehr.

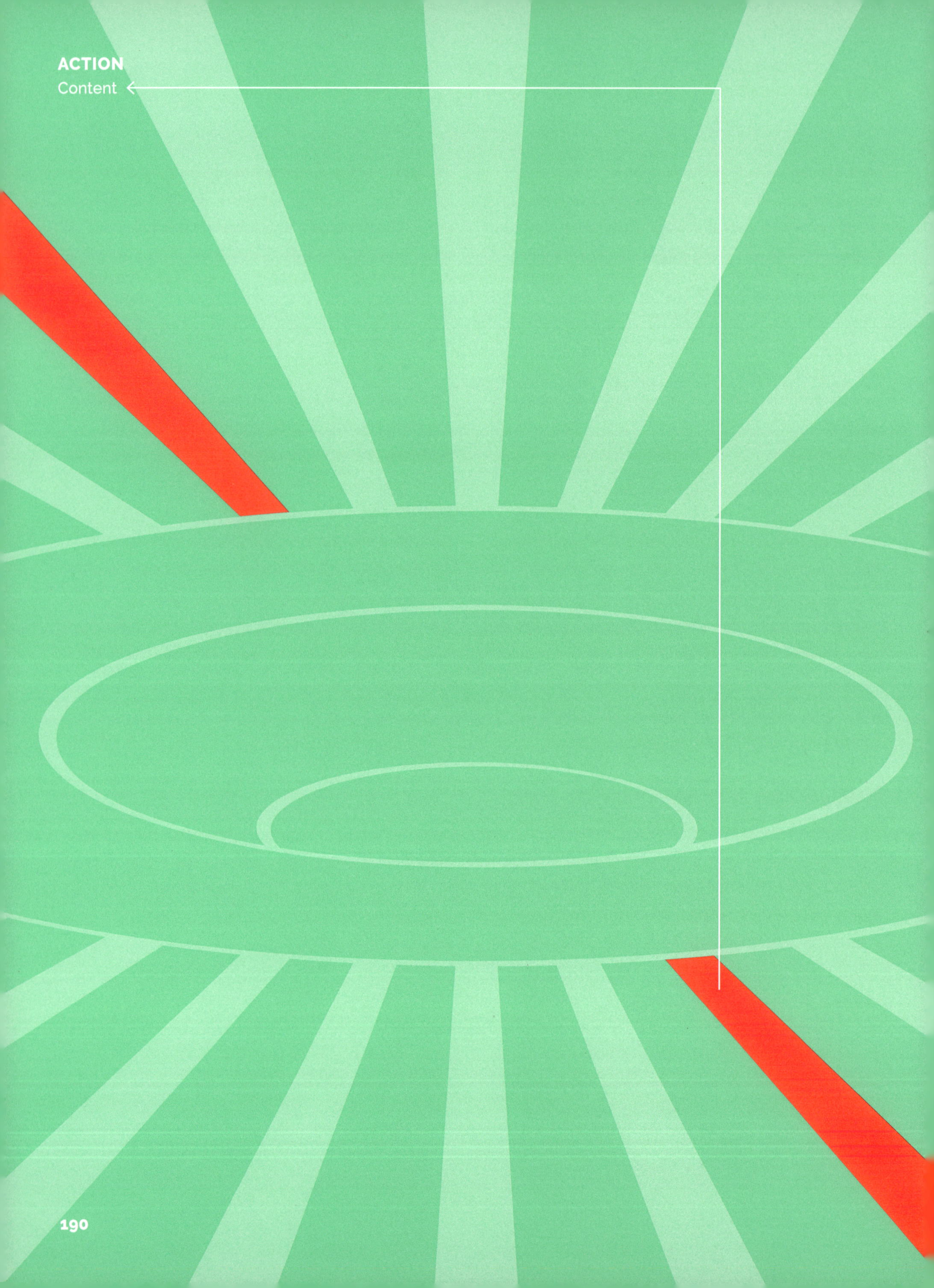

Wie du digitale Formate kreierst

Aufmerksamkeit ist der bestimmende Faktor für Impact. Oft sind deine besten Argumente, Beispiele und Botschaften aufgrund ihrer gesellschaftlichen Relevanz und eventuellen thematischen Tiefe vor allem eins: komplex und kompliziert. Dieser Komplexität steht gegenüber, dass die durchschnittliche Aufmerksamkeitsspanne deines potenziellen Publikums nur noch etwa acht Sekunden beträgt. Diese Zeit kann sich die Durchschnittsnutzerin beim Scrollen in ihrem Newsfeed auf eine digitale Aufgabe oder ein digitales Objekt konzentrieren
Tendenz weiter abnehmend. Wir sprechen auch von der primären Herausforderung, mit politischem Content »Swipe-Blocker« zu erzeugen. Heißt: Man soll hängenbleiben und nicht endlos weiter durch den Social-Media-Newsfeed scrollen.

Was meinen wir mit dem eingedeutschten Anglizismus »Content«? Das ist unser Oberbegriff für alle digitalen Inhalte, die wir auf den Plattformen, über Messenger-Kanälen, Mailings oder auf Websites veröffentlichen. Es gibt viele Formate, in denen wir diese digitalen Inhalte präsentieren können: von Bewegtbildern wie Videos, GIFs oder Livestreams bis hin zu Audio-Formaten, wie Podcasts.

Wir befinden uns ständig in einem Spannungsfeld. Einerseits sollen unsere Inhalte dem eigenen Qualitätsanspruch genügen, andererseits müssen wir uns den Logiken der Aufmerksamkeitsökonomie anpassen. Politik, Public Sector, Non-Profits und Public Affairs konkurrieren um die gleiche Aufmerksamkeit wie Unterhaltung, Sport, Musik und direkte 1-zu-1-Kommunikation. Daher musst du methodisch und strukturiert laufend neue digitale Formate ausprobieren – wir zeigen dir wie.

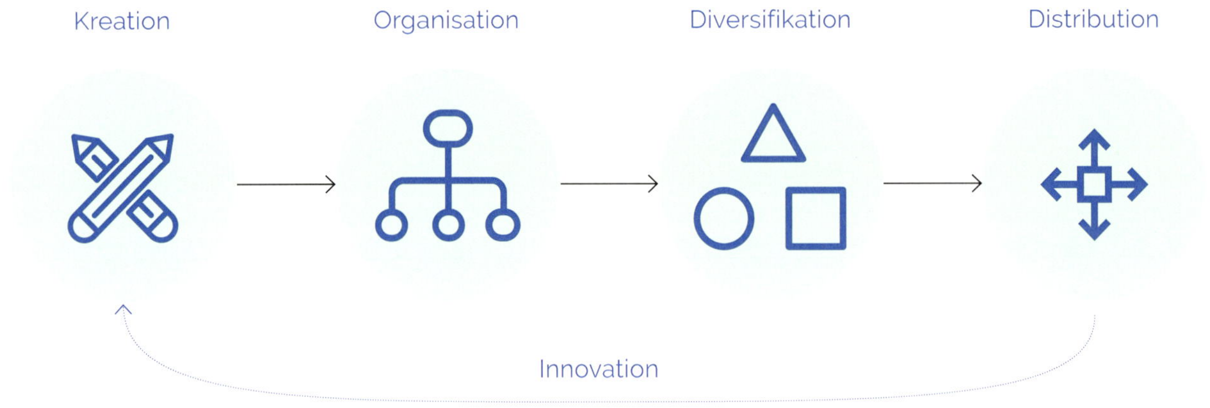

Es gibt vier zentrale Phasen für digitalen Content, und für jede haben wir eine Methode oder Checkliste.

+ **Kreation:** Wie übersetze ich meine zuvor definierten Kernbotschaften in digitale Inhalte? Was kennzeichnet guten Content für gesellschaftliche Themen? Wie entwickle ich Formate, die wiederkehrenden Mehrwert stiften?
+ **Organisation:** Wie organisiere ich den Content-Prozess und behalte bei allen Themen und Plattformen den Überblick?
+ **Diversifikation:** Wie gelingt ein guter Mix an digitalen Inhalten auf meinen Kanälen?
+ **Distribution:** Welche Logik wende ich bei der aktiven Kommunikation an, und in welchen Schritten muss ich denken?
+ **Innovation:** Wie entwickle ich permanent neue digitale Formate und schaffe Raum für neue Ideen?

Tool: die Content-Format-Innovations-Card

Digitaler Content ist das sichtbare Element zwischen dir, deinen Anliegen und deiner Zielgruppe. Jeden Tag aufs Neue gilt es, Menschen zu informieren, zu überzeugen und zu involvieren. Dafür gibt es Hunderte verschiedene Formen und Darstellungsarten. Wir haben eine Auswahl der gebräuchlichsten Formate für gesellschaftliche und politische Themen zusammengestellt.

Ein Format zeichnet sich per Definition durch seinen Wiedererkennungswert und seine regelmäßige Nutzung aus. Natürlich wird es weiter viele Ad-hoc-Inhalte geben, die kommuniziert und gepostet werden müssen. Aber du willst nicht zum hundertsten Mal ein Zitatbild mit dem immergleichen Pressefoto veröffentlichen. Eine Content-Strategie bedarf der Neugier, unbekannte Ideen auszuprobieren, und einer Kultur des Testens und Lernens.

Der erste Schritt dafür ist eine methodische Herangehensweise, die alle strategischen Fragen miteinbezieht und als Raster für Brainstormings, Workshops oder Briefings dienen kann. Wir haben aus zahlreichen Kampagnen und Konzepten die Content-Format-Innovation-Card entwickelt.

Schritt 1

Name: Wie nennst du das Format? Hier ist Kreativität gefragt! Es sollte einen kompakten, prägnanten Titel tragen, der allein bestenfalls schon Aufmerksamkeit weckt. Fällt dir nicht gleich etwas Passendes ein, dann fülle erst die anderen Felder aus und lege dich später im Team oder nach Betrachten des Ergebnisses fest.

Schritt 2

Ownership/Projekt Lead: Wer trägt im Team die operative Verantwortung für dieses Format und ist damit Ansprechpartner:in? Sollte die Entwicklung aufwendiger und mehrere Personen involviert sein, kannst du auch später noch die notwendigen Arbeitsschritte durch Anwendung der RASCI-Methode aus dem Kapitel »Struktur« ermitteln.

Schritt 3

Idee: Was ist die Idee des Formats? Was passiert im Ablauf? Solllen noch keine Ideen vorhanden sein, kann zunächst die strategische Zielsetzung in Kombination mit den geplanten Zielgruppen ausgearbeitet werden. Beispiel: »Wir wollen Druck auf politische Stakeholder:innen im Kontext von bezahlbaren Mieten aufbauen und Sympathisanten zeigen, dass wir uns für ihre Belange einsetzen.« Welche Formate eignen sich dafür? Sammle in jedem Fall die ersten Ideen, such dir, wenn notwendig, Inspiration bei Leuchtturm-Kampagnen, und schreib die Ideen um zugehörigen Feld nieder.
Im Verlauf der nächsten Schritte kannst du immer wieder auf dieses Feld zurückkommen und die Ideen nach und nach verfeinern oder aussortieren.

CONTENT ARTEN

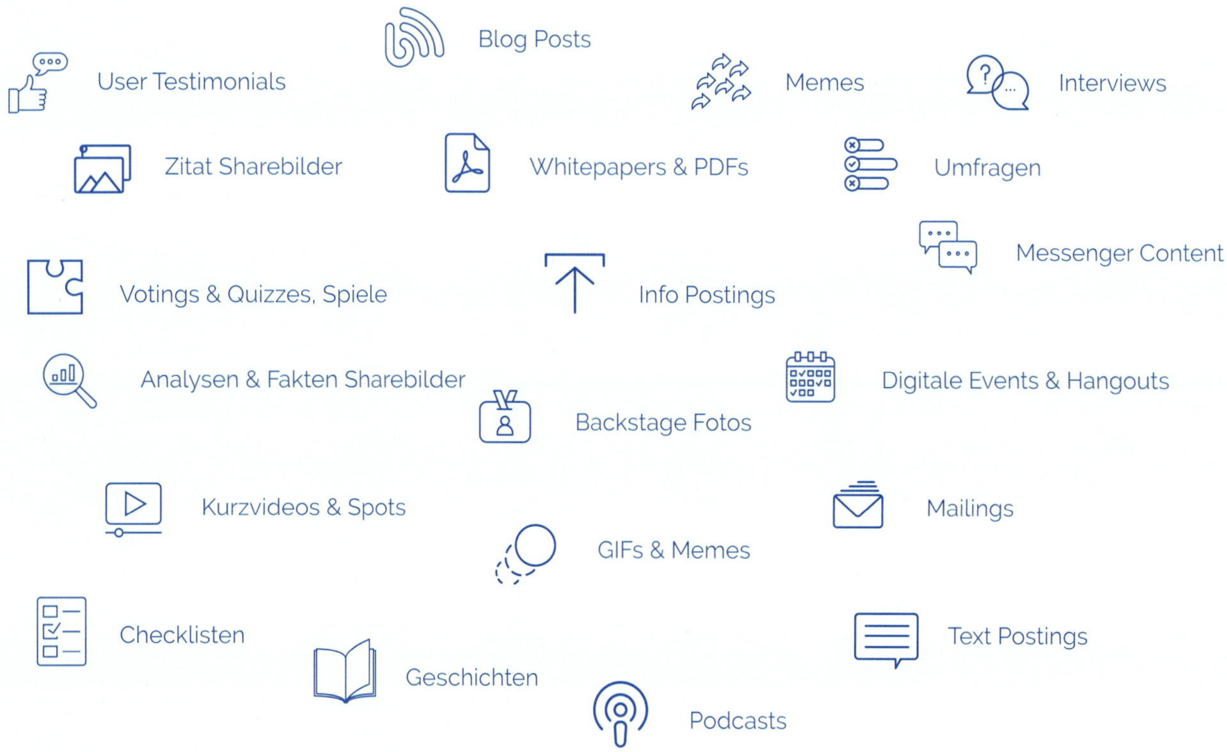

Schritt 4

Strategisches Ziel: Nachdem die erste Idee steht, definiere, wie deine Inhalte zur Erreichung deines übergreifenden strategischen Kommunikationsziels beitragen. Es sollte immer einen Link zu einem der Ziele geben, welche im Kapitel »Ziele« festgelegt wurden. Somit ist gewährleistet, dass deine kostbaren Ressourcen sinnvoll eingesetzt werden. Schreibe hier also das Ziel rein und wie das Format darauf einzahlt.

Beispiel: *»Mit den wöchentlichen Instagram-Erklär-Stories tragen wir zur Stärkung unseres Ziels ›strategische digitale Meinungsführerschaft rund um erneuerbare Energien‹ bei.«*

Schritt 5

Zielgruppen: Falls es noch nicht geschehen sein sollte, dann beantworte für dich, welche spezifische(n) Zielgruppe(n) du mit deinem Content ansprechen willst. Dies steht in unmittelbarer Relation zu der Wahl der Plattform und der visuellen Aufmachung. Ein Content-Format mit Adressat Jung- und Erstwähler:innen beispielsweise muss in seiner Darstellungslogik und Gestaltung anders umgesetzt werden als ein informatives Format für Unternehmer:innen auf LinkedIn.

TOOL
Content-Format-
Innovations-Card

Komplexität

Umfang

Name des Formats

Wie heißt das Format?

Ownership

Wer ist für das Format verantwortlich?

Support

Idee

Um was geht es konkret im Format? Was passiert?

Strategisches Ziel

Auf welches strategische Ziel soll das Format idealerweise einzahlen?

Plattform

Intervall

In welcher Frequenz findet das Format statt?

Zielgruppe

Welche Zielgruppen möchten wir damit ansprechen?

Interaktion

Welche Interaktion wollen wir bei der Zielgruppe mit dem Format bewirken?

Ressourcen

Welche Ressourcen benötigen wir zur Umsetzung?

Metriken

Welche Metriken wenden wir an, um Erfolg oder Misserfolg zu messen?

Sonstiges

Was gilt es sonst noch zu beachten? Was ist für Kreation wichtig?

Schritt 6
Interaktion: Was wollen wir erreichen? Geht es uns um Sichtbarkeit? Dann sollten schon die ersten 3–5 Sekunden klar machen, worum es geht und warum das für den oder die Empfänger:in wichtig ist. Wünschen wir uns hingegen Interaktion – Download unserer Studie oder die Unterschrift für eine digitale Petition –, so müssen sowohl die Formulierungen als auch die Dringlichkeit in der Ansprache daraufhin optimiert werden.

Schritt 7
Plattform: Digitale Formate müssen auf den Plattformen verschiedene Anforderungen erfüllen. Eine mehrteilige Instagram Story folgt einer anderen Logik als eine Fundraising Mail. Lege in Anlehnung an deine Zielgruppen deshalb bereits vor der Produktion fest, auf welchen digitalen Plattformen der Content ausgespielt werden soll. Sofern eine Multi-Channel-Strategie gefahren wird, müssen die Botschaften jeweils angepasst werden. Nichts ist unprofessioneller als ein wegen der falschen Designeinstellungen abgeschnittenes Sharebild auf Facebook.

Schritt 8
Intervall: In welcher Frequenz soll das Format veröffentlicht werden? Täglich, wöchentlich, monatlich? Setzen wir es nur zu bestimmten Anlässen ein? Ein Faktencheck-Video nach jeder größeren Bundestagsrede von Alice Weidel muss nicht jede Woche produziert werden. Je enger die Taktung allerdings ist, desto mehr Zeit, Vorbereitung und Budget sind notwendig. Sehr wichtig: Überschätze deine Kapazitäten nicht. Nichts ist ärgerlicher, als ein Format einstampfen zu müssen, weil die Ambitionen größer waren als es das Tagesgeschäft zulässt.

Schritt 9
Metriken: Woran misst du den Erfolg? Welche Indikatoren sprechen für eine dauerhafte Implementierung dieses Formats? Geht es um die Zahl der Videoaufrufe oder der Interaktionen? Wollen wir eine möglichst hohe Reichweite erzielen oder eine möglichst relevante Zielgruppe ansprechen? Je nachdem, welche Kennzahlen Priorität haben, kann später beim Targeting das Media Budget angepasst werden.

Schritt 10
Ressourcen: Die Ressourcen bestimmen über den Aufwand, den du treiben kannst. Schreibe an dieser Stelle auf, wie viel Zeit, Geld und Know-how du realistischerweise für die Erstellung der Inhalte bereitstellen kannst. Schätzungen sind fürs Erste ausreichend, vorausgesetzt, sie werden nachträglich präzisiert.

Schritt 11
Sonstiges: Wurden wichtige Informationen noch nicht genannt? Liste hier alle fehlende Punkte auf.

Tool: Social-Media-Content-Planung

Oft wird unterschätzt, wie wichtig es ist, die Content-Arbeit zu strukturieren. Schlüssel dafür ist ein kollaborativer Content-Kalender. In dieser Grafik listen wir die wichtigsten Faktoren auf. Du kannst sie in ein Excel-Dokument übertragen oder, noch besser, direkt ein Programm wie Hootsuite, Planable oder Buffer einsetzen. Das erspart dir Stress.

Geplanter Content: Trage ein, für welche Uhrzeit du welches Posting auf welcher Plattform planst. Es können mehrere Kanäle gleichzeitig sein. So lässt sich zum Beispiel eine Instagram-Story ebenfalls auf Facebook-Stories veröffentlichen. Schreibe die »Copy« rein, also den geplanten Text zu dem Bild oder Video. Wenn ihr ein Team seid, dann ergänzt, ob der Content in dieser Form von der zuständigen Person freigegeben ist oder es noch Änderungsbedarf gibt.

Digitale Kommunikationsanlässe: Welche relevanten externen Gedenk- oder Aktionstage stehen bevor? Gibt es kommende Events, wie Bundestagsdebatten oder die Veröffentlichung einer Studie? Trage nur diejenigen ein, für die Kommunikation vorgesehen ist. Basierend darauf kann ein Brainstorming in der Content-Planung erfolgen.

Geplante Bewerbung: Soll der Content mit Media Budget beworben werden? Wenn ja, welches Budget ist dafür vorgesehen und auf welches Ziel hin soll optimiert werden – Interaktionen oder Reichweite? Mehr dazu im Kapitel »Targeting«.

Notizen: Fehlen wichtige Notizen, die für das Social-Media-Management relevant sind? Ist ein besonderes Monitoring aufgrund hoher Sensibilität erforderlich? Gilt es, andere Accounts zu taggen?.

Checkliste vor der Veröffentlichung: Bevor du letztlich mit einem digitalen Beitrag online gehst, hilft es, sich nochmal eine Checkliste vorzunehmen, um technische Fehler zu vermeiden. Auf Seite 199 findest du unsere 7 wichtigsten Fragen, die du dir stellen solltest.

An dieser Stelle wollen wir die wichtigsten Programme fürs Social-Media-Management vorstellen:

Hootsuite: Zweifelsohne ist Hootsuite das größte und beliebteste Werkzeug. Es integriert bis zu 35 Netzwerke und verfügt über eine Mobile App für iOS und Android. Das Tool ermöglicht das Veröffentlichen, Überwachen, Analysieren und Planen von Nachrichten innerhalb der Kanäle.

Sproutsocial: Die Funktionen von Sprout Social fokussieren sich neben dem Veröffentlichen und Planen von Posts besonders auf die Kommunikation und die Interaktion zwischen Unternehmen

TOOL
Social-Media-Content-Planung

Komplexität

Umfang

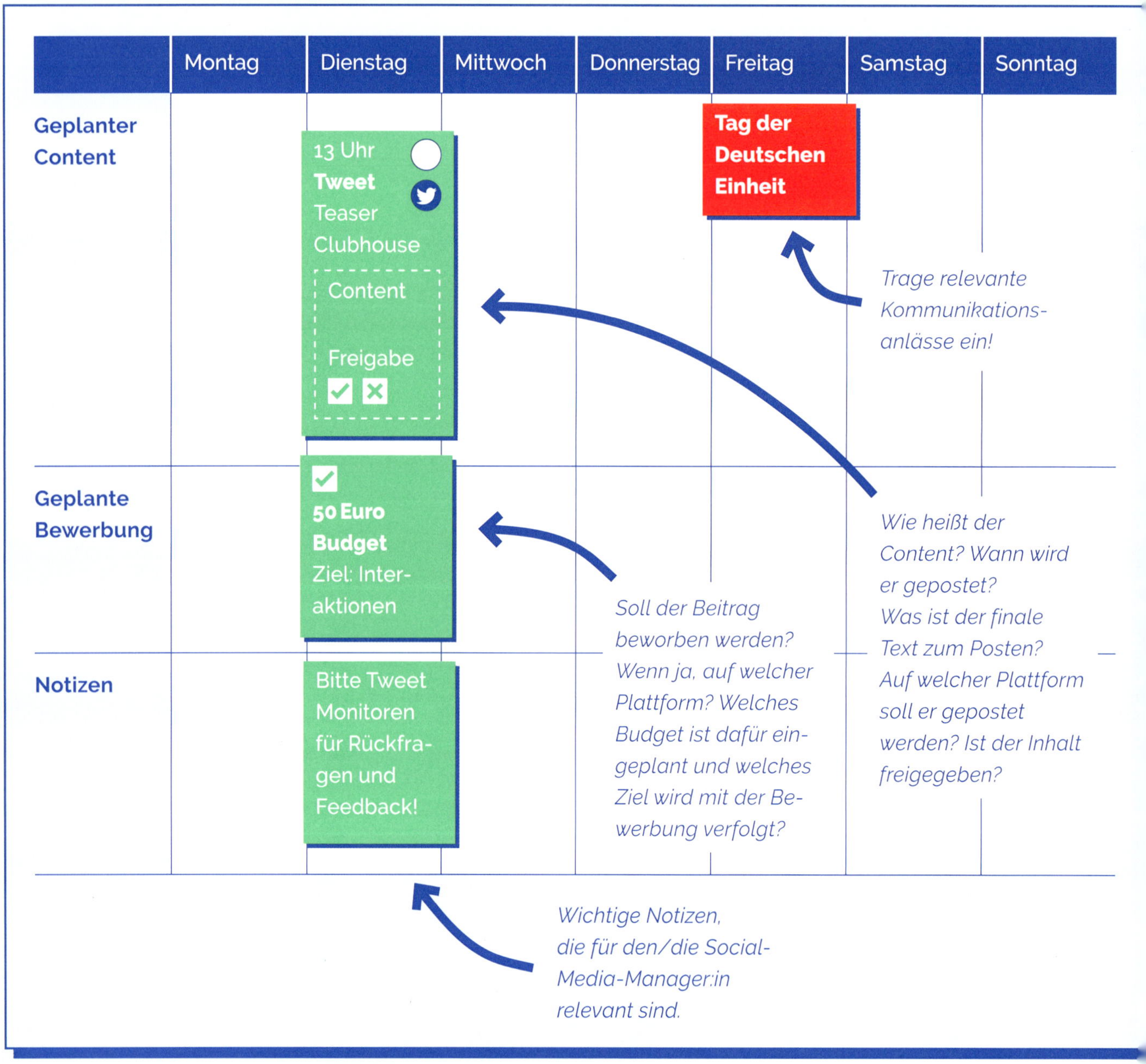

CHECKLISTE VOR DEM VERÖFFENTLICHEN

Verständliche Sprache?

Ist der Content verständlich geschrieben und kompakt formuliert?

☐ ja ☐ nein

Call-to-Action enthalten?

Haben wir eine präzise und klare Handlungsaufforderung integriert?

☐ ja ☐ nein

Auf Augenhöhe?

Ist die Sprache weder zynisch, verletzend, sarkastisch oder ausgrenzend?

☐ ja ☐ nein

Plattformspezifika beachtet?

Ist der Content für die jeweilige Plattform optimiert und angepasst?

☐ ja ☐ nein

Rechtschreibung und Untertitel?

Ist alles korrekt geschrieben und sind bei Videos Untertitel integriert?

☐ ja ☐ nein

Konsistenz mit Formaten?

Steht der Content in Einklang mit den Kernbotschaften und anderen Formaten?

☐ ja ☐ nein

Qualität okay?

Sind die Bilder scharf und Videos nicht unnötig verwackelt? Entspricht die Qualität unseren Mindeststandards?

☐ ja ☐ nein

und deren Followern. Neben neuen Followern, Mentions und Interaktionen gibt es in einem separaten Tab die Möglichkeit, Keywords zu finden, die ihre Kunden nutzen.

Agorapulse: Ist zwar nicht so bekannt wie Hootsuite, konnte in den letzten Jahren aber einen immensen Popularitätszuwachs verzeichnen. Agorapulse integriert Facebook, Twitter, Instagram, Google+ und LinkedIn. Das Tool glänzt vor allem im Interaktionsmanagement und zeigt, welche Mentions und Interaktionen eine Reaktion erfordern.

Buffer: Neben einer Mobile App und einer Browser-Extension, die es ermöglicht, Inhalte direkt von der Seite zu posten, glänzt Buffer mit der Funktion, wiederkehrende Inhalte zeitlich genau zu planen. Man muss das Rad also nicht jedes Mal neu erfinden, sobald man den gleichen Inhalt nach einiger Zeit erneut veröffentlichen will. Buffer integriert alle großen Netzwerke (Twitter, Facebook, LinkedIn und Google+) und verfügt zusätzlich über einen Video/GIF-Uploader und »Pablo«, ein integriertes Foto-Tool.

DIE BESTEN EINSTEIGER-TOOLS FÜR DIGITALE CONTENT-KREATION:

Canva: Das australische Unternehmen ist der Marktführer für digitale Content-Erstellung. Millionen von Templates, eine sehr intuitive Bedienung, zahlreiche Möglichkeiten zur Individualisierung und weitere Features machen Canva zum unverzichtbaren Tool für jeden digitalen Campaigner. https://www.canva.com/

Adobe Spark: Wird über die Adobe Cloud genutzt und verfügt über ähnliche Features wie Canva. Es bietet zahlreiche lizenzfreie Fotos, die verwendet werden können, und die Bedienung ist auch mobil sehr einfach. https://www.adobe.com/de/express/

Memegenerator: Für alle, die gerne Memes und lustige GIFs für ihre Kommunikation einsetzen, bietet der Meme-Generator eine schnelle und sehr einfach zu bedienende Applikation. Innerhalb weniger Klicks können populäre Memes umgewandelt oder ganz eigene erstellt werden. https://memegenerator.net/create

Biteable: Der Geheimtipp für schnelle Animationen sehr kurzer Videosequenzen und simpler Motion Graphics. Hat sich in vielen kleineren amerikanischen Kampagnen bewährt. https://biteable.com/

Vimeo: Der Video-Maker von Vimeo bietet viele Features und lässt sich sehr leicht bedienen. Nützlich: Es gibt direkte Upload-Möglichkeiten für verschiedene Plattformen. https://vimeo.com/create/video-maker-online

Addon: Alle relevanten Bildgrößen, Formatanforderungen und Spezifika findest du in einem sehr nützlichen Guide des Unternehmens Brandwatch: https://www.brandwatch.com/de/blog/ein-aktueller-guide-fuer-social-media-bildgroessen/

Tool: die Content-Matrix

Nach dem Erstellen von Content-Formaten folgt die Diversifizierung und Ausrichtung anhand der eingesetzten Kanäle. Die Content-Matrix wird normalerweise im Online-Marketing angewendet, um digitale Inhalten je nach emotionaler Ansprache schnell und einfach auf den Kanälen zu verteilen. Sie lässt sich aber auch in der Public Arena effektiv einsetzen.

Doch welches Format ist für dich das Beste? Eine Antwort darauf lautet: Eine One-fits-all-Lösung existiert nicht. Als goldene Regel bei der Auswahl gilt, dass du dich niemals auf nur ein Format beschränken solltest. In der Public Arena ist Aufmerksamkeit ein kostbares Gut und so volatil, dass auch unser Angebot an Content immer wieder angepasst werden muss. Sonst langweilt man.

Die Matrix zeigt in diesem Zusammenhang ein 4-Ebenen-Modell, das sich an der digitalen Erfahrungswelt und emotionalen Grundstimmung der Nutzer:innen ausrichtet. Die x-Achse bildet die primäre Kommunikationslogik von Aufmerksamkeit und Aktivierung ab. Aktivierung bedeutet, auf der Content-Matrix vor allem Formate zu nutzen, die besonders starke Handlungsaufforderungen enthalten oder sehr auf bereits aktive Unterstützer:innen abzielen. Mit humorvollen Inhalten oder informativen Beiträgen hingegen wird vor allem das Ziel einer hohen Aufmerksamkeit verfolgt.

Die y-Achse bezieht sich auf die gewünschte psychologische Wirkung. Willst du eher emotional oder rational sein? Die Matrix setzt sich aus 4 Quadraten zusammen, die die vier wichtigsten Arten von digitalem Content abbilden. Um die passenden Formate auszuwählen, musst du im ersten Schritt also für dich beantworten, was du bei den Nutzer:innen hervorrufen willst:

+ Möchtest du sie mit Humor oder authentischen Hinter-den-Kulissen-Inhalten **unterhalten**?
+ Möchtest du sie zu einem aktiven Teil deiner Kommunikation machen, also versuchen, sie zu **involvieren**, um eine emotionale Bindung aufzubauen?
+ Möchtest du deine Nutzer:innen in erster Linie **informieren** und tiefergehende Informationen vermitteln?
+ Oder möchtest du sie argumentativ **überzeugen** und zur Meinungs- und Willensbildung in deinem Sinne motivieren?

ACTION
Content

TOOL
Content-Matrix

Komplexität ⚙⚙⚙ Umfang ⧗⧗⧗

Welche Formate nutzt du aktuell auf Social Media oder deiner Website?

____

Auf welchen Plattformen werden sie genutzt?

____

Welche Formate würdest du in Zukunft gerne nutzen?

____

Auf welchen Plattformen werden sie genutzt?

____

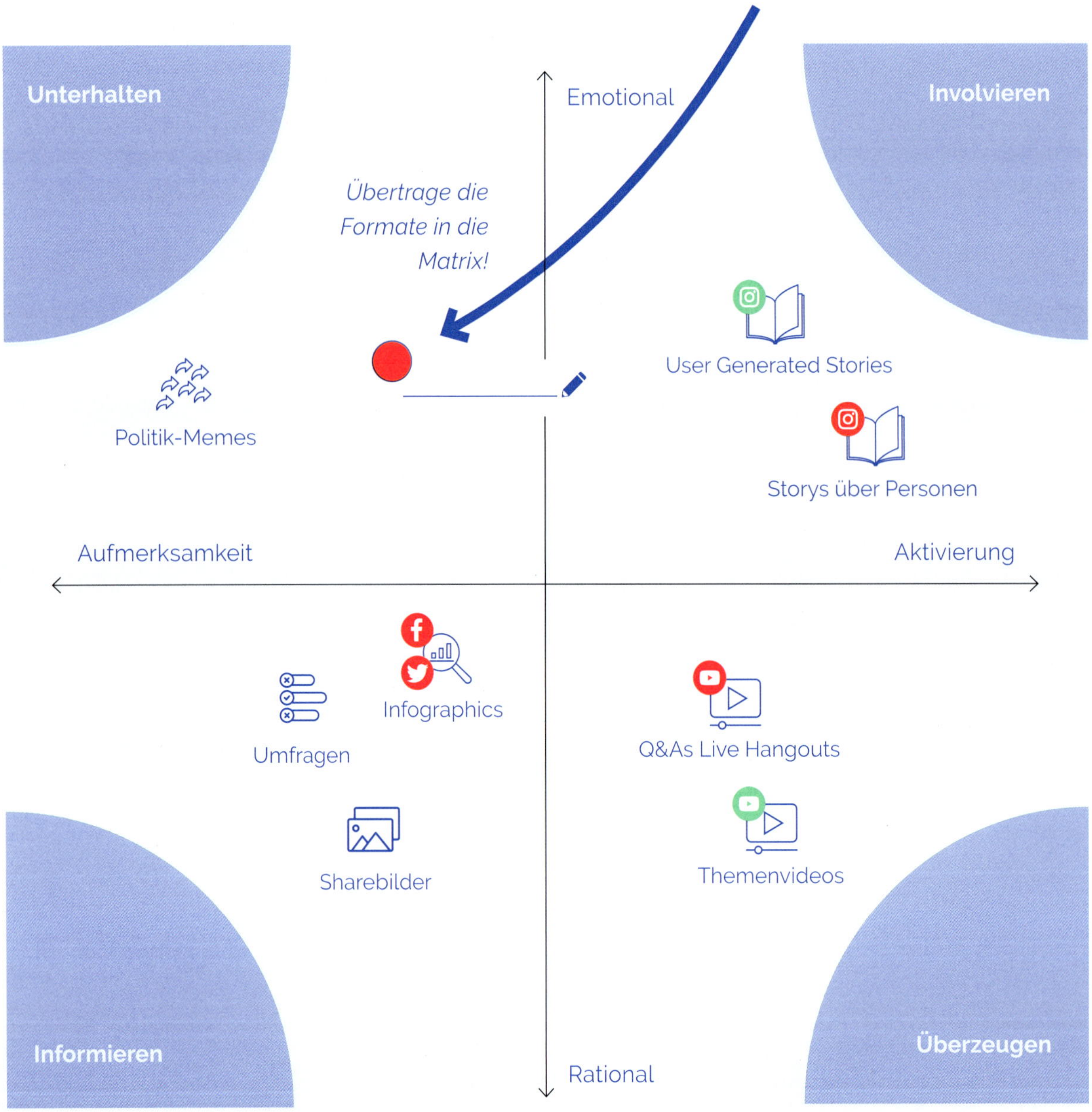

SCHRITT 1: ***Ist-Zustand digitaler Formate und Kanäle eintragen***

Trage in das rote Feld auf der linken Seite zuerst alle aktuell genutzten digitale Formate ein und übertrage sie dann in eines der vier Quadrante der Matrix. Versehe diese, wenn möglich, mit dem kleinen Icon der jeweiligen Plattform. Du kannst jetzt bereits erkennen, ob ein Quadrant außen vor bleibt. Analysiere alleine oder gemeinsam mit dem Team das Ergebnis und nutze wenn nötig die Content-Format-Innovations-Card, um Lücken zu schließen. Du musst natürlich nicht krampfhaft unterhaltende Content-Formate entwickeln, wenn du als seriöser Vermittler von Informationen wahrgenommen werden willst. Aber es kann die Community begeistern, wenn du sie situativ mit neuen Inhalten überraschst.

SCHRITT 2: ***Soll-Zustand skizzieren***

Die in der Grafik abgebildeten Formate bieten dir kleine Beispiele an gängigen Content-Formaten, die bereits in die Quadrate der Content-Matrix eingeordnet sind und die du in deine Version übertragen kannst. Im nächsten Schritt kannst du also entweder eins dieser Formate wählen, je nach deinem Kommunikationsziel, oder du bedienst dich eines weiteren Content-Formats (Interview mit Expertin) und ordnest es in die Matrix-Logik ein.

SCHRITT 3: ***Erkenntnisse ableiten und strategisch umsetzen***

Du hast jetzt eine Schablone für die Ausformulierung deines Contents. Mit ihr kannst du zu jeder Zeit evaluieren, welche Formate nützlich für das Kommunikationsziel sind und im Zweifel neue wählen. Bei jeder Überlegung zu Content-Formaten solltest du auf die Matrix zurückgreifen.

TOOL
Content-Distributions-Dreiteiler

Komplexität

Umfang

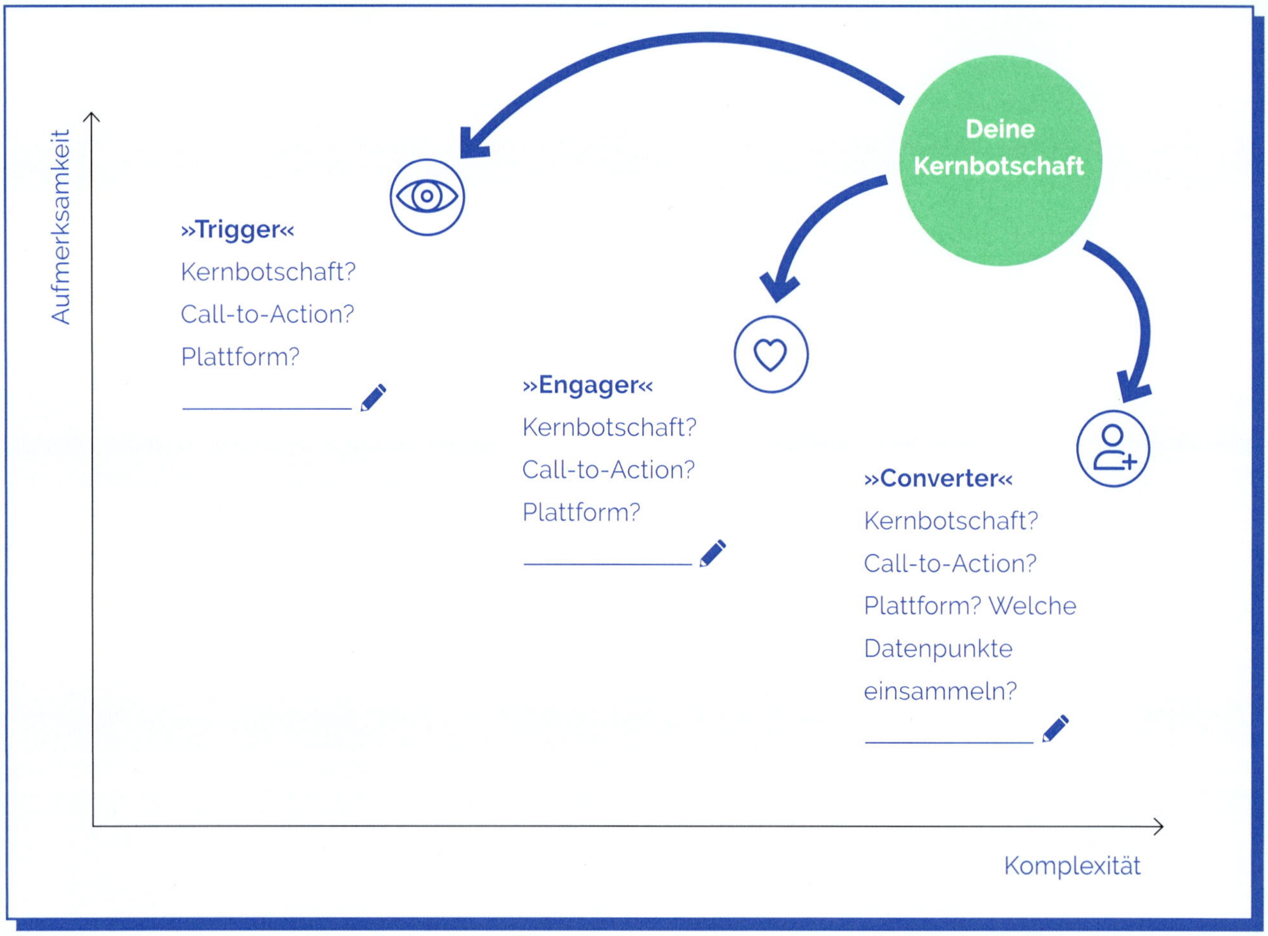

Tool: der Content-Distributions-Dreiteiler

Damit der von dir erstellte Content Wirkung entfalten kann, muss er seine Zielgruppen erreichen. Jetzt kommt also der dritte Schritt des Content-Moduls ins Spiel: der Distributionsprozess. Bei der Verteilung geht es darum, die richtigen Personen mit den richtigen Inhalten anzusprechen. Unser Distributionssystem hilft dir dabei.

Die Content-Distribution ist durch zwei Faktoren geprägt, die grafisch die beiden Achsen des Systems bestimmen:

+ **y-Achse:** Wie viel Aufmerksamkeit möchte ich mit meinen digitalen Inhalten generieren?
+ **x-Achse:** Wie komplex sind meine Inhalte, und was kann ich alles mit ihnen vermitteln?

Um mit deiner Kernbotschaft die maximale Wirkung zu erzielen, gilt es nun, deine digitalen Inhalte anhand des Distributionssystems so aufzuteilen, dass du Schritt für Schritt deine Zielgruppen an dich bindest. Hierfür bieten sich drei Kategorien an, die sich je nach Aufmerksamkeit und Komplexität unterscheiden. Für jede dieser Kategorien empfehlen wir zunächst, drei digitale Inhalte auszuwählen und anhand des Systems zu verschriftlichen, sodass du über alle Kategorien hinweg eine erste redaktionelle Planung aufbauen kannst:

Schritt 1

Überlege, welcher Content oder welches Format als sogenannter **Trigger** funktioniert. Trigger zeichnen sich durch ein hohes Maß an Sichtbarkeit und ein geringes Maß an Komplexität aus. In Video-Formaten sind sie meist kurz und prägnant und sollen auf dich und einen Account beim Scrollen oder Swipen aufmerksam machen. Schreibe pro Content auf, welche Kernbotschaft vermittelt werden soll, wie die Handlungsaufforderung lautet und auf welcher Plattform du den Content ausspielen kannst.

Schritt 2

Im nächsten Schritt musst du sogenannte **Engager** identifizieren. Engager sollten ebenfalls ein hohes Maß an Aufmerksamkeit generieren, jedoch gleichzeitig mehr Komplexität vermitteln und die Nutzer:innen zu einer Interaktion mit dir bewegen. Auch hier sollte pro Inhalt jeweils die Kernbotschaft, der Call-to-Action sowie die Plattform, auf der du deine Zielgruppen ansprechen willst, verschriftlicht werden.

Beispiel: Greenpeace möchte Nutzer:innen dazu animieren, sich tiefer mit dem Thema Plastiksteuer zu beschäftigen. Dazu wird die so genannte »Split-Screen-Logik« mit direkter Ansprache verwendet, um direkt eine Assoziation mit dem Thema bei der Zielgruppe zu ermöglichen. In dem Text-Posting werden Argumente und Informationen aufgeführt und am Ende die wichtigsten Punkten zusammengefasst und eine Handlungsaufforderung eingefügt. Am Ende geht es darum, möglichst viele Personen auf den Link zu leiten, der das Unterschreiben eines Briefs ermöglicht.

Schritt 3

Im letzten Schritt kannst du nun mit dem Content-Distributionssystem die Nutzer:innen langfristig für dich gewinnen und etwa dazu motivieren, deinen Newsletter zu abonnieren. Hierfür benötigst du sogenannten **Converter-Content**. Auch hier solltest du wieder deine Kernbotschaften und Calls-to-Action definieren, die in diesem Fall aufgrund des Vorwissens über deine Zielgruppe feiner definiert werden können. Anstatt der Plattform steht bei den Convertern vor allem im Vordergrund, welche Datenpunkte du über die weitere Interaktion mit deinen Nutzer:innen sammeln möchtest beziehungsweise ob du sie direkt zu tiefergehenden Aktivitäten (beispielsweise Event-Teilnahme oder Geldspende) motivieren möchtest, um sie weiterhin und langfristig mit Informationen entsprechend ihres Bedürfnisses zu versorgen.

Beispiel: Die Grünen rufen direkt auf ihrem Instagram-Kanal auf, sich beim Kommunalen Klimakongress in einem Ideas Lab einzubringen. So wird Menschen, die am Klimaschutz interessiert sind, eine tiefergehende Aktivität geboten. Die Teilnehmenden erhalten auch nach dem Event laufend relevante Informationen zum kommunalen Klimaschutz.

Auch hier gilt jedoch: Höre auf die Community, sammle Erfahrungswerte und ziehe bei negativer Resonanz Feedback ein. Häufig kommt es vor, dass nur kurzfristig reagiert werden kann und deshalb beispielsweise einmaliger Trigger-Content ausreicht. Die langfristige Konversion, also die Bindung von Nutzer:innen an dich, ist zwar die Königsdisziplin und lässt sich am besten erreichen, indem du den Content anhand der beschriebenen Schrittfolge ausspielst und verteilst.

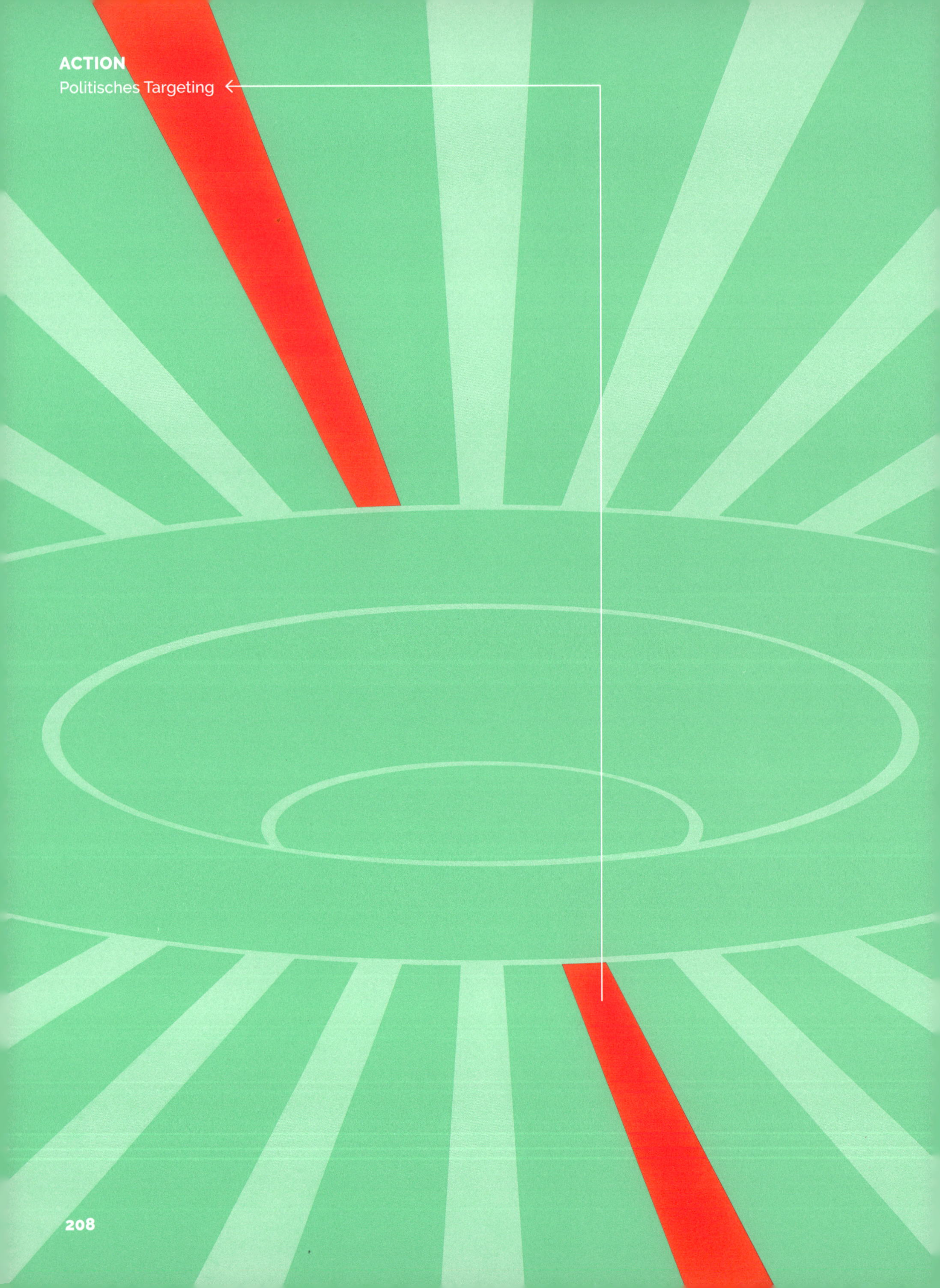

POLITISCHES TARGETING

Wie du deine Botschaften platzierst

Die Präsenz auf digitalen Kanälen allein garantiert keine hohe Sichtbarkeit. Die Hüter der Daten der Nutzer:innen sind die großen Tech-Konzerne, wie Facebook, Alphabet, Twitter oder Microsoft. Je spezifischer du Zielgruppen digital erreichen möchtest, desto wichtiger wird es, auf die aggregierten Daten der Plattformen zurückzugreifen. Du willst 18–22-Jährige in deinem Wahlkreis erreichen, die sich für die Digitalisierung interessieren? Kein Problem – du musst nur Mark Zuckerberg dafür bezahlen. Bei Facebook erreichst du durchschnittlich nur noch 2–3 Prozent deiner eigentlichen Follower, die deine Seite abonniert haben. Die Plattformen haben in den meisten Fällen mit der Monetarisierung ihrer gewaltigen Datenschätze begonnen – hohe organische Interaktionen, also ohne werblichen Einsatz von Geld, sind nur noch in seltenen Fällen und mit hochwertigem Content möglich. Eine Weisheit im Silicon Valley lautet nicht umsonst: *»If you are not paying for the product – you are the product.«*

WAS IST POLITISCHES TARGETING?

Die Bedeutung von Targeting ist aufgrund des Einbruchs organischer Reichweiten und dem gestiegenen Wettbewerb um die Aufmerksamkeit in den letzten Jahren kontinuierlich gestiegen. Der Begriff stammt aus dem Onlinemarketing und muss daher für gesellschaftliche Themen leicht adaptiert werden. Wie definieren wir politisches Targeting?

»Targeting ist das Ziel, eine Gruppe von Menschen aufgrund von datenbasierten Präferenz-Annahmen mit den politischen oder gesellschaftlichen Positionen und Themen einer Organisation auf digitalen Kanälen in Kontakt zu bringen, um diese zu informieren, zu involvieren oder zu überzeugen.«

Politisches Targeting zielt also nicht darauf ab, die Performance eines Produkts anhand seiner Verkaufszahlen zu messen. Es geht vielmehr um relevante **Reichweite** und um **Resonanz**.

Dieses Kapitel ist anders angelegt als die vorigen. Weil die notwendigen Fähigkeiten fürs Targeting praktische Übungen in den jeweiligen Tools der Plattformen erfordern, geht es uns im Folgenden vor allem ums Wissen. Solltest du die Grundlagen bereits beherrschen, dann kannst du direkt zum Tool »Der politische Engagement Funnel« springen.

Den Kern des Targetings – Inhalte auswählen und diese an Zielgruppen vermitteln – nennt man umgangssprachlich »Aussteuern« oder »Ausspielen.«

Auf den verschiedenen Kanälen werden diese Inhalte dann »Werbeanzeige« oder »Sponsored Posts« genannt. Der technische Unterschied ist, dass eine Werbeanzeige nur den definierten Zielgruppen angezeigt wird und nicht im allgemeinen Newsfeed zu sehen ist. Ein »Sponsored Post« ist ein organisch geposteter Beitrag, der mit Geld beworben wird. Hier spricht man auch vom »Boosting«. Ebenso relevant für das Targeting sind die Suchmaschinen, bei denen man erreichen möchte, dass die eigene Seite bei vorab definierten Suchbegriffen weit oben erscheint.

Diese Werbeanzeigen schaltet und verwaltet man über die jeweiligen Werbeanzeigen-Manager der Plattformen. In diesen sogenannten »Business-Managern« kann man aus vielen unterschiedlichen soziodemografischen, verhaltens- und interessensbasierten Merkmalen seine Zielgruppen auswählen. Startet man mit der Bewerbung von Inhalten, gilt dies bei den Plattformen als »Kampagne«. Dies ist insbesondere für den Alltag wichtig, da hier der Begriff auf die rein werbliche Aussteuerung der Inhalte limitiert ist und nicht die eigene digitale Kampagne als Ganzes beinhaltet. Das führt oft zu Missverständnissen.

Der strukturelle Aufbau aller werblichen »Kampagnen« auf den Plattformen lässt sich vereinfacht in drei Ebenen teilen. Auf der »Kampagnenebene« werden die technischen Ziele der werblichen Kampagne eingestellt; was das für das eigene Anliegen bedeutet, erklären wir gleich. Die »Zielgruppen-« oder »Anzeigengruppenebene« beinhaltet alle Zielgruppen, die du innerhalb dieser werblichen Kampagne ansprechen möchtest. Zuletzt kommt die »Anzeigenebene«. Hier wird dein Content platziert. Es können mehrere unterschiedliche Videos, Bilder oder Texte in einer Zielgruppe platziert werden, man spricht hier auch davon, Inhalte in die Kampagne »einzuhängen«. Für Fortgeschrittene digitale Kommunikator:innen beginnt auf

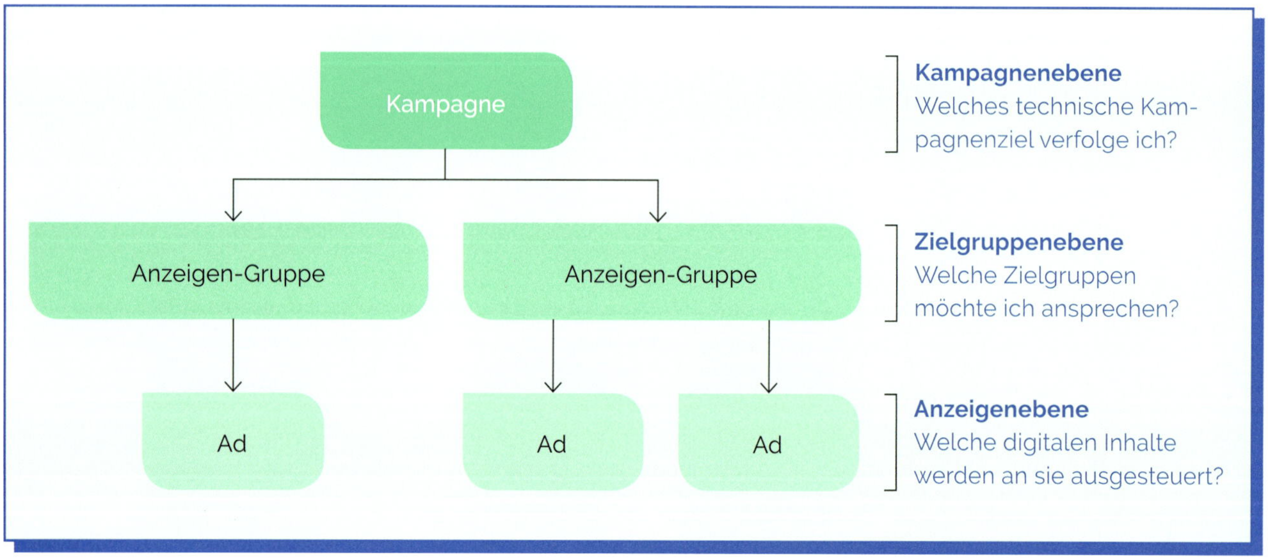

dieser Ebene das sogenannte Testing. Also: Welche Inhalte resonieren in welcher Zielgruppe am besten? Eignen sich Videos oder Bilder besser? Welcher Handlungsaufruf, »Call-to-Action« genannt, verfängt am besten? Sofern du Einsteiger:in im Targeting bist, solltest du beim Testing aber vorsichtig sein. Man verliert sich schnell in den vielen Zahlen und Metriken und lässt das eigentliche Ziel aus den Augen.

WELCHE ANLIEGEN VERFOLGT POLITISCHES TARGETING?

Welches Kampagnenziel sollen deine digitalen Inhalte bei den definierten Zielgruppen bewerben? Diese Frage steht am Beginn der Targeting-Strategie. Grundlegend lassen sich 8 zentrale Typen von Targeting-Kampagnen für politische und gesellschaftliche Anliegen festhalten. Diese sind sie:

+ *Follower:innen-Wachstum:* Die Kampagne hat zum Ziel, die Zahl deiner Abonnent:innen oder Fans eines bestimmten Kanals zu steigern. Oft sind die klassischen Gradmesser »Wer hat mehr Fans?« oder »Wie viele Fans haben wir dazugewonnen?« noch immer die wichtigsten Indikatoren für Erfolg. Angesichts der geringen organischen Reichweite nimmt die Popularität dieser Kampagnenform aber stetig ab.
+ *Reichweite:* Das Ziel ist es, eine möglichst hohe Anzahl von Impressionen für deine digitalen Inhalte zu erzielen. Hier optimiert der Plattform-Algorithmus auf eine möglichst hohe Frequenz und Sichtbarkeit des Contents.
+ *Beitragsinteraktionen/Videoaufrufe:* Hier werden Inhalte zuerst Personen innerhalb der definierten Zielgruppen angezeigt, die eine hohe Interaktionsrate mit digitalen Inhalten aufweisen – sogenannte »Super User:innen«.
+ *Grundrauschen:* Um dauerhaft zu gewährleisten, dass insbesondere deine eigene Community deine Inhalte regelmäßig wahrnimmt, kann jedes organische Posting »geboostet« werden. Angesprochen werden in diesem Fall meistens die bereits existierenden Fans der eigenen Seite oder Freunde von diesen Fans.
+ *Spende:* Non-Profit-Organisationen können Fundraising-Kampagnen initiieren. Mithilfe eines Pixels auf Spenden-Formularen misst man, wie effizient das ist.
+ *Event-Teilnahme:* Du kannst Kampagnen auf die Teilnahme an Webinaren, digitalen Meet-ups oder klassischen Events hin optimieren.
+ *Website-Traffic:* Hier geht es darum, die Zielgruppen mit einem Link von der Plattform weg auf die eigene Seite zu bewegen. Dort können vertiefende Inhalte angezeigt oder zu einer bestimmten Handlung (Unterschrift zu Petition, Eintragen in Newsletter) aufgerufen werden.
+ *Direktkontakte:* Möglich ist es auch, für seinen Newsletter oder eine WhatsApp-Gruppe zu werben und so Direktkontakte aufzubauen. Das verringert die Abhängigkeit von Plattformen. Allerdings muss man über Kanäle regelmäßig relevante Inhalten bieten.

WELCHE ETHISCHEN PARAMETER GELTEN FÜR DAS POLITISCHE TARGETING?

Traurige Berühmtheit erlangte das Targeting durch den Skandal der Datenfirma Cambridge Analytica. Durch ein irreführendes Quiz vor der US-Wahl 2016 schöpfte das Unternehmen die Daten von tausenden Nutzer:innen ab und nutzte sie für psychografisches Targeting anhand von Persönlichkeitsmustern innerhalb der Trump-Kampagne. Cambridge Analytica griff auf Profildaten von 87 Millionen Facebook-Nutzer:innen zu und verknüpfte diese mit Informationen aus Wahlregistern und privaten Datenhandelskonzernen. Im Marketing ist dieser Ansatz nicht neu. Im politischen Campaigning sorgte er nach Bekanntwerden berechtigterweise für große Empörung.

Zwar ist die Manipulation von Millionen von Menschen durch werbliche Anzeigen bis heute nicht wissenschaftlich belegt, aber durch den Skandal setzt endlich eine breite Debatte über die Macht der Plattformen bei der politischen Meinungs- und Willensbildung ein.

Wir sind der Auffassung, dass Politik immer dort kommunizieren muss, wo die Menschen sind. Technologie selbst ist dabei nie »gut« oder »schlecht«, sondern es geht um die Frage, **wie** und nach welchen Regeln sie eingesetzt wird. Es ist auch wichtig zu betonen, dass im europäischen Kontext viel strengere Datenschutzbestimmungen gelten und keine öffentlich verfügbaren »Voter Files« von Bürger:innen existieren. Anders als in den USA können so weniger individuelle Daten fürs politische Targeting genutzt werden.

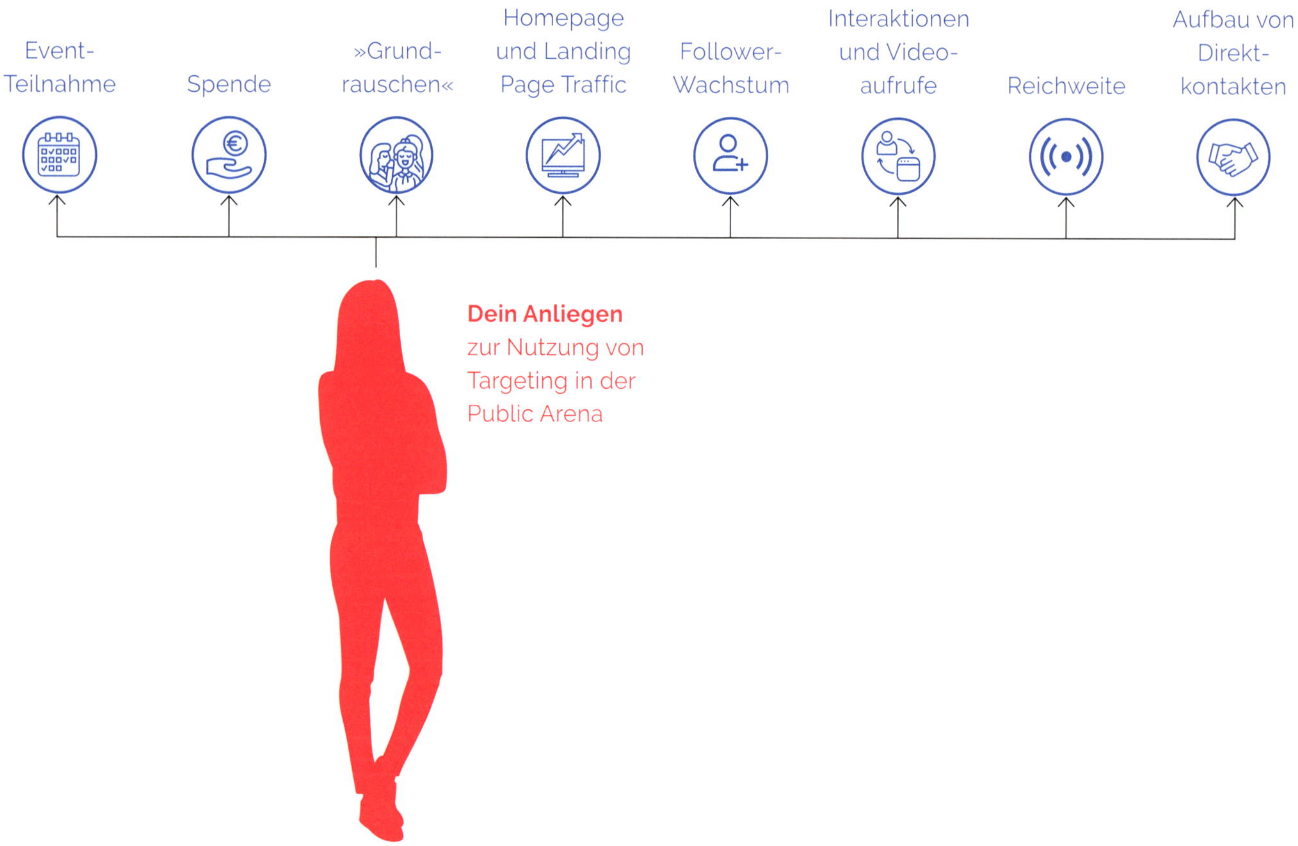

Solange wir keine tatsächliche Datensouveränität (mehr dazu im letzten Kapitel) aller Menschen haben, muss fürs Targeting auf die Plattformen zurückgegriffen werden. Umso wichtiger ist es dann aber, sich zu grundlegenden Werten zu verpflichten.

+ Es wird sich immer an alle Bestimmungen der Datenschutz-Grundverordnung (DSGVO) gehalten.
+ Die Datenschutzvorgaben der Bundesregierung werden immer eingehalten.
+ Wir verifizieren uns auf den Plattformen als politische oder gesellschaftlich Werbetreibende und machen transparent, wer für die Anzeigen bezahlt. Dies umfasst die klare Kennzeichnung von Werbeanzeigen, die Registrierung mit einem Personalausweis und bei Organisationen der Eintrag ins Handelsregister oder die Gründungsurkunde, die Finanzierungsquelle sowie die Markierung im Newsfeed als politische Werbeanzeigen.
+ Personenbezogene Daten werden für das Targeting nur bei expliziter Zustimmung der Nutzer:innen via Opt-in verwendet.
+ Es werden keine widersprüchlichen Informationen und entgegengesetzte Positionen an unterschiedliche Zielgruppen gesendet. Wir kommunizieren über Zielgruppen hinweg einheitlich und transparent.
+ Wir erstellen keine Zielgruppen, die Ausschlusskriterien auf Basis von Religion, Sexualität oder ethnischer Zugehörigkeit beinhalten. Die Zielgruppen sollten sich immer nur aus den Parametern Alter, Geschlecht, Sprache, Beruf, Geografie und Interessen zusammensetzen.
+ Das Ziel der Nutzung von Zielgruppen ist es, Menschen nicht auszuschließen, sondern sie mit politischen Themen in Kontakt zu bringen und sie in den politischen Diskurs zu integrieren. Dabei bleibt es den Menschen, die über die Zielgruppen angesprochen werden, selbst überlassen, ob und wie sie mit den ihnen angezeigten Botschaften interagieren.
+ Es wird offen kommuniziert, Feedback von Nutzer:innen aufgenommen und in der Kommunikation berücksichtigt.
+ Wir veröffentlichen auf unserer Homepage eine eigene Transparenz-Sektion, in der wir die Targeting-Parameter kenntlich machen. Wir verlinken unseren Account in der Facebook-Werbebibliothek. So können mit einem Klick alle politischen Anzeigen und ihre Einstellungen sowie Ausgaben eingesehen werden.

WELCHE EINSCHRÄNKUNGEN GIBT ES FÜR POLITISCHES TARGETING AUF DEN JEWEILIGEN PLATTFORMEN?

Politische Werbung für Parteien und Politiker:innen ist in den letzten Jahren auf den jeweiligen Plattformen stark reguliert oder gänzlich verboten worden. NGOs, Gewerkschaften, Verbände, Initiativen und Unternehmen fallen bei den meisten Kanälen nicht unter dieses Verbot, sofern sie nicht explizit versuchen, digital die Abstimmung zu einem Gesetz zu beeinflussen. Wir haben alle weiterführenden Anleitungen und Schritte, die für die Verifizierung bei politischer Werbung auf einer

Plattform gelten, auf der Public Arena Homepage unter dem Schlagwort »politische Verifizierung« zusammengefasst. Dort findest du auch die jeweiligen technischen Einschränkungen und Besonderheiten, die bei politischen Anzeigen gelten.

TARGETING TECHNISCH IN DER PRAXIS UMSETZEN

Doch wie schalte ich selbstständig Ads in der digitalen Public Arena im Einklang mit der obigen Strategie? Und wie und wo gebe ich jetzt das geplante Budget aus? Die Voraussetzung ist das Beherrschen des Handwerks auf den jeweiligen »Business-Managern«.

Die wichtigsten Targeting-Manager der Plattformen sind:

Twitter:	business.twitter.com
LinkedIn:	business.linkedin.com
Facebook, Instagram & WhatsApp:	business.facebook.com
TikTok:	business.tiktok.com
Google & Youtube:	ads.google.com

Die technischen Spezifika jedes einzelnen Werbemanagers lernst du am besten, indem du die kostenlosen Onlinekurse, Fortbildungen und Webinare der Plattformen nutzt. So bieten dir die »Twitter Flight School« (twitterflightschool.com) oder die »Facebook Blueprint Academy« (facebook.com/business/learn) viele Möglichkeiten, sich das notwendige Wissen anzueignen. Es empfiehlt sich in jedem Fall, ein Werbekonto anzulegen und schon mal mit den verschiedenen Targeting-Optionen zu experimentieren. Targeting ist ein Handwerk, das man lernt, indem man es übt.

Folgende Targeting-Parameter können auf den unterschiedlichen Plattformen in den Werbemanagern ausgewählt werden. Weil nicht alle für jede Plattform gelten, haben wir in einem kurzen Webinar auf der Public-Arena-Homepage alle wichtigen Möglichkeiten und Einschränkungen für jeden Kanal aufgeschlüsselt und einfach erklärt.

+ *Geo-Basiertes Targeting:* Ansprache von Zielgruppen basierend auf der Grundlage eines geografischen Ortes. Beispiel: »Alle Menschen, die in Stuttgart leben« oder »Personen, die in den letzten 90 Tagen mehr als dreimal im Ausland waren.«

- *Soziodemografisches Targeting:* Ansprache von Zielgruppen basierend auf soziodemografischen Datenpunkten, wie Geschlecht, Alter, Sprache, Arbeitsverhältnis oder Beziehungsstatus. Beispiel: »Ansprache von 18–28-Jährigen, die im öffentlichen Dienst arbeiten.«
- *Interessen Targeting:* Ansprache von Zielgruppen anhand von Präferenz-Annahmen auf den jeweiligen Plattformen. Wenn Menschen intensiv mit Inhalten rund um Gesundheit oder innere Sicherheit interagieren oder diese konsumieren, so werden sie mit hoher Wahrscheinlichkeit darin in einem Schlagwort eingeordnet. Beispiel: »Menschen, die sich für die Europäische Union interessieren.« Oder »Personen, die sich für Nachhaltigkeit interessieren.« Achtung: Gerade im politischen Kontext sagt Interesse noch nichts über die eigentliche politische Präferenz aus. Wenn sich jemand also für die CDU interessiert, kann dies genauso gut ein politisch aktiver Linke-Wähler sein.
- *Lookalike Targeting:* Algorithmenbasierte Affinitäts-Modelle anhand statistischer Zwillinge in bestimmten Zielgruppen. Beispiel: »Lookalike Zielgruppe meiner existierenden Facebook Seite.« So scannt der Algorithmus die soziodemografischen, Interessens- und Verhaltensmerkmale der existierenden Zielgruppe und sucht nach Zielgruppen, die eine hohe Affinität und Gemeinsamkeit mit dieser aufweisen.
- *Custom Audience Targeting:* Zielgruppen, die eine bestimmte Handlung durchgeführt haben und daher gesondert angesprochen werden können. Dies kann der Like unserer eigenen Seite sein (»Ansprache aller unserer Fans«) oder ein Homepage-Besuch oder die Teilnahme an einem Event.

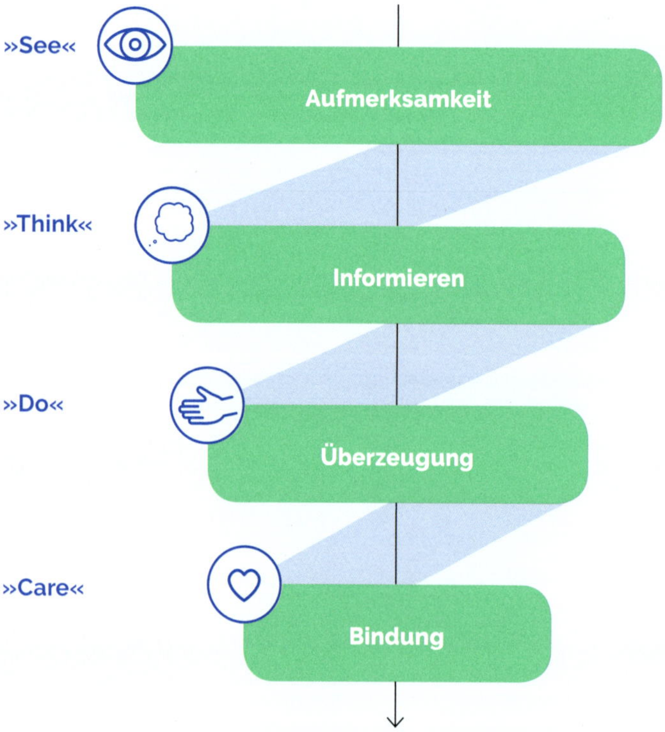

Mit welchen digitalen Inhalten wirbst du um die Aufmerksamkeit der Nutzer:Innen?

Retargeting von nachweislich interessierten Personen, die bereits mit deinen Inhalten interagiert haben, mit tiefergreifenden Inhalten.

Überzeugen von Personen mit tiefgreifendem Interesse zu erwünschten Handlungen, beispielsweise durch Newsletter-Sign-up oder Follow einer Seite.

Dauerhaftes Engagement mit Personen, die sich für die Organisationsziele bereits eingebracht haben, zum Beispiel mit Teilnahme an eigenen Events oder Aufforderung zum Teilen von Inhalten.

Tool: der politische Engagement-Funnel

Mit jeder Interaktion, die wir mit unseren beworbenen Inhalten bei den Zielgruppen erreichen, wird die numerische Größe der Gruppe kleiner. Deshalb ist es umso wichtiger, einen präzisen Trichter zu bauen, der Aktivitätspfade innerhalb von werblichen Kampagnen definiert. So können für jede Bedürfnisphase die passenden Inhalte angezeigt werden. Einen solchen sogenannten »Funnel« muss man sich vier in Phasen denken:

SCHRITT 1 – *Aufmerksamkeit schaffen*:

Im ersten Schritt wird mit digitalen Inhalten Neugierde und Interesse bei den definierten Zielgruppen geweckt. Wie bereits im Kapitel »Content« im Tool »Distributions-Dreiteiler« erklärt, sprechen wir hier von den »Triggern«. Diese sind wenig komplex in ihrer Tiefe und auf die kurze Aufmerksamkeitsspanne optimiert. Videos eignen sich beispielsweise sehr gut.

SCHRITT 2 – *Informieren*:

Hierbei versorgt man nachweislich interessierte Personen und potenzielle UnterstützerInnen mit angepassten, weiterführenden Informationen. In dieser Phase werden erstmals Argumente und Gründe für dein Handeln erläutert, und diese laden zum Mitmachen oder Interagieren ein.

SCHRITT 3 – *Überzeugen*:

Personen, die die Videos gesehen oder mit den Inhalten interagiert haben, spricht man mit einer Handlungsaufforderung an. Etwa: »Teile dieses Video oder trage dich für mehr Updates ein!« Auf Basis dieses Nutzer:innen-Verhaltens passt man Inhalte weiter an.

SCHRITT 4 – *Binden*:

Um eine Community aufzubauen und Menschen dauerhaft zu binden, gehört es dazu, an die aktivsten Mitglieder spezifische und exklusive Inhalte auszusteuern. Gelingt das, kann man auch zu höherschwelligen Aktivitäten aufrufen (Spenden) oder Freunde zur Kampagne einladen.

FUNNELING-ANSATZ IN DER PRAXIS SCHRITT FÜR SCHRITT

In wenigen Schritten kannst du den Funnel für dein kommunikatives Anliegen nutzen. Es reicht aus, wenn du dies als Schablone nimmst, um dir Gedanken zu machen, in welcher Reihenfolge und Logik du Targeting nutzen möchtest, um Bindungen zu neuen potentiellen Zielgruppen aufzubauen.

Wie man Custom Audiences baut oder die Video-Anzeigen bei den Zielgruppen »einhängt« –

ACTION
Politisches Targeting

TOOL
Politischer Engagement-Funnel

Komplexität ⚙⚙⚙

Umfang ⧗⧗⧗

Phase
Aufmerksamkeit und Interesse

1 Kampagnenziel
Welche Targeting-Kampagne möchtest du starten?
____

2 Zielgruppe
Welche Zielgruppe willst Du ansprechen?
____

3 Budget
____

↓

4 Video-Ads
Welche Ads bzw. welcher Content soll in diesen Zielgruppen beworben werden?
____

↓

Phase
Überzeugung und Bindung

5 Custom Audience
Wie viele Sekunden sollen die Zielgruppen dein Video gesehen oder damit interagiert haben?
____

↓

6 Vertiefende Ads
Welche vertiefenden Inhalte werden an diese Zielgruppe ausgesteuert?
____

↓

7 Analyse
Welche Erkenntnisse kannst du am Ende aus der Targeting Kampagne für deine Arbeit ziehen?
____

das lernst du mit den Grundlagenkursen oder Webinaren der jeweiligen Werbemanager. Plane dafür ein paar Stunden Zeit und Übung ein.

+ *Definition Kampagnenziel:* Aus den oben aufgeführten möglichen Kampagnen-Zielen wird eins ausgewählt. Beispielsweise »Videoaufrufe« und »Beitragsinteraktionen« auf Facebook und Instagram.
+ *Definition der Zielgruppen:* Auswahl der Zielgruppen anhand der verfügbaren Zielgruppenparameter auf der jeweiligen Plattform. Beispielsweise 18–21 Jährige in Rheinland Pfalz, die ein Interesse an Umweltthemen haben.
+ *Festlegen des Media Budgets:* Jetzt werden Dauer und Umfang bestimmt. Die Plattformen geben dir in der Regel bereits ungefähre Schätzungen ab, wie viele Personen du mit dem eingegebenen Budget erreichen kannst. Die Dauer der Targeting-Kampagne wird beispielsweise auf 7 Tage festgelegt und dafür ein Budget von 500 Euro definiert.
+ *Auswählen der Video-Ads:* Selektion der digitalen Inhalte für diese Kampagne. In diesem Fall ein kurzes Vorstellungsvideo zu deinen politischen Themen. Dieses fällt in die Funneling-Phase »Aufmerksamkeit.«
+ *Bilden einer Custom Audience:* Du definierst die Zielgruppe, die bereits mit den Inhalten deiner Kampagne oder Organisation in Kontakt getreten ist. Eine Custom Audience bezeichnet eine Zielgruppe, die anhand einer bestimmten Interaktion (wie Videoaufruf oder Like deiner Seite) identifiziert werden kann. So empfiehlt es sich, Personen zu definieren, die ein erhöhtes Interesse an deinen Inhalten gezeigt haben.
+ *Auswahl tiefergehender Anzeigen »Informieren« oder »Überzeugen«:* Jetzt werden digitale Inhalte ausgewählt, die eine tiefere Informationsdichte aufweisen oder bereits den nächsten Interaktionsschritt enthalten. Dies kann ein bestimmter Aufruf sein oder bereits die Weiterleitung auf eine spezifische Landing Page. Alle Personen, die hier mit den Inhalten interagieren, können nachhaltig für die Phase »Binden« in Betracht gezogen werden.
+ *Analyse & Optimierung:* Auswertung im Team zum Abschluss der Targeting-Kampagne in Form eines kleinen Reports. Welche zentralen Erkenntnisse konnten gewonnen werden? Wie war die Performance und welche Ergebnisse lieferte das eingesetzte Media Budget? Was muss man bei der nächsten Kampagne optimieren? Die perfekte Targeting-Kampagne existiert nicht, es gibt immer etwas zu verbessern!

8 HACKS & TIPPS FÜR TARGETING FORTGESCHRITTENE UND EXPERT:INNEN

+ **Social Proof für sich nutzen:** Menschen interagieren wahrscheinlicher mit Inhalten, wenn sie sehen, dass viele Freunde, Bekannte oder andere Personen aus ihrem Netzwerk bereits auf diesen bestimmten Inhalt reagiert haben. Wichtige Botschaften kann man zunächst an eine Retargeting-Zielgruppe ausspielen und auf das Ziel »Beitragsinteraktionen« optimieren. Damit werden viele User:innen interagieren und Reaktionen und Kommentare hinterlassen. Diese Anzeige kann man dann in den Werbemanagern duplizieren. Die sichtbaren Interaktionen bleiben, die Zielgruppen ändern sich.

- **Reichweite durch »Frequency Capping« steigern:** Manche Botschaften müssen sehr schnell so viele Menschen wie möglich erreichen. Gerade bei hohem Media-Budget steigt aber die Frequenz der jeweiligen Werbeanzeigen in den definierten Zielgruppen. Menschen sehen immer und immer wieder deine beworbenen Postings. Das Potenzial wird so nicht ausgeschöpft. In dem Fall kann man nicht nur die Frequenz auf ein Minimum senken, man kann auch Personen ausschließen, die in letzter Zeit mit dem Content der eigenen Seite interagiert haben. Konkret: Wenn eine Person dein Video bereits zweimal in ihrer Timeline gesehen hat, bekommt sie es nicht mehr als Video ausgesteuert. So steigt die Reichweite sicher in Teilen der Zielgruppen, die noch nicht erreicht wurden.
- **Überoptimiere Zielgruppen nicht!:** Die Interessen-Daten der Plattformen decken zwar maximal viele Bereiche ab, sehr präzise sind sie aber nicht immer. Auch wenn die Kombinationen von Interessens-Parametern den Anschein einer perfekten Persona-Operationalisierung erwecken, schränke deine Zielgruppen nicht unnötig ein. Gerade auf Facebook sollte eine Zielgruppe mindestens mehr als 100 000 Menschen umfassen. Der Algorithmus ist so gut und optimiert so oft, dass er deine Zielgruppe besser finden wird, als du glaubst, sie mit Interessens-Kombinationen und Ausschlüssen gefunden zu haben. Lass dich dabei nicht sofort von schlechten Kommentaren oder Reaktionen verunsichern. Das heißt nicht, dass du nur Gegner:innen erreichst.
- **Die Beschriftung macht den Unterschied:** Targeting lebt von der Datenanalyse. Ob auf Plattform selbst, in einer Datenbank oder in Excel, die Analyse profitiert von einer sauberen und konsistent eingehaltenen Namensgebung der Ads. Mit einheitlichen Trennzeichen wie »_« kann man verschiedene Parameter voneinander trennen und einzeln oder kombiniert analysieren. Auf jeder Ebene (Kampagne, Zielgruppe, Anzeige) kann und sollte man unterschiedliche Parameter verwenden.
  - *Kampagne*
    - Optimierungsziel
    - Kampagnen Thema und Funnelstufe
    - Ort
  - *Zielgruppe*
    - Zielgruppen Name und Alter
    - Geschlecht
  - \+ *Anzeige*
    - Anzeigetyp
    - Anzeigeninhalt
    - Anzeigen Thema und Format
    - Platzierung
- **Überlappende Zielgruppen:** Der Zielgruppenmanager bei Facebook ermöglicht es dem Werbetreibenden, seine Zielgruppen auf Überlappungen zu überprüfen. Du hast zwei Zielgruppen zur Mobilität gebaut und denkst, zwei total unterschiedliche Aspekte verwendet und damit unterschiedliche Zielgruppen operationalisiert zu haben? Mit der Überlappungs-Analyse kannst du deine Hypothese überprüfen.
- **Video-Retargeting-Zielgruppen thematisch clustern:** Ein politischer Account bespielt meistens unterschiedliche Themen. Hier ist es sinnvoll, seine Videos thematisch zu clustern und

gemeinsam in Video-Retargeting-Zielgruppen zusammenzufassen. So erstellt man über die Zeit seine Kernzielgruppen für verschiedene Themen und kann sie immer wieder mit neuen Inhalten aus diesen Themengebieten ansprechen. Weiterer Vorteil: Aus den Retargeting-Zielgruppen lassen sich dann auch Lookalikes erstellen. Diese sind oft performanter als thematische Interessen-Zielgruppen.

+ **Keywords von der Konkurrenz berücksichtigen und implementieren:** Die Google-Suche ist eine Auseinandersetzung um die Deutungshoheit in politischen Themengebieten. Daher ist es sinnvoll, zu analysieren, auf welche Keywords die politische Konkurrenz wettet. Diese Keywords sollte man in sein Portfolio aufnehmen und sein eigenes Angebot an die interessierte Zielgruppe in diesem Themengebiet vermitteln.
+ **Google Ads Editor:** Die Google Ads Benutzeroberfläche ist etwas komplizierter. Gerade das Duplizieren von Anzeigen, Zielgruppen oder Kampagnen ist etwas unübersichtlicher. Dafür hat Google ein Tool namens Google Ads Editor. Mit einfachen Shortcuts kann man hier ganze Kampagnen duplizieren und problemlos neue Anzeigen anlegen. Gerade bei häufig wechselnden Inhalten und großen Kampagnen Strukturen ist der Google Ads Editor unverzichtbar.

Wie du eine echte Gemeinschaft entwickelst

Eine der größten Herausforderungen für jede:n Public-Arena-Kommunikator:in ist es, aus einer anonymen Gruppe von Followern eine wirkungsmächtige Gemeinschaft von Unterstützer*innen – eine echte digitale Community – zu formen. US-Studien zeigen, dass Menschen auf Social Media zu 85 Prozent mit den immer gleichen Seiten und Personen interagieren. Unser vermeintlich grenzenloser Radius begrenzt sich meist auf Vertrautes und Bewährtes. Besonders für Politiker:innen, Parteien und Aktivisten ist das Aufbauen, Pflegen und Managen von Communities kein Nice-to-have, sondern ein Muss, um Menschen dauerhaft mit den eigenen Themen zu erreichen. Was aber macht eine digitale Community aus? Laut dem amerikanischen Campaigning sind es drei Bausteine, die man benötigt:

+ **Handlungen** *(Common Set of Action)*: Ein Set an konkreten digitalen Handlungen, die durch Formate auf den Kanälen, auf der Homepage oder in Videos ermöglicht werden. Nur wenn Interaktionen auch angeboten werden, kann von einer echten, lebhaften Community gesprochen werden.
+ **Mission** *(Common Set of Mission)*: Wohin geht die Reise? Warum sollte man einer Community beitreten? Welche Ziele sollen verwirklicht werden? Wie kann der oder die Einzelne dazu beitragen, diese Mission zu unterstützen? Das muss transparent erkennbar, nachvollziehbar und auch verständlich formuliert sein.
+ **Werte** *(Common Set of Values)*: Werte sind nicht nur das Fundament deiner Kommunikation, sondern auch wichtig für das Selbstverständnis jeder Community. Welche Netiquette gilt? Welches Verhalten wird nicht toleriert? Ohne ein starkes Wertegerüst kann es keine nachhaltige Identifikation mit einer Community geben!

Eine kleine, aber lebendige LinkedIn-Gruppe mit einer Community von 500 motivierten Unterstützer:innen kann oft mehr Outcome bewirken, als ein großer Social-Media-Account mit 100 000 Followern, die sich fremd bleiben. Merke: Digitale Communities sind nie das Ergebnis eines Zufalls oder reiner Begeisterung. Sie sind immer das Resultat eines systematischen und strategischen Aufbaus. Es bedarf einer klugen Organisation und Pflege, da es nicht nur darum geht, dass Unterstützer:innen einfach nur einen Beitrag liken oder teilen, sondern sich dauerhaft in die Kampagne oder Kommunikation einbringen und idealerweise zu einem Multiplikator im jeweils eigenen Umfeld werden.

Wir wollen in diesem Kapitel anhand von vier Methoden und Tools folgende Fragen beantworten:

+ Welche Art von digitaler Community möchte ich aufbauen, und wie beeinflusst das meine gesamte Kommunikationsarbeit?
+ Welche Aktivitäts-Pfade bieten sich in der Community für unsere Zielgruppen, und wie bilden wir Botschafter:innen aus?
+ Welche Motivations-, Interaktions- und Belohnungssysteme braucht es, damit eine Community dauerhaft lebendig ist?
+ Wie muss ich den Austausch mit der Community steuern?

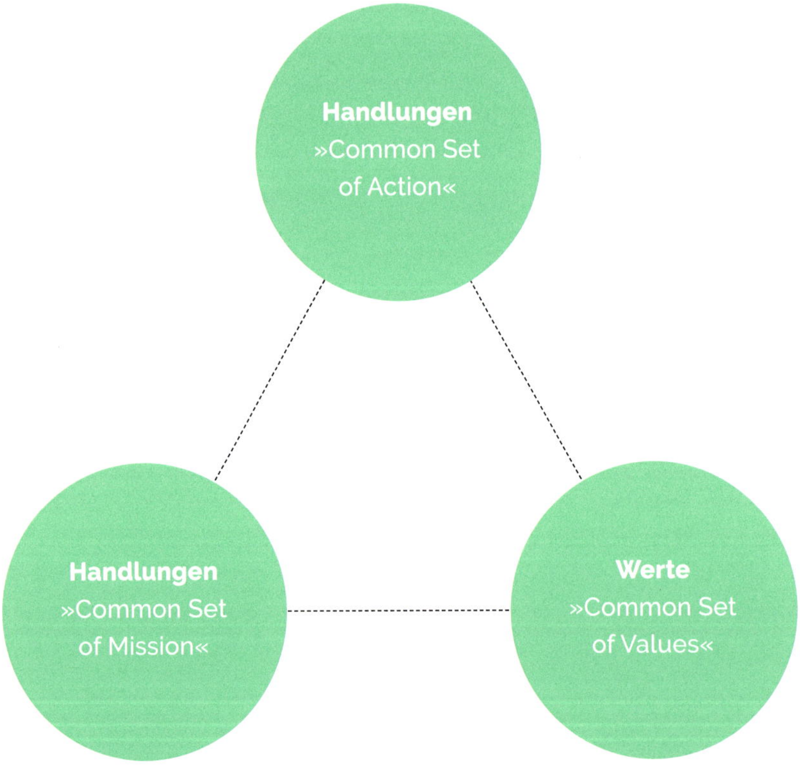

Tool: das five-Part Framework for Digital Organising

Die Art und Größe einer angestrebten Community hängt maßgeblich von der Organisation ab, die sie aufbauen möchte. Ein Think Tank ist anders strukturiert als eine NGO wie Greenpeace – und das gilt auch für die digitalen Interaktionen, Logiken und Social-Media-Aktivitäten.

Um sich mit dieser Frage strategisch zu beschäftigen, ist das von der spanischen Kampagnenberatung Tectonica und ihrem Gründer Ned Howey entwickelte *five-Part Framework for Digital Organising* zu empfehlen. Wir haben es auf vier Kategorien leicht modifiziert – je nachdem wie die personalisierten Berührungspunkte in der digitalen Kommunikation gesetzt werden und wie autark Unterstützer:innen sein können.

DIE VIER KATEGORIEN DEFINIEREN SICH WIE FOLGT:

+ **Community Stufe 1: »klassisch« kommunizieren:** Diese Kommunikation ist absenderzentriert, und ihr Fokus liegt auf Reichweite und Aufmerksamkeit. Es gibt wenige bis keine Aufforderungen in den Postings, Direktkontakte in Form von E-Mails oder anderer Daten werden nicht aufgebaut. Zudem existieren keine definierten Community-Standards oder ein formalisiertes Community-Management.
+ **Community Stufe 2: Community Building und -Aktivierung:** In dieser Stufe werden digitale Formate, die explizit auf Interaktion angelegt sind (etwa Instagram Q&As), genutzt und Menschen eingeladen, Teil der Seite zu werden. Es gibt ein Community Management, einen Newsletter mit Call-to-Actions sowie das Ziel, durch Targeting und Anzeigen in Suchmaschinen mehr Unterstützer:innen zu gewinnen.
+ **Community Stufe 3: Aktivismus und mobilisierbare Community:** Zu den Merkmalen dieser Stufe gehören Mikro-Kampagnen auf der Seite, Geschichten und Formate über Mitglieder der Community und sogenannter User generated content (UGC). Die eigene Datenbank wird zur Mobilisierung genutzt, die Community intensiv durch digitale »Meet-ups« gepflegt. Außerdem haben die Initiatoren ein Community Management mit Netiquette und Guidelines installiert.
+ **Community Stufe 4: Dezentralisiertes Relational Organizing:** Hier kann jede:r potenzielle Unterstützer:in eigene Kampagne innerhalb der Kampagne starten. Zu diesem dezentralen 360°-Campaigning gehören auch Fellow-Programme, Community-Botschafter:innen und eine hohe Nutzung von Petitionen. Zudem liegt ein starker Fokus auf der Verbreitung von personalisierten Inhalten via Messenger.

TOOL
Framework Digital Organizing

Komplexität

Umfang

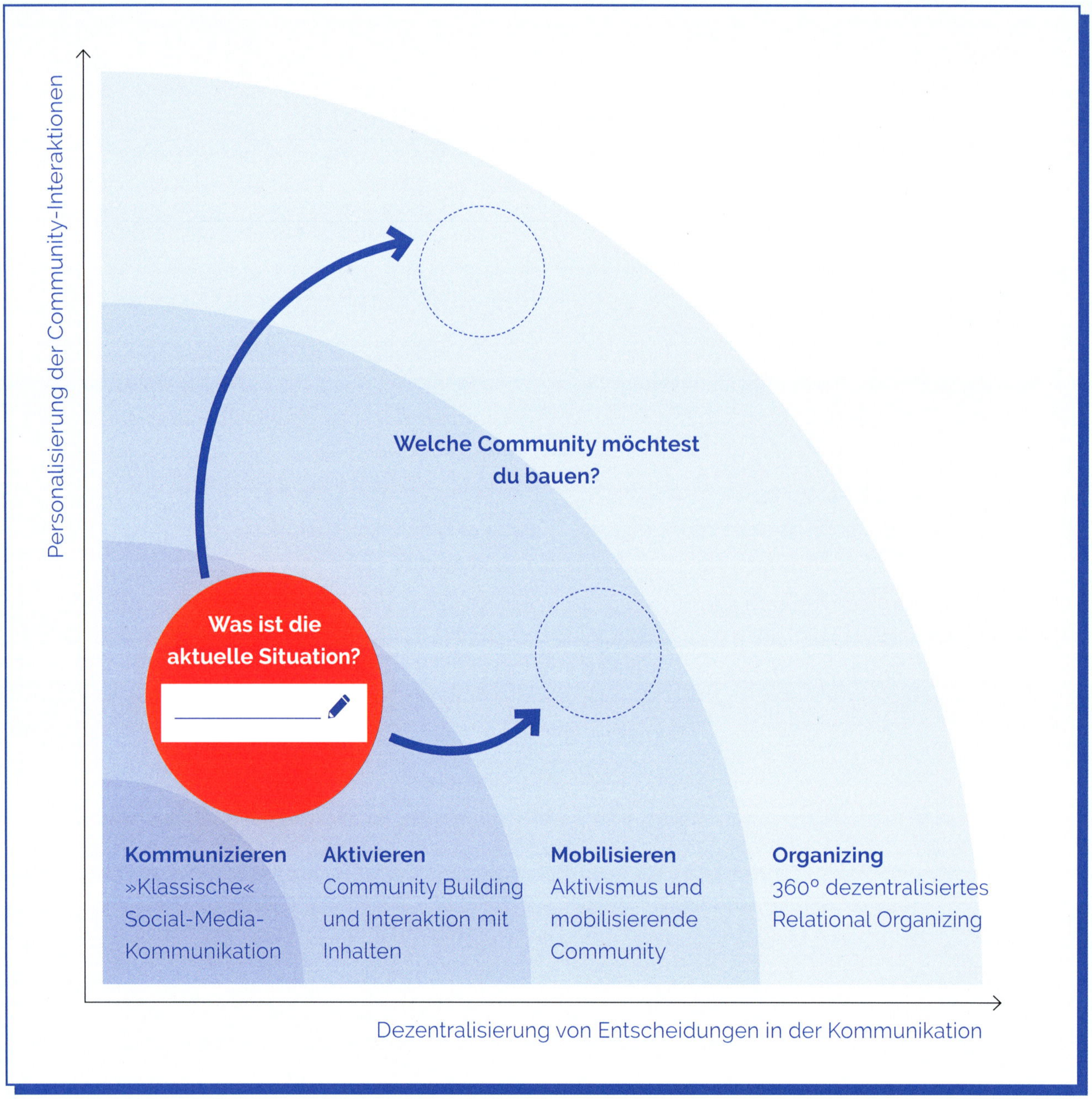

Das Modell soll nicht implizieren, dass es automatisch besser ist, je weiter rechts man sich einordnet. Organizing ist immer mit erheblich viel Zeit und Fokussierung verbunden. Umso wichtiger ist es, exakt zu wissen, wohin man möchte und was benötigt wird.

Schritt 1
Orientiere dich anhand der Beschreibung der vier Stufen. Trage den aktuellen Ist-Zustand auf dem Framework in einem roten Kreis ein. Sofern das Framework in einem Workshop-Setting angewandt wird: Diskutiere die Merkmale der aktuellen digitalen Community-Arbeit in der Gruppe und liste sie neben dem Framework auf.

Schritt 2
Trage jetzt den Soll-Zustand auf dem Framework ein. Welche Form von digitaler Community strebst du an? Was ist das Idealbild, in dem du deine digitale Kommunikation eingebettet sehen willst? Es können auch nur einzelne Elemente aus den anderen Phasen, wie etwa Community Guidelines oder der Aufbau einer Datenbank für Direktkontakte, mit einem Landingpage-Baukasten angegangen werden.

Schritt 3
Definiere die Community-Maßnahmen, die dafür notwendig sind. Welche Schritte, Aufgaben und Maßnahmen müssen jetzt angegangen werden, und welche Ressourcen braucht man dafür? Sind eigene Schulungen notwendig? Wer könnte als Community-Ansprechpartner:in dienen? Schreibe alle Aufgaben in eine Liste und operationalisiere sie auf dem Zielplan und der Maßnahmen-Roadmap aus dem Kapitel »Ziele«.

BEISPIEL LADDER OF ENGAGEMENT

			Treten als Testimonials auf und treiben Kampagne eigenständig in ihren Netzwerken voran	**Botschafter:innen**
		Laden Freunde oder Kollegen ein, sich mit Gruppe oder Thema zu vernetzen	Interagieren regelmäßig mit unseren digitalen Inhalten und teilen diese	**Unterstützer:innen**
	Folgen mindestens einem Account von uns	Tragen sich in Newsletter auf Homepage ein	Schauen unsere Videos und Postings an	**Follower:innen**
Folgt ähnlichen Social Media Accounts	Haben unsere Website besucht	Haben innerhalb der letzten 180 Tage den Content gesehen	Posten zu ähnlichen Themen	**Beobachter:innen**

Tool: die Ladder of Engagement

Die »Stufenleiter des Engagements«, *Ladder of Engagement*, wird seit Jahren im digitalen Campaigning eingesetzt, um differenzierte Aktivitätspfade je nach Bereitschaftsgrad innerhalb der Kampagne oder Kommunikation aufzuzeigen. Diese können später konkret mit der »Supporter Journey« aus dem Kapitel »Zielgruppen« geplant werden. Ziel ist es immer, mit niedrigschwelligen Mitmachoptionen eine tiefere Bindung zur eigenen Community aufzubauen. Erst zu einem späteren Zeitpunkt werden dann »intensivere« Aufforderungen wie eine Spende, der Aufruf zur Mitgliedschaft in einer Partei oder das Unterschreiben einer Petition adressiert. Die Stufenleiter bietet dir einen Rahmen für die Zuordnung von Aktivitäten, an denen du dich orientieren kannst, um einerseits die Tiefe des Engagements zu evaluieren und andererseits weitere Maßnahmen abzuleiten. In den meisten Fällen wird zwischen vier Stufen unterschieden:

+ *Level 1, Observer*: sucht nach relevanten Keywords, hat an einer Umfrage teilgenommen oder eine Petition unterschrieben.
+ *Level 2, Follower:in*: folgt einem deiner Accounts, sucht nach deinem expliziten Anliegen, schaut Videos von dir zu mind. 50 Prozent, hat sich für einen Newsletter angemeldet, liked regelmäßig Inhalte.
+ *Level 3, Unterstützer:in:* teilt und kommentiert deine Inhalte, ruft sein/ihr Netzwerk dazu auf, an deinen Umfragen teilzunehmen und/oder Petitionen zu unterschreiben oder deinen Kanälen zu folgen, erstellt eigenen Content auf Basis deiner Informationen.
+ *Level 4, Botschafter:in*: engagiert und mobilisiert Mitglieder der Community unabhängig von deinen Aktivitäten, plant eigene Aktionen, die auf dein Anliegen einzahlen und prägt deine Vision mit.

Beispiel: Die Obama-Kampagne nutzte 2008 und 2012 sehr erfolgreich die *Ladder of Engagement* als Methode. Das sah stark vereinfacht so aus: Im ersten Schritt wurden die Menschen zu einer einfachen Aktion ermutigt: zu »Follow« oder »Like« auf Obamas Facebook- und Twitter-Kanälen. Im zweiten Schritt postete die Kampagne in einem unterhaltsamen Kurzvideo einen Link. Die Menschen wurden aufgefordert, für Obama im Vorfeld seines Geburtstags »eine personalisierte Geburtstagskarte zu unterschreiben«. Taten sie dies, gaben sie ihren Vor- und Nachnamen sowie ihre E-Mail-Adresse ein. Jetzt hatte das Obama-Team die wertvollste Information in ihrer Datenbank: einen Direktkontakt, ohne dafür auf die Plattformen zugreifen zu müssen. Im dritten Schritt der *Ladder of Engagement* schickte die Kampagne eine E-Mail an die eingetragenen Unterstützer:innen, in der diese gebeten wurden, an einer Umfrage teilzunehmen oder eine persönliche Geschichte auf Social Media zu teilen. Dieser Schritt ermutigte die Menschen, sich mehr zu engagieren und ein Profil zu erstellen, damit die Kampagne sie in Zukunft besser ansprechen konnte.

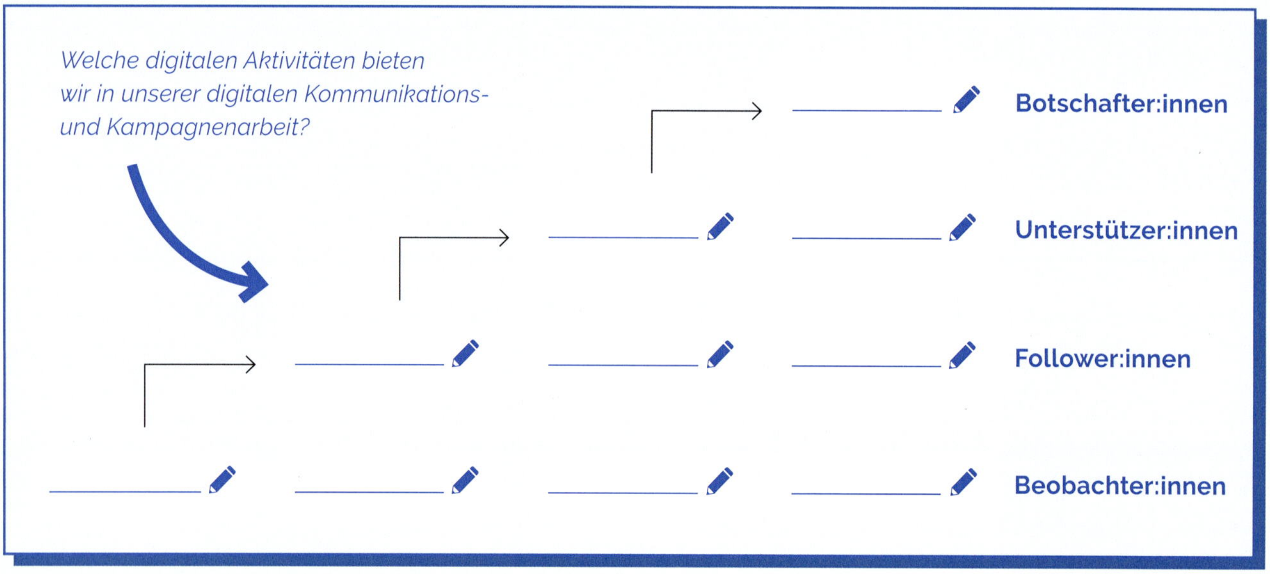

Das Wichtige dabei: Die Obama-Kampagne stellte nur einfache, niedrigschwellige Interaktions-Fragen an die Menschen. Sie bat niemanden, Geld zu spenden oder Zeit einzusetzen. Die aktivsten Unterstützer:innen und Fundraiser:innen erhielten im letzten Schritt eine Einladung, an einem Telefonat mit Barack Obama teilzunehmen.

JETZT BIST DU DRAN!

Nutze die Vorlage im Miro Board oder auf einer Pinnwand und definiere mit deinem Team die unterschiedlichen Ebenen:

Schritt 1
Liste auf, wie viele Ebenen deine Stufenleiter haben soll. Sofern du für eine Organisation arbeitest, die auf dem Digital Organizing Framework sehr weit links orientiert ist, benötigst du keine Kampagnen-Botschafter:innen.

Schritt 2
Trage für jede Stufe auf der Leiter ein, welche digitalen Aktivitäten möglich sind und was ein Einzelner auf den unterschiedlichen Ebenen zum Erreichen deiner Kommunikationsziele beitragen kann.

Schritt 3
Sobald du die Aktivitäten eingetragen hast, vergleiche sie mit deiner erarbeiteten Supporter Journey aus dem Kapitel »Zielgruppen«. Wie sieht der Aktivitätspfad für deine Zielgruppe aus? Braucht es noch eine Landing Page, um bestimmte Aktionen, wie etwa die Teilnahme an einer Umfrage, darstellen zu können? Wenn du merkst, dass du deinen wichtigsten Unterstützer:innen keine sogenannte »Social Dividend« bietest – also keine angemessene Anerkennung ihres Engagements –, dann wirkt sich das negativ auf die Motivation der Community aus. Frankreichs Präsident Emmanuel Macron zum Beispiel rief jede Woche ausgewählte Unter-

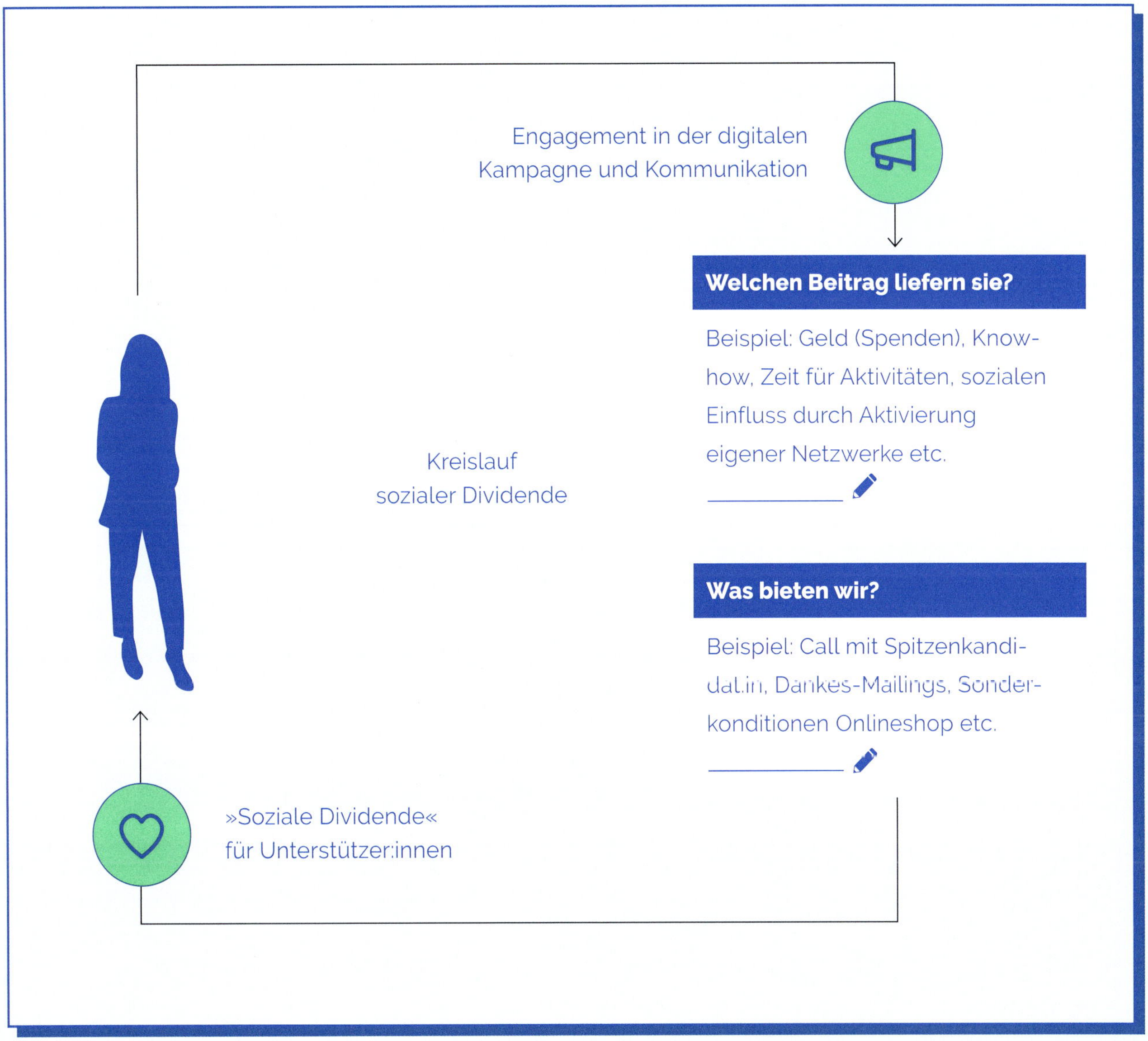

stützer:innen an, um sich für ihr individuelles Engagement in der Kampagne zu bedanken.

Mit dem Zyklus sozialer Dividende kannst du je nach Aktivitätsgrad auch das Engagement deiner Unterstützer:innen würdigen. Nur wenn sie motiviert bleiben, werden sie auch 120 Prozent für dein Anliegen geben. Wertschätzung, Dankbarkeit und exklusive Formate sind daher essentiell, um diese auch im Kampagnenalltag spürbar zu machen.

TOOL
Community-Management-Ampel

Komplexität ⚙⚙⚙ Umfang ⧗⧗⧗

Typ	++ Gezielt positiv	+ Allgemein positiv	? Frage, neutral	– Allgemein negativ	– – Gezielter Angriff	!! Regelwidrig, boshaft
Inhalt	Gezieltes Lob	Positive Äußerung; nicht themen- oder anlass-bezogen	Fragen, Ideen, Vorschläge, Wünsche oder Fakten	Ironie, skeptisch suggestive Fragen, allgemeine negative Äußerungen	Gezielte Kritik an Äußerung, spezifischer Angriff auf Posting	Sexismus, Rassismus, Beleidigung, Spam oder Gewaltver-herrlichung
Reaktion	Bedanken, auf Kommen-tar eingehen und zu mehr Teilhabe einladen	Liken oder bedanken. In der Antwort auf Thema des Beitrags eingehen	FAQ-Vorlagen nutzen, ggf. Ignorieren oder Links zu mehr Infos posten	Ggf. Ignorie-ren, nach Prüfung des Accounts alternativ mit Links und Fakten auf Kritik einge-hen	Echtheit des Profils prüfen, Kritik ent-kräften und argumentativ antworten, Kommentar beobachten	Blockieren, Äußerung melden, ggf. straf-rechtliche Anzeige einleiten

Tool: Community-Management-Ampel

Wenn man eine Community aufgebaut hat, muss man für die dauerhafte Interaktion professionelle Standards setzen. Am Umgang mit den Menschen auf deinen Kanälen misst sich, wie ernst du es mit dem Dialog meinst. Zwar hat sich der Begriff »Community Management« durchgesetzt. »Community Relations« wäre aber treffender.

SPIELREGELN AUF DEINEN KANÄLEN FESTSETZEN

Du bist Hausmeister:in auf deinen Kanälen – du bestimmst die Hausordnung. Was geht, was geht nicht? Grundlage dafür ist eine Netiquette oder Community Guideline, die sowohl auf deiner Facebook-Seite als auch auf deiner Homepage leicht in einer eigenen Sektion zu finden sein sollte. Nur wer zu Beginn Regeln kommuniziert, kann sich darauf später berufen. Grundsätzlich sollte eine Netiquette folgende Grundprinzipien enthalten:

+ Definition der Kernwerte deiner Organisation
+ Ziel und Zweck der Nutzung des Kanals
+ Grundlegende Werte im Umgang miteinander auf den Kanälen
+ Klare Definition, welcher Content nicht toleriert wird, zum Beispiel Beleidigungen, Drohungen, Werbung, Spam oder Anfeindungen
+ Auflistung der Maßnahmen, die ergriffen werden, wenn gegen diese Richtlinien verstoßen wird, zum Beispiel Löschen von Kommentaren, Blocken der Seite oder sogar Erstattung von Anzeige
+ Datennutzung und Datenschutzbestimmungen

GUIDELINES UND COMMUNITY-MANAGEMENT-AMPEL

Neben dem Aufstellen von Regeln an die – externen – Follower:innen ist es zwingend, auch **interne Guidelines** für dein Team festzulegen – also Prinzipien und Muster für das Community-Management. Die internen Guidelines umfassen in der Regel Absprachen zum Beantworten von Kommentaren (wie bleibt man respektvoll; ist Ironie erlaubt?), zur gewünschten Tonalität (Ansprache der Nutzer:innen: duzen oder siezen?) sowie zu sprachlichen Regeln (Stil, Rechtschreibung, Formatierung, Lesbarkeit). Hier ist eine Übersicht in der von uns entwickelten Community-Management-Ampel. Sie zeigt, nach welchen Mustern die verschiedenen Arten von Kommentaren einzuordnen sind und wie diese auch priorisiert werden können. Du kannst die Ampel als Modell oder Orientierung nutzen, wenn du unsicher bist, wie du auf Kommentare reagieren solltest.

ACTION
Community

TOOL
Community Score

Komplexität

Umfang

Typ	Um was gehts? Kritik, Lob, Frage, Aussage			
Thema	Welchem Thema kann der Kommentar zugeordnet werden?			
Argument	Welche Argumente oder Argumentationsmuster werden genutzt?			
Häufigkeit (1–10)	Wie oft tritt dieser Kommentar in dem definierten Zeitraum auf?	*Score =* *Häufigkeit: 7* *+ Schärfe: 5* *+ Trend : 4* *Gesamtscore 3*		
Schärfe (1–10)	Wie heftig äußert sich Kritik? Eher sachlich / ruhig oder aggressiv / emotional?			
Trend (1–10)	Hat das Thema in sehr kurzer Zeit stark an Relevanz gewonnen?			
Ø-Score				
Kommentar	Sonstige wichtige Informationen			

Tool: Community Score

Für größere Organisationen oder Teams mit vielen Interaktionen empfiehlt es sich, ein standardisiertes, qualitatives Verfahren zur Erfassung der wichtigsten Kommentare und Diskussionen einzuführen. Oft existieren keine guten Feedbackschleifen zur laufenden Kommunikation. So wird Potenzial verschenkt und man geht zu wenig auf die operativen Erkenntnisse aus den Community-Interaktionen ein. Wir haben dafür den Community-Score entwickelt. Dieser misst bei ausgewählten Themen die Stimmung in der Community, um eine datenbasierte Grundlage für Meetings oder Feedbackrunden zu haben. So kannst du qualitativ schnell Themen erfassen, notwendige Entscheidungen treffen und reagieren.

Schritt 1

Definiere, in welchen Abständen der Community-Score erhoben werden kann: wöchentlich oder monatlich? Dann geht es los! Es ist zunächst essenziell, die beobachteten Kommentare nach Art und Argumenten zu unterteilen. Handelt es sich um Kritik, Lob oder Rückfragen? Mit welchen Argumeten werden Kritik oder Lob vorgetragen?

Schritt 2

Die drei wesentlichen Bestandteile deiner Einschätzung beruhen auf Häufigkeit, Schärfe und Trendfaktor. Wie häufig wurde ein bestimmtes Argument vorgebracht? Mit welcher Schärfe wurde dieses Argument geäußert? Und handelt es sich um ein Thema, das kürzlich stark an Relevanz gewonnen hat oder seit längerer Zeit über verschiedene Beiträge hinweg angesprochen wird? Der Score geht in den drei Kategorien von jeweils 1 (sehr gering oder wenig) bis 10 (sehr hoch oder sehr intensiv). Dieser beruht auf der qualitativen Einschätzung der Person im Community Management. Der Gesamtscore berechnet sich aus dem Punkteergebnis der Kategorien, die durch drei geteilt werden. Ein hoher Score sollte schnelle Handlungen und Maßnahmen zur Folge haben.

Schritt 3

Nimm dir Zeit, um den Score im Team zu diskutieren und Handlungsempfehlungen daraus abzuleiten. Wünscht sich die Community, dass ein Thema endlich behandelt wird, kann darauf reagiert werden. So kannst du sehen, welche Themen besonders gut oder schlecht funktionieren und in der darauf folgenden Kommunikation eingehen.

Wie du Menschen davon überzeugst, genau jetzt aktiv zu werden

Die typische digitale Mobilisierung zielt auf eine konkrete Handlung ab, die der Einzelne zum Höhepunkt der digitalen Kommunikationsmaßnahmen (der Klimax) machen kann. Das können etwa die Wahl einer bestimmten Partei oder Person sein oder das Unterschreiben einer digitalen Petition für oder gegen ein Anliegen. Effektive digitale Mobilisierung ist ein Orchester aus Kernbotschaften, Aufbau und Pflege einer digitalen Community, involvierendem Content und einem klaren Höhepunkt, auf den die Kommunikation zusteuert. Deine Unterstützer:innen müssen die Dringlichkeit merken und verstehen, dass jetzt Aktivität gefordert ist! Mobilisierung ist in der Praxis insbesondere für politische Parteien, Politiker:innen und NGOs relevant.

Die Fragen, um die es in diesem Kapitel gehen soll, lauten also:

+ Wie kann digitales Storytelling so zugespitzt werden, dass Dringlichkeit und Mobilisierung rund um einen Anlass konstruiert werden?
+ Wie sieht ein effektiver digitaler Mobilisierungsplan rund um einen Kommunikationsanlass aus?
+ Was kennzeichnet die Methodik des amerikanischen Get out the Vote (GOTV), und wie kann ich sie für meine digitale Kampagne konkret anwenden?

»Challenge«

Herausforderung

Was ist das Problem, das du lösen willst? Was verhindert eine Veränderung oder steht ihr im Weg? Warum ist das Problem für deine Zielgruppe wichtig und relevant?

»Choice«

Wahlmöglichkeit

Welche Wahlmöglichkeiten haben wir? Was ist die Lösung, die wir kommunikativ anbieten? Wie trägt das Erreichen dieses Zieles zur größeren Vision bei? Was geschieht, wenn wir nicht aktiv werden?

»Outcome«

Ergebnis

Was ist das Ergebnis, wenn wir unser Ziel erreichen? Beschreibe kurz und konkret, wie genau die Veränderung bewirkt werden kann.

»Dringlichkeit«

Urgency

Zu welcher Handlung rufst du genau auf? Worum bittest du, und welchen Impact kann diese Handlung für die Lösung des Problems haben?

Tool: Klimax-Storyline

Wir haben im Kapitel »Storytelling« bereits gelernt, wie Framing hilft, Kernbotschaften rund um einen Sachverhalt kompakt zu formulieren. Das Framing-Viereck mit seinen vier Aussagen (Was sagen wir über uns? Was sagen wir über sie? Was sagen sie über uns? Was sagen sie über sich?) solltest du als Grundlage für die Klimax-Storyline nehmen. Im US-Campaigning spricht man von vier zentralen Bedingungen, die für eine einprägsame Klimax-Storyline wichtig sind:

+ *Herausforderung (»Challenge«):* Den Nutzer:innen muss bewusst werden, welches Problem es jetzt zu lösen gilt. Welche Veränderung ist erforderlich, was steht ihr im Weg? Warum ist das für deine Zielgruppe wichtig und relevant? Beispiel: *»Die Wahl ist eine Schicksalsfrage für den Klimaschutz in Deutschland. Er ist die zentrale Herausforderung unserer Zeit!«* Lege mit deinem Team das Kern-Narrativ fest.
+ *Die Wahlmöglichkeiten (»Choice«):* Welche Wahlmöglichkeiten bieten sich uns – und damit auch jedem/jeder einzelnen Nutzer:in? Welche Lösung bieten wir kommunikativ für die Herausforderung an? Wie trägt das Erreichen dieses Zieles (beispielsweise eines Wahlsiegs unserer Partei) zur größeren Vision für das Land, die Region oder das eigene Leben bei? Was geschieht, wenn wir nicht aktiv werden? So wird im politischen Campaigning »Change« oder »More of the Same« als Narrativ inszeniert, je nachdem, ob man aus Sicht der Opposition oder der Regierung Wahlkampf macht.
+ *Das Ergebnis (»Outcome«):* Welches Ergebnis steht am Ende, wenn wir das Ziel erreicht haben? Beschreibe kurz und konkret, wie die Veränderung bewirkt werden kann. Beispiel: *»Wenn du aktiv wirst und dich einbringst, sind wir laut und können bei der nächsten Abstimmung endlich für unseren Sportplatz in der Gemeinde kämpfen!«* Es muss klar formuliert werden, welchen Impact die gewünschte Handlung der Nutzer:innen haben kann.
+ *Dringlichkeit (»Urgency«):* Warum ist es wichtig, genau jetzt aktiv zu werden? Warum kann nicht bis morgen oder bis kommende Woche gewartet werden? Beispiel: *»Teile jetzt unseren Wahlaufruf mit 5 weiteren Freunden und deiner Familie! Es sind nur noch 7 Tage bis zur Wahl, jede Stimme zählt für eine bürgerliche Mehrheit, die unser Land modernisieren kann!«*

Tool: Der Mobilisierungsplan

Mit Beginn der Briefwahl oder dem Erreichen von kritischen Deadlines eines Petitionsziels gilt es, den »Mobilisierungs-Game-Plan« strategisch vorzubereiten. Früher galt die Regel: Für die sieben Tage vor der Wahl (abzüglich der letzten 24 Stunden) muss jeder Tag minutiös durchgeplant sein. In den vergangenen Jahren ist der Anteil der Briefwähler:innen stetig gestiegen und durch Corona faktisch explodiert. Das hat mehrere Gründe, führt aber nur zu einer logischen Schlussfolgerung: Du musst das Tempo bereits vorher anziehen und eventuell sogar Wochen vor dem Wahltag einen ersten Sprint einplanen. Es geht dabei um eine spezielle Klimax deiner digitalen Erzählung – und das übrigens nicht nur bei Wahlen, sondern auch bei anderen Großereignissen.

Die Monate harter Arbeit und strategischer Vorbereitung entscheiden sich am Ende daran, ob man die Menschen tatsächlich zur Wahlurne oder zur gewünschten Aktivität lotsen kann. Hier kommt der Begriff »Get out the Vote« ins Spiel. Er bezieht sich auf die Bündelung aller Maßnahmen, die zur maximalen Mobilisierung und dadurch zum bestmöglichen Ergebnis am Wahltag beitragen. Dieser sind alle anderen Aktivitäten in der entscheidenden Phase unterzuordnen. In den USA spezialisieren sich ganze Teams bereits ein Jahr vorab auf diese kritische Phase. Doch auch mit deutlich weniger Ressourcen kann bereits frühzeitig begonnen werden, die finale Campaigning-Phase detailliert in Angriff zu nehmen. Zwar wird der Anteil digitaler Maßnahmen an Mobilisierungseffekten in aktuellen amerikanischen Studien auf maximal 2–3 Prozent geschätzt, doch was nach wenig klingt, kann am Ende in einem engen Rennen den entscheidenden Unterschied machen!

Zuerst nutzt du das sogenannte »GOTV-Raster« als Werkzeug, um die Zielgruppenauswahl besser zu bestimmen. In der entscheidenden Phase geht es nicht mehr darum, Argumente auszutauschen, sondern möglichst viele Menschen zu mobilisieren. Deine aktivsten Unterstützer:innen und Parteimitglieder:innen müssen in dieser Zeit alles geben. Organisiere kleine Events oder Kneipentouren, um auf diese Zeit einzustimmen. Ob am Wahlkampfstand, durch Tür-zu-Tür-Besuche oder in örtlichen Facebook-Gruppen – deine Mitglieder sollten alles an die Hand bekommen, was benötigt wird.

	Unterstützungsgrad für dich		
	Niedrig	**Mittel**	**Hoch**
Hohe Wahrscheinlichkeit	Ignorieren	GOTV	Aktivieren
Mittlere Wahrscheinlichkeit	Counter Speech	GOTV	GOTV
Niedrige Wahrscheinlichkeit	Ignorieren	Ignorieren	GOTV

Deine Zielgruppe?

Alle Personen, die nicht oder wahrscheinlich nicht für dich stimmen werden, sollte man in der GOTV-Phase ignorieren. Die Ausnahme bilden eventuell Aktivitäten der Gegenseite, die darauf abzielen, in den letzten Tagen einen bestimmten Wähler:innen-Block zur Urne zu bringen. Hier sollten im Zweifel digitale Counter-Speech-Maßnahmen eingeleitet werden. Das kann je nach Dringlichkeit in Form von Rapid Response geschehen oder durch Widerlegung der vorgebrachten Argumente mithilfe von Faktenchecks auf den eigenen Kanälen.

- [ ] Wahlplan-Paket (Wähler:innen)
- [ ] Tell-a-friend-Paket (Unterstützer:innen)
- [ ] Botschaftentest und Feedback
- [ ] Briefing Wahlkampfhelfer:innen
  - + Botschaften
  - + Kommunikationskanäle
  - + Termine
  - + Ansprechpartner:innen
  - + Content
  - + Argumentationshilfen

- [ ] Botschaftentest und Feedback
- [ ] Vorbereitung von Materialen für Wahlkampfhelfer:innen
- [ ] Intensivierung des Monitoring und Agenda-Surfing
- [ ] Test Run aller digitalen Aktiväten
- [ ] Botschaftentest final
- [ ] Erstellung und Versand digitaler Infopakete für Wahlkampfhelfer:innen

- [ ] Politische Ads abdrehen
- [ ] Letzter Aufruf
- [ ] Persönliche E-Mail
- [ ] Dein Wahltag
- [ ] Dankes-Posting
- [ ] Letzter Aufruf
- [ ] Abschluss-Event
- [ ] Profil Frame »Ich habe gewählt!«

Beispiel Checkliste auf Timeline eintragen

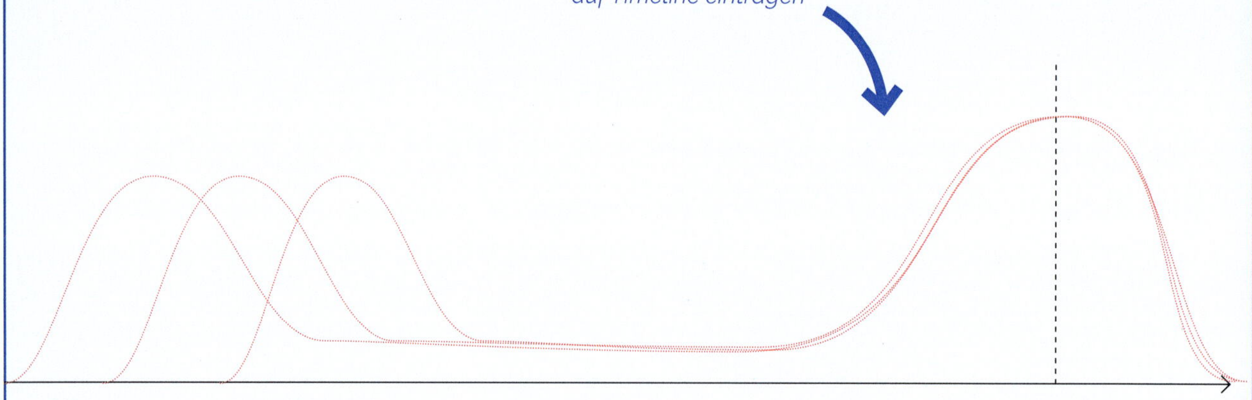

Briefwahl frühestens etwa sechs Wochen vor der Wahl

Was tust du? ________

2 Wochen

Was tust du? ________

1 Woche

Was tust du? ________

72 Stunden

Was tust du? ________

Wahltag

Was tust du? ________

CHECKLISTE FÜR GOTV-MOBILISIERUNG

Mit der GOTV-Zeitleiste kannst du eine gute Roadmap anhand der wichtigsten Meilensteine erstellen. Diese kannst du als Miro Board frei individualisieren und mit deinen eigenen Maßnahmen entsprechend ergänzen. Wir haben für dich die wichtigsten Elemente für die digitale Kommunikationsarbeit bereits zusammengestellt.

Beispiel: ab Beginn Briefwahl

+ Digitale Mikrokampagne zum Start mit Informationen, wie Briefwahl funktioniert, wo sie möglich ist und welche Schritte jetzt nötig sind
+ Digitale Argumentationspakete »Briefwahl« an alle Unterstützer:innen
+ Anlegen einer GOTV-Content-Produktionsliste für *alle* digitalen Inhalte, die für die heiße Phase auf den jeweiligen Kanälen notwendig sind

Beispiel: 72 Stunden vor dem Wahltag

+ Intensivierte Aussteuerung durch politische Werbeanzeigen der relevantesten Argumente
+ Stresstest aller GOTV-Aktionen rund um den Wahltag
+ Versenden von Content-Paketen »Wahlkampfabschluss« an Unterstützer:innen

Beispiel: 24 Stunden vor dem Wahltag

+ Livestream-Aktionen auf Social Media mit unterhaltsamen Formaten
+ Erhöhte Präsenz im Community Management und schnelle Antwortfrequenz bei kritischen Fragen

Beispiel: am Wahltag

+ Um Mitternacht: Abschalten aller werblichen Maßnahmen, wie bezahlte Anzeigen, Google Display Banner-Werbung etc.
+ Posting eines qualitativ hochwertigen Wahlaufruf-Videos, in dem nochmal die Kampagne mit ihren wichtigsten Forderungen und alle positiven Emotionen der vergangenen Monate gezeigt wird.
+ Änderung des Social-Media-Profil-Rahmens in »Heute wählen gehen!« und für aktive Supporter:innen in »Ich wähle XY!«
+ Posting »Erinnerung: heute ist Wahltag!« alle 2 Stunden auf allen Social-Media-Kanälen
+ Aussenden eines Kampagnen-Mailings an alle verfügbaren Direktkontakte
+ Messenger-Kettenbriefe für WhatsApp, Telegram und Co., die über die internen Kanäle mit Bitte zum Weiterleiten am Morgen gestreut werden.
+ Fahraktionen für Menschen mit körperlichen Beeinträchtigungen oder Behinderungen

Krise

Wie du in Krisensituationen souverän agierst

Kommunikative Krisen jeglicher Art sind niemals voraussehbar. Sie sind nicht planbar und auch nicht alleine mit Kommunikationsstrategien oder -methoden aus Büchern wie diesem zu lösen. Wann und wie man eingreifen sollte, hängt von der individuellen Situation, der betroffenen Organisation und den verfügbaren Ressourcen ab. Pauschal sagen lässt sich aber, dass man in erster Linie schnell, effizient und organisiert vorgehen sollte, um einen größeren Schaden zu vermeiden.

Für einen Politiker kann eine missverständliche Aussage schnell zu einem Problem werden, für ein Unternehmen beispielsweise erst dann, wenn plötzlich aufgrund bestimmter Aktivitäten oder Aussagen ein kritischer Hashtag trendet und zum Boykott aufgerufen wird. So ging im Juli 2021 ein Clip binnen Minuten auf Twitter viral, bei dem Armin Laschet im Hintergrund eines Videos bei der Hochwasserkatastrophe scherzend zu sehen war. Am nächsten Tag war dies auf der Frontseite des britischen *Guardian* zu sehen und Gegenstand einer breiten medialen Berichterstattung.

Digitale Krisenkommunikation zeichnet sich durch Reaktionsfähigkeit, eine hohe Analysekompetenz und schnelle Entscheidungsprozesse aus – im Campaigning auch »Rapid Response« genannt.

Krisen sind eines der herausforderndsten Felder der digitalen Kommunikation, auf das man sich aufgrund des hohen Individualisierungsgrades der jeweiligen Lage inhaltlich am wenigsten vorbereiten kann.

In diesem Kapitel zeigen wir anhand von zwei Methoden, wie man sich strukturell für eine effektive digitale Krisenkommunikation aufstellt, egal ob als Verband, Campaigner:in, Aktivist:in oder Behörde.

Der Schlüssel liegt in den Strukturen und Prozessen, die du vorausschauend etablieren kannst und mit denen du dir sowie deinem Team das Handwerkszeug an die Hand gibst, um die Krise aktiv zu gestalten. Es empfiehlt sich, diesen Fall einmal im Jahr zu proben und mit dem Team einen Stresstest an einem »Krisensimulationstag« durchzuführen. Anhand eines realen Szenarios werden Prozesse, Abläufe und Geschwindigkeit so unter realistischen Bedingungen getestet. Schaffe dafür Ressourcen und bereite Dich mit den unten folgenden Tools vor. Grundsätzlich sollte man zwei Ebenen unterscheiden:

1. Lagebild der Krise: Bahnt sich eine Krise an, überschlagen sich im digitalen Raum schnell die Informationen und Reaktionen der Nutzer:innen. Innerhalb von Minuten treten neue Botschaften oder Situationen auf. Häufig machen sich Unsicherheit und Unwissenheit breit. Das Informationsbedürfnis unterschiedlichster Stakeholder steigt rasant an, und auch der Meinungsaustausch intensiviert sich. Um Krisen früh zu erkennen und die Grundlagen für eine angemessene Reaktion zu schaffen, bedarf es einer zielgenauen Evaluation der Informationsströme und eines standardisierten Vorgehens, je nach Intensität der aktuellen Krisenlage. Basierend auf den Ergebnissen eines digitalen Monitorings muss früh und systematisch evaluiert werden, ob es sich um eine sich anbahnende Krise handelt und welche Art der Reaktion deeskalierend wirken könnte.

2. Rapid Response: Sobald eine Krisensituation identifiziert ist, ist digitale Kommunikation in nahezu Echtzeit gefordert – die sogenannte »Rapid Response«. Etablierte Prozesse, Abstimmungsschleifen und Kommunikationsmethoden werden der Krisendynamik meist nicht gerecht und können nicht ausreichend dazu beitragen, eine Eskalation zu vermeiden. Rapid Response bezeichnet somit die Fähigkeit, in einer Krisensituationen schnell und angemessen das Informationsbedürfnis der Öffentlichkeit zu stillen.

Beide Elemente dieses kommunikativen Krisenmanagements stehen in ständiger Wechselwirkung zueinander und müssen in Echtzeit aufeinander abgestimmt werden.

Tool: der Eskalations-Trichter

In Krisen driften die objektive Faktenlage und die subjektive Wahrnehmung auseinander. Es herrscht Stress, alles muss schnell gehen, und es gilt, einen kühlen Kopf zu bewahren. Die Dynamik der Krise macht es erforderlich, technische Verfahren und menschliche Fähigkeiten bestmöglich für die Evaluation potenzieller Krisen zu kombinieren. Um in einem ersten Schritt die Informationsströme einer potenziellen Krise zu bewerten, empfiehlt sich der Einsatz des Eskalations-Trichters.

Schritt 1

Definiere für eure Organisation oder dein Team, ab wann in den Modus der digitalen Krisen-Kommunikation gewechselt werden muss. In der Regel ist dies der Fall, wenn ein schwerer Reputationsschaden oder signifikanter Vertrauensverlust in die eigene Arbeit droht. Du solltest dir für die wichtigsten Debatten ein Basis-Monitoring installieren. Lege Google Alerts an, die dich benachrichtigen, wenn Artikel oder Blogposts mit deinem Namen und deiner Organisation erscheinen. Je nachdem, wie viele Ressourcen dir zur Verfügung stehen und wie wahrscheinlich eine Krise ist, empfiehlt sich auch die Nutzung eines professionellen Social-Listening-Tools wie Talkwalker oder Brandwatch. Für kleine Budgets sind auch Tools wie Tweetdeck oder manuelles Screening bewährt.

Schritt 2

Trage auf dem Eskalations-Trichter ein, in welchem Stadium sich das Thema befindet. Ist nur ein weiteres Beobachten und keine Reaktion notwendig – oder sollte reagiert werden? Muss eventuell sogar ein Krisenteam zusammengestellt werden? Existieren Sprachregelungen fürs Community-Management? Braucht es ein schnelles Video-Statement und steht ein Kamerateam auf Abruf bereit? Trage in die rechte Spalte die Handlungen ein, die du in der jeweiligen Phase durchführen möchtest. So kannst du transparent für das Team auflisten, was getan werden muss und was benötigt wird. Diese Handlungen solltest du wie oben beschrieben in der Praxis in Stresstests proben.

Digitale Themen und kritische Situationen

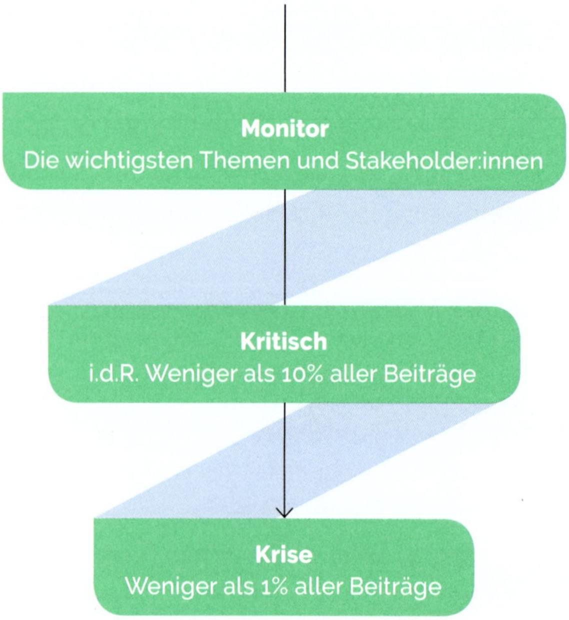

Reichweite
Welche Reichweite und Tonalität haben die Beiträge?

- Das Thema taucht sporadisch in Kommentarspalten oder Postings auf
- Keine hohe Reichweite
- Thema tritt nur singulär auf einer Plattform auf

- Das Thema taucht in zahlreichen Postings auf
- Es schwappt auf mehrere Plattformen über und wird somit zur Cross-channel-Herausforderung
- Substanzielle Anzahl von Shares und Interaktionen

- Eigener Hashtag zu der Situation
- Hohe kritische Masse an Shares und Postings innerhalb von 24 Stunden
- Thema ist auf allen Social-Media-Kanälen präsent und Trending Topic
- Großer Shitstorm auf dem eigenen Account und zahlreiche Interaktionen mit Inhalten

Impact Wie kritisch ist das Thema und seine Auswirkung?	**Absender** Wer ist Absender der Botschaft?	**Handlungen** Was müssen wir tun?
+ Das Thema führt nicht unmittelbar zu einer kritischen Situation und bekommt kein Momentum + Kein Spillover in Medien	+ Kein Akteur von der »Achtung-Liste« + Kein bekanntes Medium oder bekannter politischer Influencer:in	______
+ Thema kann zu Ablenkung vom eigenen Narrativ für mehrere Tage führen oder eine Entschuldigung notwendig machen + Vereinzelt berichten kleinere Medien oder Journalist:innen über das Thema oder den Vorfall	+ Akteure von der »Achtung-Liste« kommunizieren das Thema + Absender verfügen über mittelgroße (5000 – 50 000 Follower:innen) Reichweite	______
+ Das Thema kann gravierende Folgen für die Reputation und Glaubwürdigkeit haben + Das Thema gefährdet die zentrale Mission unserer Organisation + Über den Vorfall wird intensiv medial berichtet	+ Zahlreiche prominente und reichweitenstarke Accounts teilen das Thema + Anzeichen einer koordinierten Aktion und Bündelung gegnerischer Ressourcen	**Krisenteam zusammenstellen!**

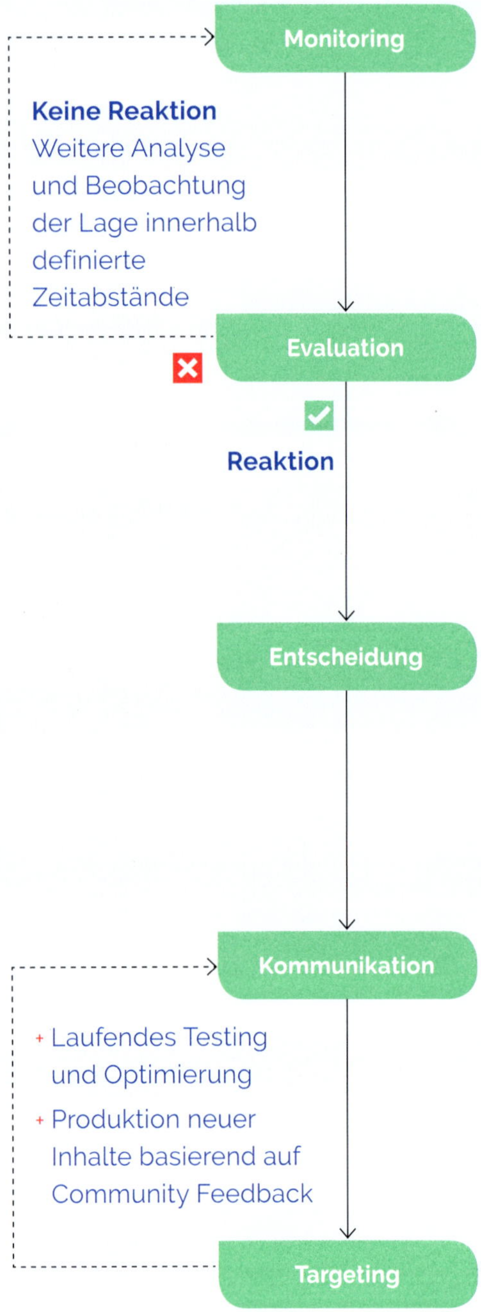

Bewertung

Reichweite	☑	☐	☒	☐
Impact	☑	☐	☒	☐
Absender	☑	☐	☒	☐
Dringlichkeit	☑	☐	☒	☐
Gefahr	☑	☐	☒	☐

Abstimmung im Team und Empfehlung zu Kommunikation

Entwicklung geeigneter Reaktionen für Kanal, Content und Community-Management-Bausteine

Welche Plattform? ____________

Welcher Content? ____________

Welche Botschaften? ____________

Welche Zielgruppe

Zielgruppenspezifische Ansprache mit jeweils unterschiedlich gerichteten Kernaussagen für maximale Informationsdurchdringung

Cluster basierend auf Interessen

____

____

Tool: der Rapid-Response-Prozess

Als nächstes geht es darum, mit digitalen Maßnahmen effektiv zu reagieren. Wir haben das Rapid-Response-System in der Praxis bereits Dutzende Male eingesetzt – der Prozess gibt eine Übersicht darüber, wie man in einer Krise Schritt für Schritt verfährt.

Schritt 1

Man beginnt damit, anhand des Eskalations-Trichters zu analysieren, wie die Lage einzuschätzen ist, und mithilfe des oben beschriebenen Mechanismus zu entscheiden, ob man reagiert. Die wichtigsten Indikatoren sind dafür die Reichweite, der Impact, der Absender, die kommunikative Dringlichkeit und die Gefahr, die von dem Thema oder Posting für die Reputation, die Organisation oder eventuell sogar für die Sicherheit und Gesundheit von Menschen ausgeht. Wird die Mehrheit der Fragen mit »Ja« beantwortet, solltest du reagieren.

Schritt 2

Definiere jetzt im Team, *wie* kommunikativ reagiert wird. Welche Kernbotschaften und Argumente müssen vermittelt werden? Welche Content-Formate (Statement-Video, Erklär-Posting, Instagram-Stories) müssen produziert und auf welchen Kanälen platziert werden? Wer ist für die Produktion und Umsetzung verantwortlich?

Schritt 3

Jetzt musst du die Inhalte schnell auf den Plattformen veröffentlichen und dann ein Monitoring der Repliken darauf beginnen. Findet eine unmittelbare Resonanz auf die Inhalte statt? Verpufft die Kommunikation aufgrund mangelnder Reichweite? Ist letzteres der Fall, gilt es, die Inhalte schnell in definierte Cluster und Zielgruppen zu tragen.

Schritt 4

Als letztes geht es um das Targeting der Zielgruppen zur Deeskalation. Welche Postings müssen an welche Personengruppen ausgesteuert werden? Ist die Krise nur regional relevant, empfiehlt es sich, die digitalen Inhalte auch dort zu kommunizieren. Basierend auf dem Feedback und den aufkommenden Fragen, können dann im Zweifel weitere Inhalte produziert und wiederum ausgesteuert werden.

CASE: #WIRBLEIBENZUHAUSE: KRISENKOMMUNIKATION IN DER CORONA-PANDEMIE

Anfang März 2020 stieg die Zahl der Infektionen mit dem neuartigen Coronavirus in Deutschland rasant an. Genauso explosionsartig wuchs auch der Informationsbedarf in der Bevölkerung und damit einhergehend die Zahl wirrer und gegensätzlicher Informationen in den Social Media. Um dieser polyphonen Ausgangslage an Meinungen und Informationen zu begegnen, etablierte das Bundesministerium für Gesundheit (BMG) gemeinsam mit uns von Cosmonauts & Kings ein »Digitales Lagezentrum«, eine zentrale Taskforce für die Krisenkommuniktion, in der wir die benötigten menschlichen Fähigkeiten und technischen Verfahren kombinierten. So konnte die Bekämpfung der Corona-Pandemie durch eine datengetriebene, zielgruppenspezifische Kommunikation unterstützt werden.

Bereits mit Aufnahme der Arbeit im März 2020 haben wir einen umfassenden Rapid-Response-Prozess im BMG etabliert, auf dem die digitale Krisenkommunikation des Ministeriums in Echtzeit basierte. Dazu gehörte ein dauerhaftes Monitoring der relevanten digitalen Debatten und häufigsten Fragen, für das wir das Social-Listening-Tool Talkwalker eingesetzt haben. Anhand von Themen-Clustern zum Coronavirus konnten wir fortlaufend analysieren, welche Aspekte der Pandemie besondere Aufmerksamkeit verlangen und welche gesellschaftlichen Gruppen ein spezifisches Informationsbedürfnis hatten. Begleitet wurde diese Datenanalyse mit einem umfassenden Community-Management aller digitalen Kanäle des BMG, das auch zur Interaktion mit User:innen diente.

Die erste Welle der Corona-Krise stellte Deutschland vor eine Herausforderung, die unsere staatlichen Strukturen nie zuvor erlebt hatten. Umso wichtiger war es, auf kurze, direkte und schnelle Abstimmungen zwischen den Entscheider:innen zu setzen. Die Evaluation anhand des Eskalations-Trichters erfolgte nahezu in Echtzeit über gesicherte digitale Kanäle und ermöglichte es dem Ministerium, Entscheidungen zur Kommunikation zu treffen, die der Dynamik der Infektion gerecht wurden.

Die Reaktionsfähigkeit des Digitalen Lagezentrums bestand insbesondere darin, keinen der beschriebenen Prozesse isoliert zu betrachten. Die digitale Kommunikation des Ministeriums konnte laufend auf Grundlage der Daten des Monitorings, des Community-Managements und der Interaktion mit den Nutzer:innen angepasst werden. Und es machten zahlreiche gesellschaftliche Akteure mit: Mehr als 90 Influencer:innen und bekannte Menschen aus allen gesellschaftlichen Schichten zeigten sich Zuhause und riefen zum Mitmachen auf. Zahlreiche Verlage stellten Freianzeigen zur Verfügung, TV-Sender wie RTL und ProSieben. Sat1 blendeten über Wochen hinweg unter oder neben ihrem Logo den Hashtag #WirBleibenZuhause ein. Das glaubwürdige Momentum der Solidarität und Gemeinschaft, das Deutschland zu Beginn der Coronakrise erlebte, konnte kommunikativ nur durch die gemeinsame und abgestimmte kommunikative Arbeit aller relevanten Stakeholder unterstützt werden.

Nachdem der Hashtag #WirBleibenZuhause die erste Phase der Kommunikation prägte, musste ab der zweiten Phase stärker differenziert werden. Es galt einerseits, weiterhin die Bevölkerung über die jeweils aktuelle Gesamtlage zu informieren, andererseits zeigten sich zunehmend Unterschiede in den Folgen der Pandemie und des Lockdowns für verschiedene gesellschaftliche Gruppen – und die mussten gezielt adressiert werden.

Abhängigkeitsverhältnis der einzelnen Bereiche eines digitalen Lagezentrums

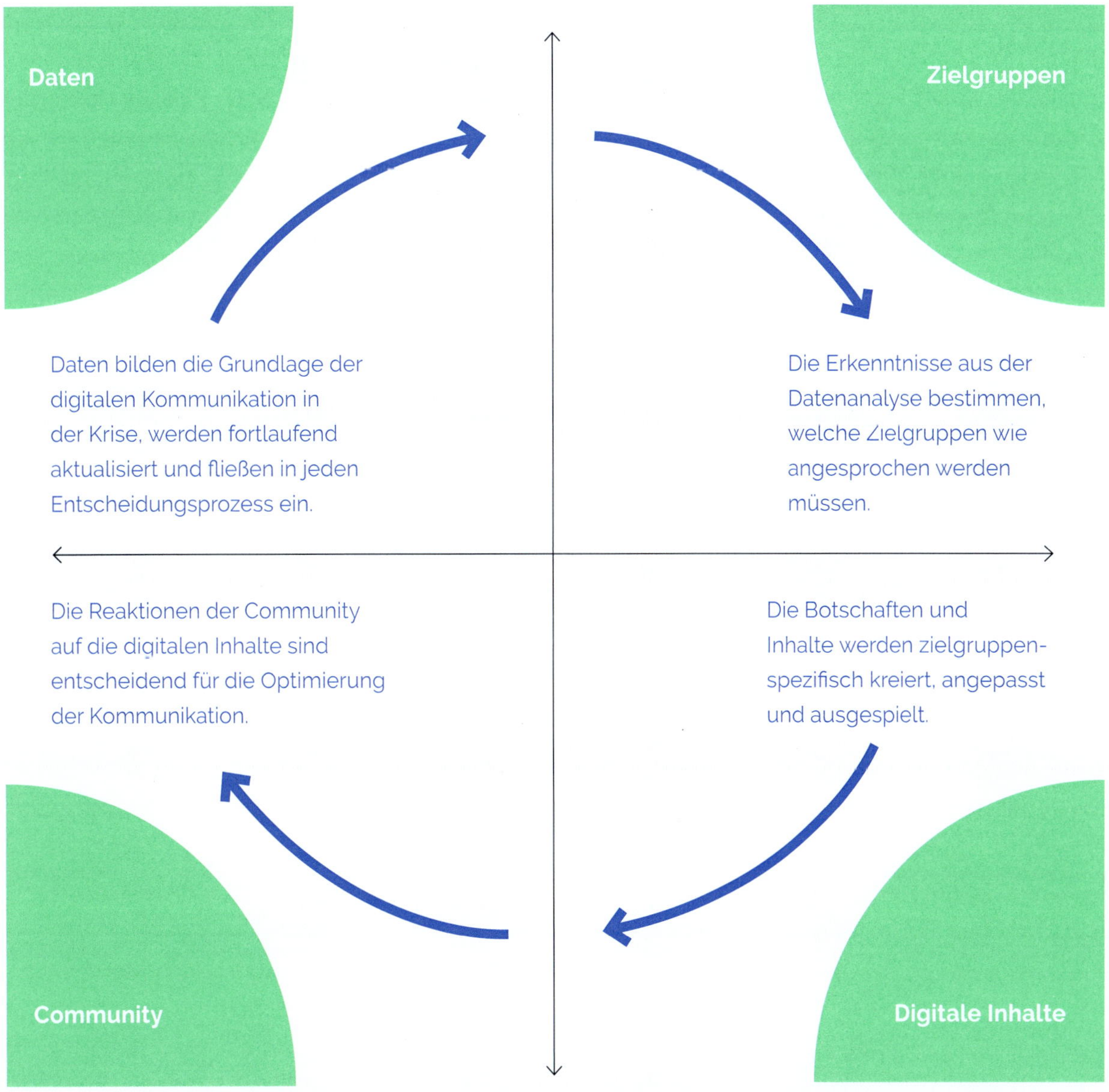

Auf die besondere Belastung der Eltern reagierte das BMG beispielsweise mit der Kommunikation von passenden und letztlich viel besuchten Unterstützungsangeboten.

Die Corona-Krise hat nicht nur unsere Gesellschaft verändert, sondern auch die digitale Kommunikation unseres Staates. Das Auftaktvideo auf YouTube für den Kampagnenstart von #WirBleibenZuhause mit Bundesgesundheitsminister Jens Spahn wurde in den ersten 20 Tagen mehr als 4,7 Millionen mal abgerufen. Mit dem digitalen Tool Storyclash stellten wir fest, dass die Kampagne #WirBleibenZuhause allein in der zweiten März-Hälfte mehr als eine Milliarde Impressionen erzielte. Der WhatsApp-Informationskanal des BMG empfing und versendete in den ersten drei Tagen über eine Viertelmillion Nachrichten. Im digitalen Lagezentrum haben wir laufend auf die neuesten Fragen reagiert und kursierende Falschnachrichten widerlegt. In einer Sprachmitteilung, die über Telegram verbreitet wurde, hieß es beispielsweise, dass Paracetamol gegen Corona helfe. Solchen Misinformationen haben wir mit schnellen Clips und treffenden Argumenten widersprochen. Bis heute stellt das digitale Lagezentrum im Gesundheitsministerium ein Beispiel für eine erfolgreiche agile Krisenkommunikation dar.

Wie du Fake News erkennst und bekämpfst

Der umstrittene und politisch instrumentalisierte Begriff »Fake News« hat seit dem inflationären Gebrauch durch Donald Trump seinen Platz in unserer Sprachwelt gefunden. Schuld daran ist aber nicht nur der ehemalige US-Präsident. Der Brexit, die grassierenden Falschnachrichten während der Corona-Krise und auch die Skandalisierung von harmlosen oder unwahren Berichten über Flüchtlinge durch die AfD haben dem Begriff Auftrieb verliehen. Das Ergebnis: Die Debatte, was wahr und was falsch ist und wem man glauben kann, prägt inzwischen unsere politische Meinungs- und Willensbildung im digitalen Raum.

Die Forscher:innen Claire Wardle und Hossein Derakhshan haben in einer Publikation für den Europarat einzelne Begriffe der Debatte wie folgt definiert:

+ **Fake News:** Sammelbegriff für alle Formen von Falschnachrichten.
+ **Desinformation:** Dies sind nachweislich falsche oder irreführende Informationen, die mit dem Ziel des wirtschaftlichen Gewinns oder der vorsätzlichen Täuschung der Öffentlichkeit konzipiert, vorgelegt und verbreitet werden und öffentlichen Schaden anrichten können.
+ **Misinformation:** Die unbewusste bzw. unabsichtliche Verbreitung von unwahren Informationen.
+ **Malinformation:** Wahre Informationen, die mit der Absicht verbreitet werden, Schaden zu verursachen. Häufig geschieht das durch die Veröffentlichung von Informationen, die eigentlich nicht in die Öffentlichkeit gelangen sollten.
+ **Verschwörungserzählungen:** Diese sind eine weitere Spielart der Desinformation. Hierbei handelt es sich, wie die Publizistin und Fake-News-Expertin Katharina Nocun treffend beschreibt, um »eine Annahme darüber, dass als mächtig wahrgenommene Einzelpersonen oder eine Gruppe von Menschen wichtige Ereignisse in der Welt beeinflussen und damit der Bevölkerung gezielt schaden, während sie diese über ihre Ziele im Dunkeln lassen.« Den Begriff **Verschwörungstheorie** sollten wir vermeiden, da es sich in aller Regel nicht um Theorien im wissenschaftlichen Sinne handelt und dieser Eindruck im digitalen Raum auch nicht erweckt werden sollte.

Für die Reaktion auf die Falschinformation spielt es eine wichtige Rolle, ob es sich um die bewusste oder unbewusste Verbreitung von Falschinformationen, um Verschwörungsmythen oder gefälschte Nachrichtenbeiträge handelt. So muss auf Desinformation, die gezielt von staatlichen Medien, wie beispielsweise dem russischen Sender RT Deutsch, oder von Verschwörungsideolog:innen wie Attila Hildmann verbreitet wird, anders reagiert werden als auf Inhalte, die mit gut gemeinten Absichten weitergeleitet werden. Seit Beginn der Corona-Pandemie haben sich Falschinformationen rasant digital und analog verbreitet. Hier nur eine kleine beispielhafte Auswahl:

»Das Coronavirus ist nicht schlimmer als eine normale Grippe!«
»Das Virus existiert gar nicht. Nur eine Erfindung der Eliten zur Schaffung eines totalitären Systems!«
»5G-Netze sind für den Ausbruch verantwortlich.«
»Der Impfstoff enthält Mikro-Chips, die unsere Gene verändern!«

Mit der Pandemie kam die Infodemie: Ein extrem hohes Informationsbedürfnis traf auf eine riesige Menge an neuen Informationen. Vielen Menschen fiel es zunehmend schwer, zwischen Wahrheit und Dichtung zu unterscheiden. Das bedeutet jedoch weder, dass Misinformation ein neues Phänomen ist, noch dass es sich mit Ende der Pandemie einfach in Luft auflösen wird. Misinformation wird

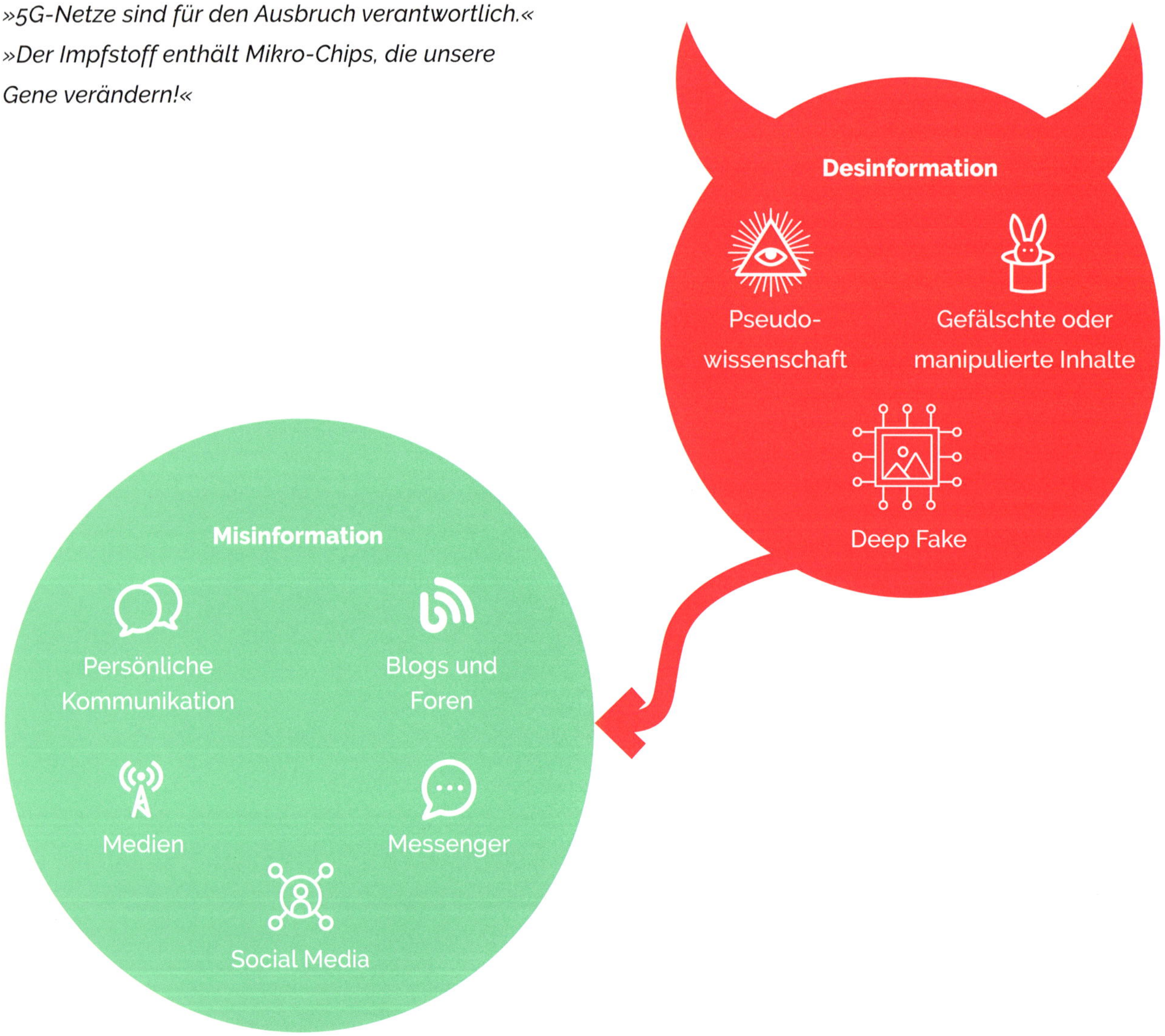

auch in Zukunft ein Problem bleiben, das politische Akteure nicht ignorieren dürfen. Denn die Pandemie hat gezeigt, welche Folgen Misinformationen haben können. Wie Studien zeigen, haben viele Menschen gesundheitlichen Schaden genommen, weil sie falschen Heilsversprechen gefolgt sind.

Misinformation kann Menschen also dazu bringen, Gesetze zu missachten, sich nicht impfen zu lassen oder sogar ihrem eigenen Körper schaden zuzufügen. Mehrere Menschen starben beispielsweise in den USA nach der Einnahme von Chlor als vermeintliches Schutzmittel gegen das Virus. Diese Nachricht war auf den Messenger-Kanälen zuvor viral gegangen. Misinformation kann auch die Reputation von Personen und Organisationen gefährden und im schlimmsten Fall in Gewalt eskalieren. Die Ereignisse bei der Kapitolstürmung durch Anhänger:innen von Trump am 6. Januar waren solch ein Vorfall, bei dem mit den verschiedensten Unwahrheiten im Vorfeld Stimmung gemacht wurde. Schließlich kann Misinformation zu einem Vertrauensverlust in Regierungen, Medien und Expert:innen führen und damit das gesellschaftliche Miteinander und demokratische Strukturen unterminieren.

In diesem Kapitel lernst du deswegen, wie du die richtigen Strukturen schaffst, um

+ die Logiken hinter Misinformation zu verstehen
+ Falschinformationen zu identifizieren
+ Misinformation richtig einzuordnen und
+ auf Mythen und Fakes richtig zu reagieren.

Tool: Monitoring-Maßnahmen von Misinformation

Mit der folgenden Methode kannst du einen Arbeitsprozess aufsetzen, der es dir leichter macht, Misinformation zu finden, zu bewerten und angemessen zu reagieren. Im Zweifel sogar schon, bevor sie sich in der Öffentlichkeit verbreitet.

Das sind die besten Methoden, um Misinformation zu identifizieren:

1. BEHALTE FACT-CHECKING-SEITEN IM BLICK

Eine einfach Maßnahme, die jede Organisation implementieren kann, ist das Monitoring von Fact-Checking-Seiten. Eine Liste der besten Faktenchecker aus dem deutschsprachigen Raum haben wir hier zusammengestellt. Die Seiten sollten als Lesezeichen angelegt und regelmäßig auf Updates hin überprüft werden. Einige Faktenchecker freuen sich auch über Kooperationen und unterstützen Organisationen, von die von Misinformation betroffen sind. Es lohnt sich, den Kontakt aufzunehmen.

Nützliche Fact-Checking-Seiten:
EU vs. Disinfo:
https://euvsdisinfo.eu/disinformation-cases/
Correctiv.org:
https://correctiv.org/faktencheck/
Mimikama:
https://www.mimikama.at/
Faktenfinder der Tagesschau:
https://www.tagesschau.de/faktenfinder/
Faktenfuchs von BR24:
https://www.br.de/nachrichten/faktenfuchs-faktencheck,QzSIzl3
dpa-Faktencheck:
https://www.dpa.com/de/unternehmen/faktencheck#aktuelle-dpa-faktenchecks
Google Fact Check Explorer:
https://toolbox.google.com/factcheck/explorer

2. ERSTELLE ALERTS UND LISTEN

Mit Google Alerts, Tweetdeck und ähnlichen Tools kann man leicht auf dem aktuellen Stand bleiben. Im Fall der Corona-Pandemie würde ein Alert mit der Suchanfrage »Corona +Mikrochip Impfen« vor allem Misinformation oder Berichte über diese ausgeben. Alerts wie diesen kannst du so einstellen, dass du einmal täglich oder bei jedem neuen Treffer eine E-Mail erhältst. Auch die für Twitter optimierte Dashboard-Anwendung Tweetdeck eignet sich dazu,

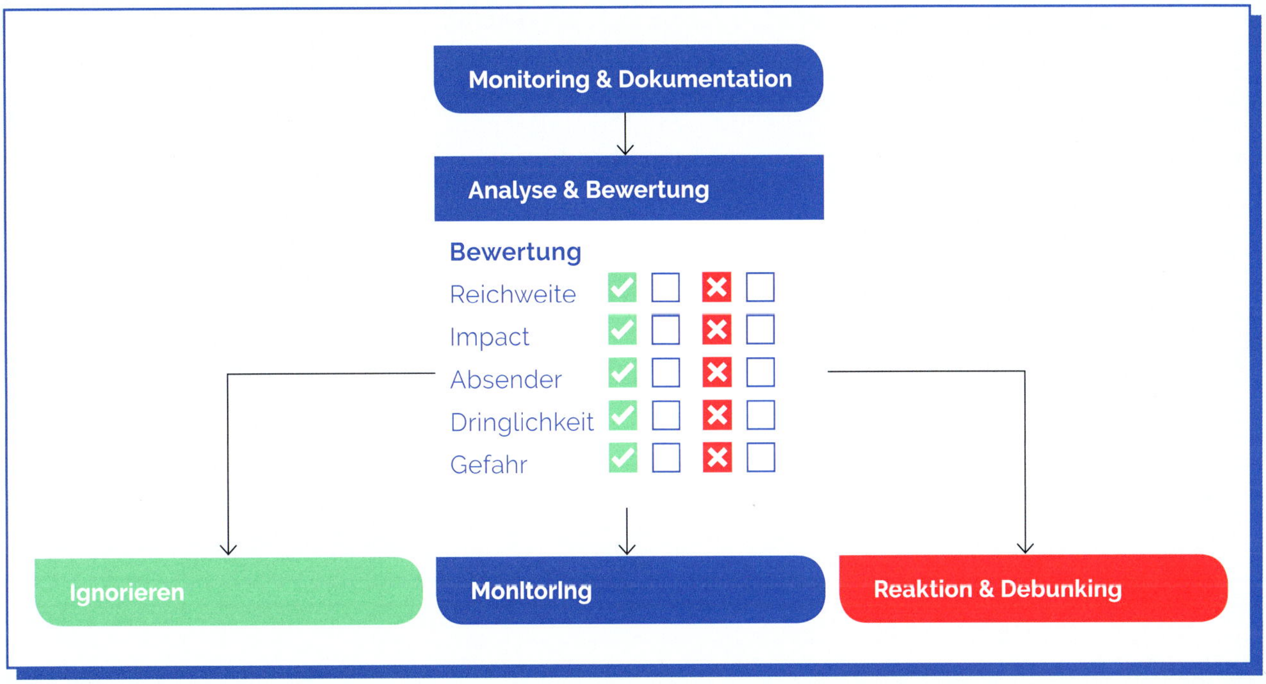

bestimmten Stichworten, Accounts oder Listen zu folgen und so die Recherche zu vereinfachen.

3. DEFINIERE DIE NOTWENDIGEN INTERNEN PROZESSE ANHAND DER RASCI-LOGIK

Anders als bei Think Tanks oder in der Wissenschaft geht es für dich nicht vorrangig um das Verstehen und Erforschen des Phänomens Misinformation, sondern um konkrete kommunikative Handlungsempfehlungen und Risikobewertungen. Das heißt: Deine Struktur muss fest in die internen Abläufe eingebettet sein. Versuche, folgende Fragen zu beantworten:

+ In welcher Form werden die Analyseergebnisse und Handlungsempfehlungen intern kommuniziert?
+ Wer entscheidet, wie reagiert werden soll?
+ Wer ist für die operative Umsetzung der Reaktionen zuständig?
+ Wer erteilt die finale Freigabe?

4. BEOBACHTE, WAS DIE »ÜBLICHEN VERDÄCHTIGEN« MACHEN

Wer sich eine Zeit lang mit Misinformation beschäftigt, bekommt schnell einen Überblick über die wichtigsten Akteure, die für die eigene Kommunikation relevant sind. Auch ohne teure Monitoring-Tools können diese über Lesezeichenlisten, Twitter-Listen oder RSS-Feeds getrackt werden. Dabei solltest du auch Facebook-Gruppen und Telegram-Kanäle berücksichtigen. Social Listening Tools erfassen diese häufig nicht.

5. NUTZE SOCIAL LISTENING TOOLS

Deutlich aufwendiger und teurer, gerade aber für größere Organisationen empfehlenswert, ist die Nutzung von Social Listening Tools zur Identifikation von Misinformation. Der anfänglich hohe Aufwand wird mit einer deutlichen Arbeitserleichterung nach dem Set-up belohnt. Social Listening Tools durchsuchen digitale und analoge Medien nach den gewünschten Suchbegriffen. Die Ergebnisse solltest du in Form von Dashboards oder automatisierten Reports visualisieren.

6. DOKUMENTIERE DEINE ERGEBNISSE

Die Ergebnisse, die du mit den aufgelisteten Methoden identifiziert hast, sollten in strukturierter Weise dokumentiert werden. Eine täglich oder wöchentlich aktualisierte Excel-Tabelle hilft dabei, Narrative und Akteure über die Zeit hinweg zu analysieren.

7. ERSTELLE DEINE EIGENE WEB-SCRAPING-INFRASTRUKTUR (OPTIONAL)

Organisationen mit einem hohen Analysebedarf können auch Methoden des Web Scrapings anwenden, um noch genauer Misinformation identifizieren zu können. Das Aufsetzen einer solchen Infrastruktur, samt Datenpipeline und (selbstlernenden) Algorithmen, die bei der Kategorisierung helfen, ist aufwendig und verlangt ein hohes technisches Verständnis. Wenn das System aber einmal läuft, lassen sich Websites, Social-Media-Plattformen und andere Kanäle rund um die Uhr verfolgen.

Tool: die Misinfo-Relevanzmatrix

Wenn du Misinformation identifiziert hast, musst du deren Relevanz bewerten, um sie richtig einordnen und angemessen reagieren zu können. Die Relevanzbewertung basiert auf einer multidimensionalen Methodik, die sowohl **quantitative** als auch **qualitative** Kriterien berücksichtigt.

QUANTITATIVE KRITERIEN AUF DER RELEVANZMATRIX

Interaktionen: Die Zahl der Interaktionen, die Themen, Narrative oder Beiträge erzielen, ist der wichtigste quantitative Indikator für Relevanz von Misinformation, weil er zeigt, worüber wie viele Menschen diskutieren.

Beiträge: Daneben spielt auch die Zahl der Beiträge eine entscheidende Rolle. Diese ist aber vor allem in Kombination mit der Herkunft der Beiträge aussagekräftig (siehe qualitative Kriterien).

Reichweite: In den meisten Fällen ist es technisch nicht möglich, die tatsächliche Reichweite von Beiträgen herauszufinden (Telegram stellt hier eine Ausnahme dar). Mit herkömmlichen Social Listening Tools ist es jedoch möglich, die potenzielle Reichweite zu berechnen. Diese errechnet sich aus der Summe der Follower:innen, Abonnent:innen, der Auflage von Zeitungen oder der regelmäßigen Leserschaft von Onlinemedien, die den Inhalt veröffentlicht oder weiterverbreitet haben. Die potenzielle Reichweite dient also dazu, einen Eindruck von der Größe der Kanäle zu gewinnen, die zum Thema kommunizieren.

Trending Score: Einige Social Listening Tools errechnen einen Score, der angibt, wie schnell die Zahl der Interaktionen zu einem Beitrag ansteigt. Dieser Score kann auch als Schätzung manuell berechnet werden. Wenn ein YouTube-Video vorgestern 5000 Ansichten hatte, gestern bereits 25 000 und heute schon über 200 000, kann ich davon ausgehen, dass das Video aktuell stark zirkuliert und seine Reichweite weiterwächst.

QUALITATIVE KRITERIEN AUF DER RELEVANZMATRIX

Selbst wenn ein potenziell kritisches Thema extrem an Fahrt gewinnt, bedeutet dies nicht, dass es für deine Kommunikation relevant sein muss. Der dargestellte quantitative Ansatz muss stets mit qualitativen Kriterien kombiniert werden. Dabei werden Beiträge und Themen einer **qualitativen Relevanzanalyse** unterzogen. Dazu solltest du folgende Fragen beantworten:

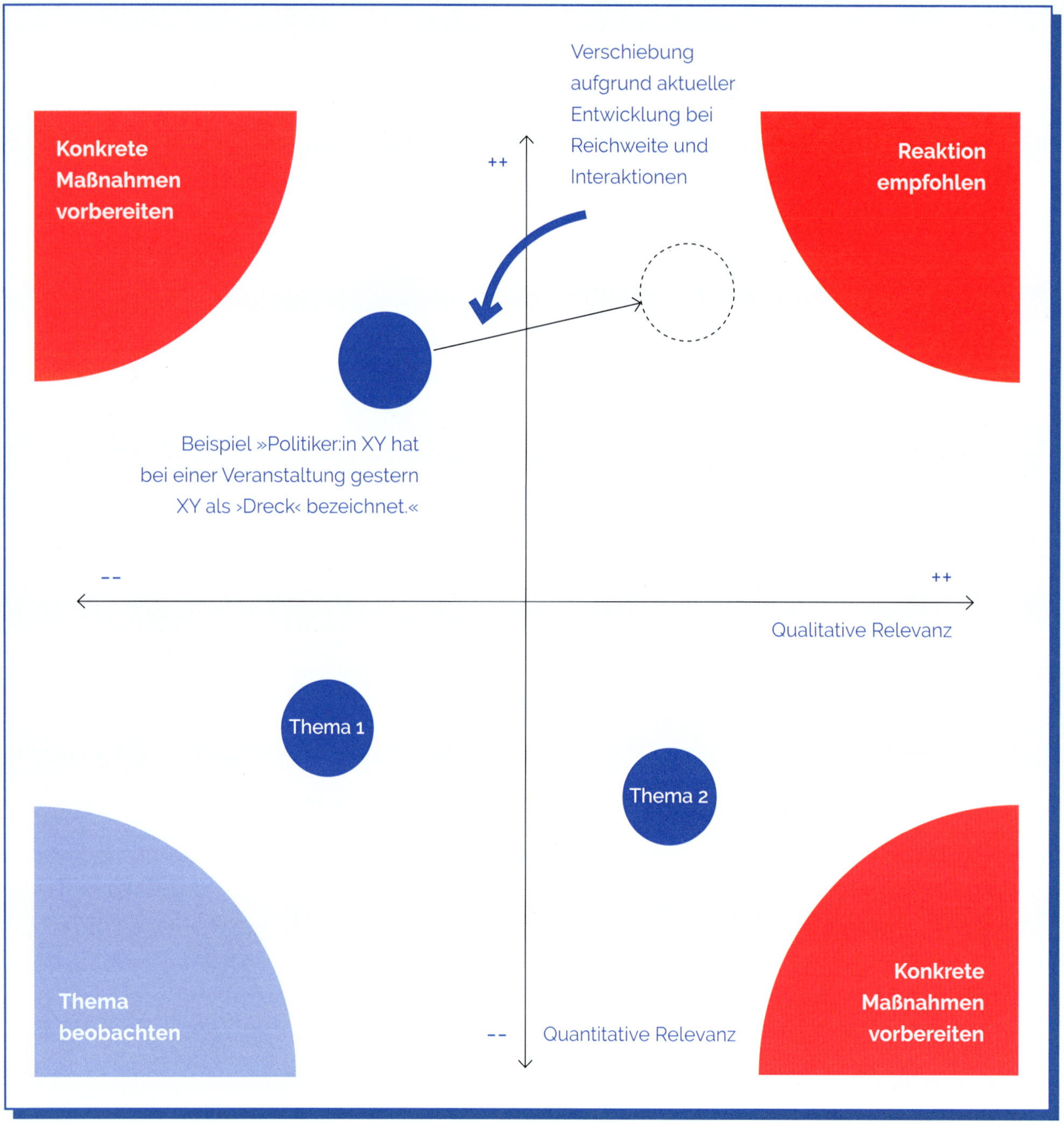
Konkrete Maßnahmen vorbereiten
++
Verschiebung aufgrund aktueller Entwicklung bei Reichweite und Interaktionen
Reaktion empfohlen
Beispiel »Politiker:in XY hat bei einer Veranstaltung gestern XY als ›Dreck‹ bezeichnet.«
--
++
Qualitative Relevanz
Thema 1
Thema 2
Thema beobachten
--
Quantitative Relevanz
Konkrete Maßnahmen vorbereiten

1. *Eigene Relevanz:* Betrifft die Falschinformation ein Thema, das für meine Organisation relevant ist oder werden könnte? Ja/nein?

2. *Fake-Grad:* Um was für eine Form von Misinformation handelt es sich (Verschwörungsmythos, Fälschung, staatlich gesteuerte Desinformation etc.)? Welcher Grad der Täuschung liegt vor – ist er professionell als Deep-Fake-Video orchestriert oder nur eine wirre, verrückte Nachricht?

3. *Reputation der Verbreiter:* Wie ist die Reputation des Erstellers und der Verbreiter der Misinformation einzuschätzen? Übernehmen etablierte Medien das Thema oder verbreiten nur eingefleischte Verschwörungsideolg:innen den Inhalt?

4. *Potenzieller Schaden:* Wie hoch ist der potenzielle Schaden, der durch die Misinformation angerichtet werden könnte? Können Menschen geschädigt werden? Droht ein unmittelbarer Reputationsverlust? Oder hat die Misinformation eher mittel- und langfristigen Einfluss auf das Vertrauen der Bürger:innen?

5. *Verbreitungskanäle:* Tritt die Botschaft nur auf einem Kanal auf oder auf mehreren? Wo verbreitet sich der Inhalt, und welche Gruppe könnte damit erreicht werden? Drohen Spillover-Effekte?

Zusammen ergeben quantitative und qualitative Relevanz eine Relevanz-Matrix, die Themen und einzelne Beiträge auf diesen beiden Dimensionen verorten lassen. Pfeile symbolisieren, ob ein Thema aktuell an Reichweite gewinnt oder wieder abflaut. Über einen Farbcode werden Beiträge und Themen visuell verständlich nach der Matrix-Logik markiert.

Tool: Digitales Debunking

Um Falschnachrichten schnell begegnen zu können, solltest du eine Struktur aufbauen, die sich deutlich von deinem anderen Content abhebt – visuell, sprachlich und auch in ihrer Dringlichkeit. Je stärker die Meinungen von Rezipienten zu einem Thema bereits ausgeprägt sind, desto schwieriger ist es, ihre Einstellungen mittels sogenannter »Debunkings« zu ändern. Hierbei geht es insbesondere darum, schnell grassierenden Falschnachrichten etwas entgegenzuhalten und die Mehrheit der Menschen, die anfällig für solche Inhalte sein könnten, früh zu sensibilisieren. Je geringer der Abstand zwischen Misinformation und Debunking ist, desto größer die Chance, dass die Aufklärung etwas bewirken kann. Vorformulierte Textbausteine in einem kollaborativ bearbeitbaren Dokument zu bereits bekannten Narrativen helfen, dass diese im Fall der Fälle nur noch auf die entsprechende Situation angepasst werden müssen.

Statt eines direkten Debunkings kannst du auch versuchen, die Glaubwürdigkeit von Quellen infrage zu stellen und die Strategien und Motive der Verfasser:innen einer Desinformation offenzulegen. Weise die Community etwa darauf hin, dass Zahlen bewusst falsch interpretiert oder Inhalte in den falschen Kontext gesetzt wurden. Eine offensivere Maßnahmen ist das Diskreditieren von Quellen. Auch wenn hier mit Vorsicht und strategischem Geschick vorgegangen werden muss, kann das Infragestellen von Expertise oder Objektivität ein Mittel sein, Inhalte als Misinformation zu darzustellen, ohne diese zu wiederholen.

Wenn du Debunking nutzt, solltest du unbedingt diese Regeln befolgen:

+ Die Falschinformation sollte nur wiederholt werden, wenn dies unbedingt notwendig ist. Verbreite die Misinformation nicht weiter, indem du auf sie verlinkst.
+ Das Debunking sollte klar formuliert werden und keinen Spielraum für Interpretationen lassen.
+ Statt nur zu sagen, dass eine Information falsch ist, solltest du auch erklären, was daran falsch ist und was stattdessen korrekt ist. Dabei gilt: Wenn eine alternative Erklärung eine klare Kausalität aufweist, funktioniert sie am besten.
+ Das Debunking muss auch für Laien verständlich sein. Fachbegriffe müssen entweder vermieden oder erklärt werden.
+ Veröffentliche das Debunking dort, wo sich die Misinformation am meisten verbreitet. Kursiert ein Post nur auf Twitter, ist es nicht sinnvoll, das Debunking auf Facebook zu posten, da dies nur zu noch mehr Aufmerksamkeit führen würde.

Eine wirkungsvolle Struktur für ein digitales Debunking, die während der Corona-Krise häufig angewandt wurde, kann als Beispiel dienen. Sie sieht wie folgt aus:

Fakten

»Corona ist deutlich gefährlicher als die normale Grippe.«

Warnung

»Achtung! Falschnachrichten im Umlauf! Manche spielen die Gefahr, die vom Corona-Virus ausgeht, bewusst herunter, indem sie das Virus mit einer normalen Grippe vergleichen.«

Erklärung

»Dabei ist Corona deutlich tödlicher als die Grippe. Die Sterberate liegt laut <*Quelle*> um ein XX-faches höher als bei der Grippe.«

Quellen

»Hier kannst du ein Video der WHO zu dem Thema ansehen.» »Hier siehst du Medienberichte zu diesem Thema, die ausgiebig über die Gefahren aufklären.«

Call to Action

»Verbreite keine Inhalte, die Corona verharmlosen. Prüfe Inhalte auf Ihre Richtigkeit, bevor du sie teilst.«

Mit dieser Vorlage kannst du in fünf Schritten eine schnelle und effektive Antwort auf Falschinformationen zusammenstellen. Fülle dafür dieses Template aus:

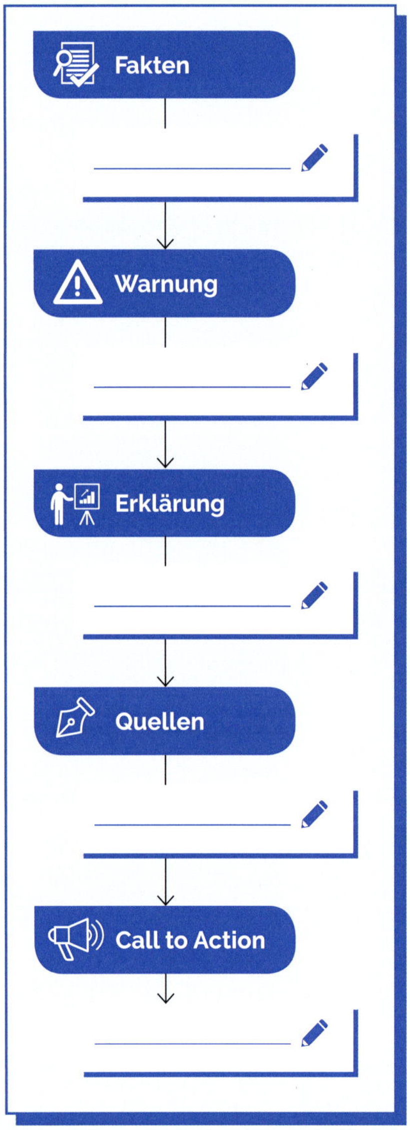

BETREIBE KONSEQUENTES COMMUNITY MANAGEMENT

Um zu vermeiden, dass der eigene Kommentarbereich zur Müllhalde für Verschwörungsmythen wird, solltest du konsequent intervenieren. Verberge oder lösche Kommentare, verbanne Nutzer:innen oder melde sie den Betreibern der jeweiligen Plattform. Eine weitere Möglichkeit ist es, die Diskussion zu suchen. Diese Reaktion ist vor allem an die Mitlesenden gerichtet. Tipps für die Diskussion geben unter anderem Pia Lamberty und Katharina Nocun in *True Facts: Was gegen Verschwörungserzählungen wirklich hilft.*

RECHTLICHE SCHRITTE

Auch wenn Misinformation per se nicht strafrechtlich verfolgbar ist, so gibt es doch Situationen, in denen eine juristische Prüfung des Inhalts relevant sein kann, etwa bei der Verletzung von Persönlichkeitsrechten, Beleidigungen, Bedrohungen oder dem Verdacht der Volksverhetzung. Einen Ratgeber zum Umgang mit diesen Delikten im Internet findest du auf der Seite der Organisation Hate Aid: https://hateaid.org/ratgeber/

BEOBACHTEN

So frustrierend es sein mag: In manchen Fällen sollte einfach gar nicht eingegriffen werden. Du musst nicht auf jeden Tweet reagieren und immer auf die gleichen Mythen eingehen. Die Fälle, in denen du reagierst, solltest du klug auf Basis der Relevanzmatrix auswählen. In vielen Fällen wird dein Team zum Schluss kommen, dass es besser ist, nicht zu intervenieren. Damit ist das Thema jedoch keineswegs abgeschlossen. Das Monitoring sollte fortgesetzt und gegebenenfalls intensiviert werden. Wenn ein Post oder Narrativ dann doch noch an Relevanz gewinnt, kannst du darauf ohne Verzögerung reagieren.

MEDIENKOMPETENZ IN DER COMMUNITY NACHHALTIG STEIGERN

Die genannten Maßnahmen beziehen sich auf einzelne Beiträge oder Narrative. Allerdings wird das Problem der Verbreitung von Misinformation damit nicht an der Wurzel gepackt. Dass es Misinformation so leicht hat, sich im Netz zu verbreiten, liegt auch an der fehlenden Nachrichten- und Medienkompetenz in der Bevölkerung. Entsprechend ist die Steigerung dieser Kompetenzen eine der langwierigsten, aber wichtigsten Maßnahmen gegen Misinformation. Auch wenn viele politische Organisationen nur bedingt zur allgemeinen Medienkompetenz beitragen können, so gibt es doch Möglichkeiten, die eigene Community besser zu wappnen. Hier sind ein drei Maßnahmen:

+ Erkläre, wie Misinformation funktioniert und wie man sie erkennt.
+ Zeige auf, wieso Misinformation so gefährlich ist.
+ Verweise auf Fact-Checking-Seiten und verlässliche Quellen.

Die Public Arena Zukunft

Ausblick: Was die Public Arena der Zukunft braucht

Zum Abschluss des Playbooks wollen wir einen Blick auf die Hausaufgaben für uns alle werfen. Worum geht's jetzt, und was muss getan werden, damit wir unsere Demokratie und die Public Arena auf dem Weg ins digitale Zeitalter zu einem besseren Ort des Austausches und friedlichen Ringens um die besten Ideen für alle machen? Welche Reformen sind in welchen Bereichen aus systemischer, organisatorischer oder individueller Perspektive notwendig, und was können wir als Gesellschaft oder Individuen konkret tun? Einige Ideen sind utopisch oder Zukunftsvisionen, aber schon heute haben Vordenker:innen viele spannende Vorschläge, die zu einer resilienteren und zukunftsfähigen Demokratie für alle beitragen. Es braucht grundlegende Veränderungen auf rechtlicher, technologischer und struktureller Ebene, um die Arena als Austragungsort politischer Diskurse für die kommenden Jahrzehnte fit zu machen.

In Deutschland werden transformative Gedanken oft verspottet oder als Science-Fiction abgetan. Aber glauben wir wirklich, dass wir schon am Endpunkt aller zivilisatorischen Errungenschaften unserer Demokratie angelangt sind? Haben wir schon die vollendet gerechte, partizipative und nachhaltige Gesellschaftsordnung? Das wäre ehrlicherweise eine Kapitulation und Beleidigung zugleich. Die Schaffenskraft der kommenden Generationen ist größer als das, was wir bereits erreicht haben.

Wir wollen uns auf drei zentrale Felder und Lösungsansätze für die Public Arena in einer digitalisierten Gesellschaft konzentrieren. Unser Fokus ist immer die strukturelle Frage. Wie schaffen wir solche Rahmenbedingungen, dass Diskurse und Demokratie in einer digitalisierten Öffentlichkeit gestärkt werden? Tiefere Analysen, Studien und Recherchen für die Zukunft in diesem Feld werden beispielsweise von Think Tanks, wie dem Brookings Institute, dem New Institute in Hamburg, der Mercator Stiftung, der Stiftung Neue Verantwortung oder dem Digital Society Institute der ESMT Berlin, entwickelt. Wir konzentrieren uns auf die Rahmenbedingungen für die digitale Kommunikation und betrachten von außen nach innen die wichtigsten drei Ebenen, die für die politische Meinungs- und Willensbildung relevant sind:

+ das System, das die Rahmenbedingungen der zukünftigen Public Arena vorgibt,
+ die Akteure, die kommunikative Ziele in der Public Arena verfolgen,
+ die Bürger:innen innerhalb der Public Arena, die immer unser Fundament bilden und im Mittelpunkt aller Überlegungen stehen.

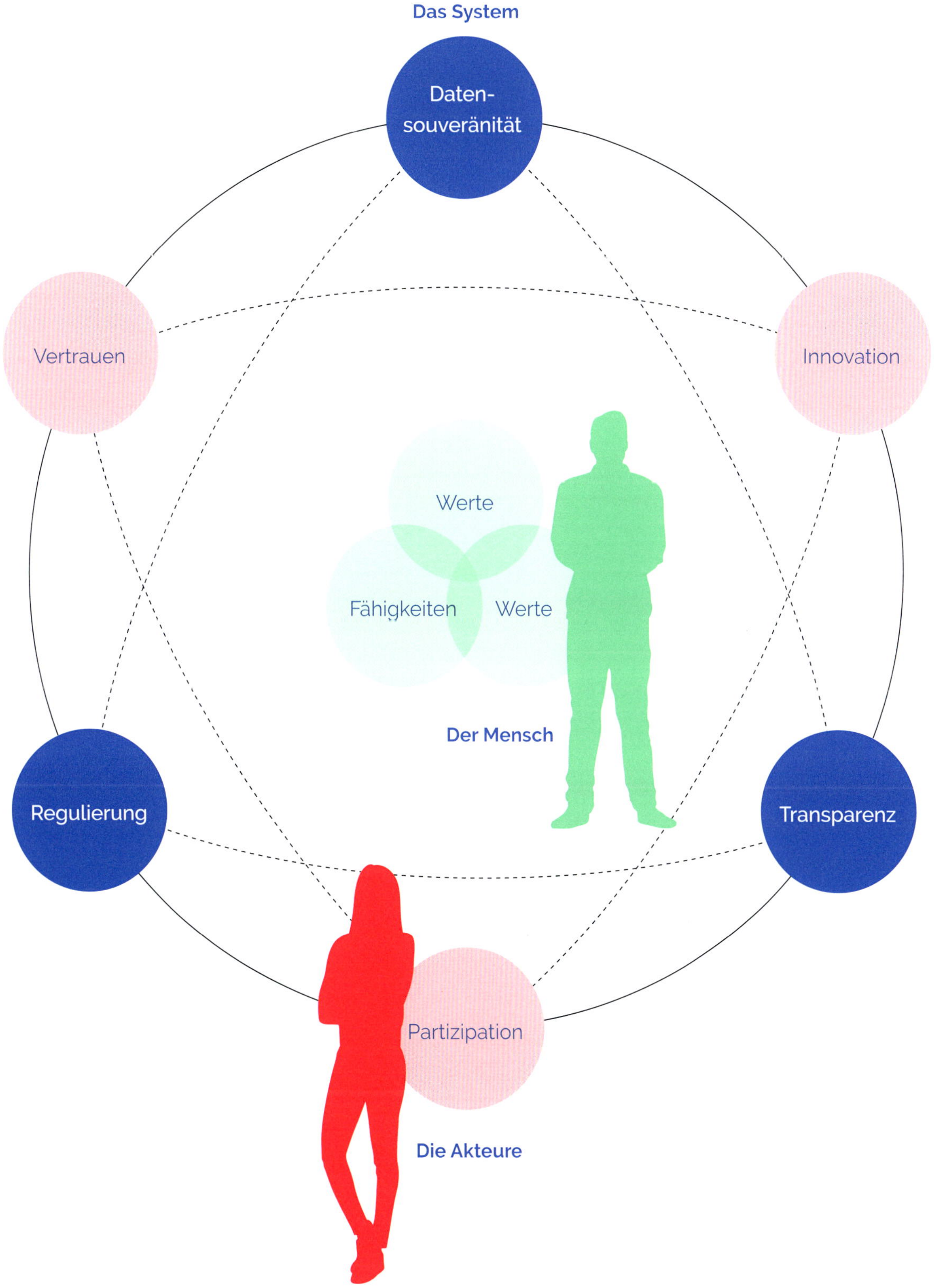

Das System
Daten-
souveränität
Vertrauen
Innovation
Werte
Fähigkeiten
Werte
Der Mensch
Regulierung
Transparenz
Partizipation
Die Akteure

Aus zahlreichen Empfehlungen und Visionen haben wir neun konkrete Ansätze destilliert, die unmittelbar angegangen werden sollten, um unsere Demokratie resilienter und die politische Meinungs- und Willensbildung im digitalen Zeitalter gerechter und zugänglicher zu gestalten. Viele spannende, mutige und teilweise revolutionäre Ideen wurden von Visionär:innen, Wissenschaftler:innen oder Vordenker:innen bereits konzipiert und liegen in der Schublade. Bauen wir also die Arena, die wir uns für unsere Demokratie wünschen!

DIE STRUKTURELLE EBENE

DATENSOUVERÄNITÄT ALS POLITISCHES KAPITAL

Unser Ziel für die Public Arena der Zukunft muss es sein, dass Menschen ihre politischen Anliegen, Meinungen und Wünsche in einer digitalen Demokratie unabhängig von Reichweite, Einkommen oder Bildungsgrad mit der Politik wirksam, messbar und sicher auf Grundlage von individueller Datensouveränität teilen können. Daten bedeuten Macht, und Daten sind ein politisches Kapital. Es wird höchste Zeit, diese Macht zurück in die Hände des Souveräns zu geben, und das sind die Menschen. Die beiden Autoren Georg Diez und Emanuel Heisenberg schreiben treffend in ihrem Buch *Power to the people*:

> » Daten sind das Fundament der digitalen Demokratie. Wer Daten besitzt und kontrolliert, bestimmt den politischen wie den wirtschaftlichen Prozess. Deshalb ist es wichtig, dass die Bürger:innen Entscheidungsgewalt über ihre Daten haben. «

Provokativ gesagt: In einer digitalen Gesellschaft ist nicht mehr die Stimme am Wahltag das wirkungsvollste Partizipationsinstrument in einer Demokratie. Es sind die Daten, die wir täglich in der Interaktion mit unserem Umfeld, gesellschaftlichen Akteuren und dem Staat produzieren. Wir selbst wissen nur wenig, was über uns getrackt, gespeichert, analysiert und modelliert wird. Wir sollten uns aber bewusst machen, dass Daten in der Zukunft die wichtigste Ressource für die politische Einflussnahme und Teilhabe darstellen und sie als gemeinschaftliches Gut betrachtet werden sollten. Ein zentrales Element stellt dabei die Interoperabilität zwischen Plattformen und auch die Übertragbarkeit zu Organisationen dar. Menschen sollten frei entscheiden können, an wen sie Ihre Daten für politische oder gesellschaftliche Anliegen mit einem Klick einfach weitergeben können und sie sollten in der Lage sein, diese auch jederzeit unkompliziert wieder zu entziehen. Schluss mit langwierigen Kampagnen, um Menschen mühsam zum Eintragen einer E-Mail-Adresse oder Telefonnummer zu überzeugen. In diese Richtung gehen beispielsweise die Überlegungen der italienischen Sozialwissenschaftlerin und digitalen Vordenkerin Francesca Bria. Sie fordert einen New Deal für Daten. So kann insbesondere auf lokaler Ebene die Selbstorganisation von Bürger:innen gestärkt und ein neuer Gesellschaftsvertrag zwischen Individuum und Staat in einer digitalen Demokratie definiert werden.

Das kann aber nur gelingen, wenn wir den digitalen Raum auch wirklich als einen gemeinsamen Ort verstehen und nicht als einen, an dem nur wenige profitorientierte Konzerne oder Organisationen mit sehr viel Kapital die Wirklichkeit und gesellschaftlichen Diskurse durch ihre Algorithmen oder dominante Präsenz mittels digitaler Werbung bestimmen. Gerade Facebook, Alphabet, Microsoft, Twitter und zunehmend auch TikTok können als zentrale digitale Unternehmen betrachtet werden, die aus demokratietheoretischer Sicht den wichtigsten Raum des politischen Meinungs- und Willensaustauschs in der digitalen Öffentlichkeit bilden. So müssen sie auch endlich betrachtet werden, wenn es um Regulierung geht. Zu lange hat der Staat nur sehr langsam auf die vielfältigen gesellschaftlichen und politischen Probleme reagiert, die sich im Zuge der Digitalisierung entwickelt haben. Man machte es sich zu einfach, mit dem Finger auf die Plattformen zu zeigen und Selbstregulierung zu fordern. Die Algorithmen der Plattformen wurden konstruiert, um die Nutzungszeit der User:innen zu maximieren und Profit zu erwirtschaften, nicht um Debatten zu moderieren oder Meinungen zu formen. Diese oligopolartige Macht kann also nur gebrochen werden, wenn der unbegrenzte und stetig wachsende Zustrom von Daten als gesellschaftliches Gut definiert wird.

Das Think Tank Netzwerk D21 hat in einem Papier zur Datensouveränität ein futuristisches Szenario entworfen, wie das konkret aussehen könnte. Jede:r Bürger:in würde dann beispielsweise über ein individuelles »Privacy-Data-Profile« in einer App verfügen, das die weltweite Nutzung aller eigenen Daten durch Dritte visualisiert und nachvollziehbar macht. Und das es auch ermöglicht, dieser Nutzung jederzeit zu widersprechen. Der Weg zu einer konkreten technischen und gesellschaftlich akzeptierten Lösung ist lange, aber die Debatten gilt es jetzt

»Eine Gesellschaft lebt niemals nur aus Staat und Politik. Die großen Entwicklungen führt sie selbst, als Ganzes, herbei.«

Roman Herzog, Bundespräsident (1994–1999)

zu führen, um diese dann auf europäischer Ebene einheitlich umsetzen zu können. Data to the people!

PLATTFORMREGULIERUNG

Das Geschäftsmodell der Plattform-Konzerne beruht vor allem darauf, dass sie die Daten einzelner Menschen nutzen, um personalisierte Werbung auszuspielen. Oder wie Mark Zuckerbergs wohl berühmtestes und zugleich ehrlichstes Mission Statement vor dem US-Kongress lautete: »Senator, we run ads.«

Auch wenn der Vorschlag erstmal gut klingen mag, die Plattform-Unternehmen aufzulösen oder zu zerschlagen, sollten wir stattdessen in erster Linie den Fokus auf das Geschäftsmodell legen. Es müssen internationale und rechtlich bindende Standards geschaffen werden, wie sie auch für andere Sektoren gelten, die Bankenbranche oder die Pharmaindustrie zum Beispiel. Der Think Tank Reset Tech diskutiert in einem Beitrag auf seiner Homepage beispielsweise, wie eine internationale Governance-Agentur nach dem Vorbild der Internationalen Atomenergiebehörde oder Interpol aussehen könnte. Natürlich klingt das angesichts der unterschiedlichen politischen Systeme und der vielen involvierten Länder mit eingeschränkter Meinungsfreiheit utopisch, aber das waren die Vereinten Nationen und die Erklärung der Menschenrechte zu Beginn auch. So eine internationale Organisation könnte allgemeine Richtlinien für digitale Plattformen in demokratischen Systemen erarbeiten und koordinieren. Sie könnte in Abstimmung mit Interpol grenzübergreifend die Verbreitung von Fake News überwachen und sanktionieren. Und sie könnte letztlich den Geschäftsmodellen, die die Aufmerksamkeitsökonomie auf die Spitze treiben, in Kooperation mit der Wissenschaft Mindeststandards an Verbraucherschutz aufzwingen. In vielen ärmeren Ländern ist die Bevölkerung noch zu wenig für die Gefahren der gebildeten digitalen Monopole sensibilisiert.

Bisher werden auch in Deutschland außerhalb der Fachkreise kaum Debatten zur Plattformregulierung geführt. Dabei hat die exzessive Sammlung von Daten zu einem explosionsartigen Anstieg von Hate Speech, Fake News und Cybermobbing geführt. Denkbar sind deshalb auch verpflichtende Gesundheitshinweise, strengere Maßnahmen für die Einhaltung von Jugendschutz-Standards sowie bei strafrechtlich relevanten Inhalten Möglichkeiten zur Sanktionierung, die über das Netzwerk Durchsetzungsgesetz (NetzDG) hinausgehen.

TRANSPARENZ VON ALGORITHMEN

Mehr als die Hälfte der Deutschen wissen laut einer Studie der Bertelsmann Stiftung kaum etwas über Algorithmen. Und nur jeder Zehnte weiß, wie sie funktionieren. Angesichts der zentralen Bedeutung von Algorithmen bei der Informationsaufnahme und politischen Meinungs- und Willensbildung müssen wir dieses Problem angehen. Forscher und Regulierungsbehörden sollten für eine unabhängige Bewertung Zugang zu ausreichend Informationen über die Plattform-Algorithmen haben, die darüber bestimmen, wie die personalisierten News Feeds, Anzeigen und Empfehlungen von politischen Inhalten aussehen, die User:innen auf ihrem Bildschirm zu sehen bekommen.

Das renommierte Brookings Institute schlug in einem medial beachteten Policy Paper vor, regelmäßige externe Audits durch unabhängige staatliche oder zivilgesellschaftliche Institutionen durchzuführen. Diese könnten den Einsatz von Algorithmen für demokratierelevante Themen, die der Meinungsbildung dienen, laufend überprüfen, bewerten und gegebenenfalls sanktionieren. Zweckbestimmte Audits unterscheiden sich von unabhängigen Recherchen oder Studien dadurch, dass die Plattformen gesetzlich verpflichtet werden, unabhängigen Auditoren Zugang zu allen als relevant eingestuften Informationen zu gewähren.

Konkret: Wir sollten nach dem Vorbild der Bundesanstalt für Finanzdienstleistungen (BaFin) einer neuen Regierungsbehörde die Verantwortung für die Durchsetzung der Transparenzvorschriften übertragen. Diese Agentur würde beispielsweise festlegen, welche Daten für Prüfungen und Recherchen der Allgemeinheit zur Verfügung gestellt werden müssen. Es ist unmöglich, alle Details der Datenoffenlegung im Voraus festzulegen. Eine solche Behörde könnte jedoch Gegenstand eines ständigen Dialogs zwischen Regulierungsbehörden, Plattformen, Forschern und Prüfern sein.

Die Bertelsmann Stiftung und das iRights Lab haben unter der Koordination der damaligen Projektleiterin für Algorithmen-Ethik Carla Hustedt eine wichtige Initiative mit dem Namen »AlgoRules« ins Leben gerufen, um einen praxisorientierten Regelkatalog für die Entwicklung und Auseinandersetzung mit Algorithmen in die Gesellschaft zu tragen (mehr Informationen über alle konkreten Vorschläge unter AlgoRules.org). Diese Diskussion muss gerade auch im Bildungsbereich viel häufiger geführt werden. Wir brauchen Lehrstühle, mehr Kurse und Weiterbildungen an Volkshochschulen, eine größere Finanzierung dieses noch jungen Forschungsbereichs und insbesondere breite Aufklärung der Bevölkerung über Funktionsweisen, Logiken, Problemen von und Lösungen durch Algorithmen für die Demokratie.

AKTEURS-EBENE

VERTRAUEN REVITALISIEREN – TRANSFORMATIVE ÄNDERUNG VON KOMMUNIKATION

Laut einer Umfrage des Allensbach Instituts vom Mai 2021 befürworten nach der Bundestagswahl mehr als 67 Prozent »in vielen Bereichen eine andere Politik«. Die Erheber der Umfrage gaben an, es zeige sich eine Bereitschaft zum politischen Kurswechsel, wie sie seit Beginn solcher Messungen nicht gegeben habe.

Ein zentrales Element für die kommenden Jahre wird sein, wie wir unsere Demokratie strukturell digitalisieren und für eine digitalisierte Gesellschaft anpassen.

Die Grundlage dafür ist das Vertrauen der Bürger:innen in den Staat und seine Institutionen. Die Transformation hin zu einer partizipativeren Demokratie für mehr Legitimität bei Output und Outcome braucht neue Formate der Beteiligung auf allen Ebenen. Es braucht einen innovativen und agilen Public Sector, der nicht mit festgefahrenen Regeln und Verordnungen hantiert, sondern endlich digitale Prozesse implementiert und bürgerzentriert in allen Formen denkt und handelt. Die CDU-Abgeordneten Nadine Schön und Thomas Heilmann haben in ihrem vielbeachteten Buch *Neustaat* gezeigt, in welchen inhaltlichen Bereichen eine Reform und neue Ansätze dringend notwendig sind.

Das bedeutet auch, die Menschen früh bei der Lösung von Problemen miteinzubinden, laufend Feedback einzuholen und durch Interaktionen mit ihnen mehr über ihre Präferenzen und Verhaltensweisen zu lernen. Die Parteien müssen die Menschen dauerhaft mitnehmen, sie involvieren und mit neuen Formaten integrieren. Und nicht nur alle vier Jahre die Sonnenschirme hinausstellen und um Legitimierung für eine weitere Wahl bitten, danach aber wieder einseitig kommunizieren.

INNOVATION IN DEMOKRATIE DAUERHAFT LEBEN UND WEITERENTWICKELN

Sich nur alle vier Jahre an Wahlen zu beteiligen, reicht nicht mehr aus. Es ist Zeit, die Ärmel hochzukrempeln und aus allen Teilen der Gesellschaft heraus die notwendigen innovativen Veränderungen anzustoßen. Politische Parteien können nur Impulse geben. Tatsächliche langfristige Veränderung geschieht aber nur dann, wenn möglichst viele Akteure sich beteiligen. Georg Diez und Emanuel Heisenberg bringen es in ihrem Buch *Power to the People* auf den Punkt:

> »Macht funktioniert im digitalen Zeitalter anders. Kommunikation funktioniert anders (…) Identität, Individualität, Staat, Nation funktionieren anders – also müssen wesentliche Elemente einer demokratischen Grundordnung im 21. Jahrhundert neu gedacht werden.«

Wagen wir mehr Modellversuche, im Kleinen wie im Großen, damit Innovation in unserer Demokratie auch realisiert werden kann. Spannende neue digitale Beteiligungsprojekte in Oslo, Barcelona oder Paris machen es vor. Warum sollten Kommunen nicht freier mit partizipativen Elementen experimentieren können? Warum können wir Menschen nicht freier entscheiden lassen, in welche Bereiche beispielsweise Förderungen aus dem Bundeshaushalt fließen sollen? Können wir nicht demokratische Labore definieren, in denen mehr Innovation bei unseren demokratischen Prozessen möglich ist? Fangen wir im Kleinen an. Es geht nicht darum, die repräsentative Demokratie abzuschaffen, sondern mit neuen Beteiligungsformen bessere Synergien zu ermöglichen. Die beiden Autoren Hanno Burmeister und Clemens Holtmann beschreiben in ihrem Buch *Liebeserklärung an eine Partei, die es nicht gibt* viele spannende Möglichkeiten, Politik in Parteien und zivilgesellschaftlichen Organisationen transformativ neu zu denken. Transformation ist das passende Stichwort – um nichts weniger geht es auf dem Weg in eine digitale Gesellschaft.

PARTIZIPATION

Die heutigen Möglichkeiten der politischen Partizipation sind technologisch veraltet und entsprechen nicht mehr dem Lebensalltag in unserer Gesellschaft. Zu Beginn des Web 2.0 entstand die Hoffnung einer Revitalisierung der Agora, also der direkten Beteiligungen von Bürger:innen bei politischen Entscheidungen. Die technologische Möglichkeit, dass Menschen direkt und unmittelbar durch die Social Media mit Politiker:innen kommunizieren und sich einbringen können, verpuffte aber schnell – spätestens mit der Monetarisierungsstrategie von Facebook und der globalen Dominanz von einzelnen Plattformen und Konzernen.

Der Grad der politischen Beteiligung hängt auch heute noch, trotz aller digitalen Tools, maßgeblich vom Bildungsstand und Einkommen der Bürger:innen ab. Auf der anderen Seite muss man feststellen, dass die digitalen Partizipationsmöglichkeiten sich in den vergangenen Jahren nicht besonders weiterentwickelt haben, ganz egal, ob es um Petitionen, Geldspenden, Likes oder Kommentare unter einem Posting oder das Sammeln von E-Mail-Adressen für Themen und Aktionen geht.

Wenn wir das Vertrauen in die Demokratie und die Werte einer demokratischen Gesellschaft in das digitale Zeitalter übersetzen möchten, brauchen wir neue Formen der digitalen Partizipation. Entscheidend ist, dass diese in ihrer Wirkung klar messbar und nachvollziehbar sind für die Bürger:innen. Nur so kann ein Ohnmachtsgefühl nach dem Motto »Ich alleine ändere sowieso nichts« in die Haltung »Ich kann einen Beitrag leisten« transformiert werden. Dabei geht es nicht in erster Linie darum, zu sagen, dass es in Deutschland momentan an politischem Engagement mangelt. Das Gegenteil ist der Fall. Aber wir müssen sicherstellen, dass alle Menschen in einer demokratischen Gesellschaft die gleichen Beteiligungsmöglichkeit haben, unabhängig von ihrer sozioökonomischen Situation, und dass sie diese auch mit geringen Hürden digital wirkungsvoll außerhalb von Wahlen und bestehenden Strukturen einbringen können.

INDIVIDUELLE EBENE: WIR ALS BÜRGER:INNEN

Im Mittelpunkt für die resiliente Public Arena der Zukunft steht der Mensch. Seine Wünsche, Präferenzen, Werte und Handlungen prägen unsere Institutionen, die Themen, die wir diskutieren und die Entwicklung, die unsere Gesellschaft in den kommenden Jahren nehmen wird. Angesichts der beschriebenen zentralen Herausforderungen für das System und die Akteure braucht es in Anlehnung an Studien von unterschiedlichen Instituten vereinfacht formuliert drei Schlüsselbegriffe für das Individuum: mehr Freiheit zur Wiederbelebung des demokratischen Ideals; wertebasierte Innovation, die wirklich alle Menschen in der Gesellschaft einschließt und auch in die Verantwortung nimmt; und ein im Bildungssystem verankertes neues Verständnis, das sich auf die Herausforderungen der kommenden Jahrzehnte einstellt und digitale Fähigkeiten lehrt, die benötigt werden, um sich in der Public Arena mündig zu informieren und zu kommunizieren.

Wir befinden uns gerade in einem kollektiven Prozess der Neuordnung von Öffentlichkeit und Kommunikation. Die bestehenden Strukturen und Gatekeeper-Funktionen, die uns als Individuum Orientierung in gesellschaftlichen und politischen Debatten gegeben haben, werden auf den Kopf gestellt. Die Stimmen und Meinungen haben zugenommen. Es ist laut geworden. Das ist anstrengend und verunsichert.

Zur Wiederbelebung des demokratischen Ideals braucht es Freiheit und Ordnung zugleich. Die Freiheit, uns in einer schier unbegrenzten Zahl von Möglichkeiten digital zu äußern, haben wir – allerdings führt sie dazu, dass viele von uns nicht oder nicht ausreichend gehört werden. Ihre Stimmen gehen unter. Deshalb ist die Sehnsucht nach Orientierung in Debatten inzwischen wieder groß. Wir merken: Erst das Wissen, wie und wo man sich wirkungsvoll einbringen kann, wird wieder zu einer Wertschätzung der Demokratie führen, und die Freiheit, die wir uns wünschen, kann sich damit erst tatsächlich entfalten.

Zugleich muss bedacht werden: Wertebasierte Innovation bezieht sich vor allem darauf, dass die Forderungen nach wertrationalem Handeln immer individueller geworden sind. Jede:r möchte, dass seine oder ihre Werte gelebt und vertreten werden. Deswegen muss Innovation, gerade im technologischen Bezug, sicherstellen, dass es einen Grundkonsens gibt, auf dessen Grundlage die neuen Lösungen für eine digitale Demokratie entwickelt werden.

MEHR FREIHEIT, NICHT WENIGER – DAS WESTLICHE MODELL ALS GEGENPOL NEU BELEBEN

Mit dem zu erwartenden Aufstieg Chinas zur größten Wirtschaftsmacht bis Mitte des Jahrhunderts stellt sich auch die Frage nach der dominanten globalen Gesellschaftsordnung. Es geht um nicht weniger als die Frage, ob das liberale westliche Demokratie- und Freiheitsverständnis – und damit auch die freie Meinungsäußerung – die prägende Kraft des 21. Jahrhunderts sein wird, oder ob sich das chinesische Modell mit Social Scoring, Überwachungsstaat, Meinungsunterdrückung und Repression mit seiner Effizienz und Steuerungsfähigkeit durchsetzt. Yuval Noah Harari bringt es in seinem Buch *21 Lektionen für das 21. Jahrhundert* auf den Punkt:

» Demokratie in ihrer jetzigen Form kann den Zusammenschluss von Biotech und Infotech nicht überleben. Entweder erfindet sich die Demokratie erfolgreich in einer radikal neuen Form neu, oder die Menschen werden in ›digitalen Diktaturen‹ leben. «

Insbesondere Künstliche Intelligenz, maschinelles Lernen und die gigantischen Mengen von Daten, die in autoritären Regimen zentralisiert und ohne große Bedenken verarbeitet und genutzt werden, verschaffen Diktaturen einen entscheidenden Effizienzvorteil. Digitaler Autoritarismus wird die größte Gefahr für unsere westlichen Demokratien in den kommenden Jahren sein, und wir können ihr nur mit mehr Demokratie, mehr Innovation, mehr individueller Mitbestimmung bei politischen Prozessen und mehr Freiheit begegnen. Das ist letztlich die große Erzählung, der große Traum und das Versprechen der Demokratie – all dies muss konsequent gestärkt werden. Dieses Narrativ hat in der Krisenbewältigung von Corona durch Ineffizienzen und eine starke Zunahme gesellschaftlicher Polarisierung gelitten und am Selbstbild der Demokratien gekratzt.

DIGITALE MÜNDIGKEIT UND NEUE FÄHIGKEITEN FÜR DIE ZUKUNFT

Bisher mangelt es an konstruktiven Debatten, wie sich unser Bildungssystem anpassen muss, um das Konzept digitaler Mündigkeit mit allen Rechten, Pflichten und Verantwortungen, die wir in der Gesellschaft tragen, zu vermitteln. Der Europarat hat 2019 ein wenig bekanntes Gedankenpapier veröffentlicht, in dem die wichtigsten neun Aspekte von »Digital Citizenship« skizziert werden. Ein:e »digitale:r Bürger:in im Sinne dieser Definition ist also eine Person, die in der Lage ist, sich aktiv und verantwortungsbewusst an allen zivilgesellschaftlichen digitalen Diskursen kompetent und reflektiert zu beteiligen«.

Schauen wir aktuell in die Klassenzimmer und Hörsäle, so wird noch sehr starr und rigide am humboldtschen Bildungsideal geklammert – und wenig gelehrt über zentrale Fähigkeiten, wie digitale Medienkompetenz. Cybermobbing, Stalking, Hate Speech und sexualisierte Nachrichten sind in den vergangen Jahren explodiert. Das Bildungssystem hat darauf bisher kaum reagiert. Verständnis von Algorithmen, individueller Schutz von Daten beim Nutzen von Plattformen, Mindeststandards im Umgang mit anderen Menschen – alles kein Thema. Verena Pausder und auch andere Vordenker:innen haben gut beschrieben, welches Update unser Bildungswesen in den kommenden Jahren braucht. Wir müssen beginnen, die Lehrpläne an ein lebenslanges Lernen in einer digitalisierten Gesellschaft anzupassen und die notwendigen Fähigkeiten, aber auch die Pflichten zu vermitteln. Laut McKinsey wird die Automatisierung durch Künstliche Intelligenz bis 2050 allein in Deutschland mehrere Millionen Jobs kosten. Wir benötigen auch endlich eine nationale Bildungscloud, in der sich alle Menschen unabhängig von ihrer aktuellen Lebenssituation kostenlos notwendige digitale Fähigkeiten aneignen sowie diese ausbauen können. Das Bildungsversprechen geht weit über die frühe Lebensphase hinaus.

WERTE VON ALLEN BEI DER ENTWICKLUNG MIT EINBEZIEHEN

Ob wir unsere Meinungsfreiheit, unseren Respekt vor und Schutz von Minderheiten, Toleranz gegenüber Andersdenkenden sowie den würdevollen Umgang miteinander auch in diesem digitalen Jahrhundert bewahren können, hängt am Ende von uns ab. Das Institut für Internet und Gesellschaft an der Humboldt-Universität listet 12 zentrale Sektoren auf, die unsere Aufmerksamkeit benötigen. Es geht unter anderem um die Frage, wie Künstliche Intelligenz unsere Demokratie langfristig verändern kann, und um das Potenzial von dezentralen Technologien wie Blockchain für unsere Gesellschaft. Allen diesen Themen liegen ethische Debatten zugrunde, die bisher aufgrund ihrer Komplexität nur in wenigen akademischen Sphären und Think Tanks geführt werden. Aber sie gehen unser aller Leben an. Sie betreffen unsere Werte und unsere Vorstellungen.

Damit wir also bei der Entwicklung und Anwendung von ethischen Standards bei neuen Technologien auch wirklich ein breites Portfolio von Perspektiven miteinbeziehen, sollte der Staat diese Themen in physischen und digitalen Ideenlabs in viele weitere gesellschaftliche Schichten tragen. Ängste müssen gehört und Sorgen artikuliert werden können. Deutschland ist nicht Berlin Mitte. Und die Digitalisierung unserer Demokratie ist mehr als in wissenschaftlichen Papieren und publizierten Büchern steht. Tragen wir also die genannten »Herausforderungen« in die Breite des Landes. Ein neues Digital-Ministerium sollte in jedem Fall die Komponenten von Technologieakzeptanz und allgemeiner Diskurs- und Mitbestimmungsmöglichkeiten beinhalten. Nur wenn wir alle mitnehmen, können wir auch einen Mehrwert durch die Reformen für möglichst viele Menschen stiften.

JETZT LIEGT DER BALL BEI DIR!

Wir sind am Ende unserer Reise durch die Public Arena angekommen. Du weißt jetzt, wie man wirkungsvolle und wertebasierte digitale Kommunikationsstrategien entwickelt. Du hast viel gelernt und du bist bereit, mit deinen Ideen die helle Seite der Macht in unsere Gesellschaft mitzutragen. Du weißt, was im Zweifel für unsere Demokratie auf dem Spiel steht. Jetzt bist du dran, keine Ausreden mehr! »Be the Change you wish to see in the World«, heißt es im Englischen. Das sollten auch wir Deutschen mehr beherzigen. Demokratie – das sind wir alle. Demokratie – das bist du. Brechen wir auf in die Public Arena!

»Demokratie. Das bist du!«

Public Arena Expert:innen Interviews

Wir haben mit unterschiedlichen Expert:innen zu spezifischen Themen für die Kommunikation in der Public Arena gesprochen. Du kannst gesammelt alle Interviews auf publicarena.de aufrufen oder hier via QR-Code einfach direkt auf deinem Smartphone anschauen. Dazu hältst du das Handy auf den Code neben dem jeweiligen Interview. Auf der Homepage finden sich zudem weitere Webinare und Masterclasses unseres eigenen Teams zu bestimmten praktischen Übungen, die es nicht ins Buch geschafft haben. Egal ob es darum geht, dich als politisch Werbetreibender zu verifizieren oder zu lernen, wie man gute politischen Memes erstellt – es erwarten dich vielfällige spannende Voträge. Wir freuen uns auf deinen Besuch!

Wie man Werte und Kultur in der Kommunikation in seinem Team lebt

Gespräch mit Düzen Tekkal

Düzen ist eine der bekanntesten Expertinnen für Diversität, Inklusion und Storytelling im deutschsprachigen Raum. Die Journalistin und Filmemacherin gründete 2015 die NGO HÁWAR.help und 2019 die Initiative GermanDream, mit der sie sich gemeinsam mit insgesamt 40 Mitarbeiter:innen für eine menschenrechtsgeleitete und an demokratischen Grundwerten orientierte Gesellschaft einsetzt. Die gefragte Rednerin erreicht jährlich mit ihren Vorträgen die Herzen und Köpfe Tausender Menschen und berät Vorstände, Spitzenpolitiker:innen und Medienanstalten.

Data in Politics: What you need to know and how it can add value to your communication strategy

Gespräch mit Eric Wilson

Eric Wilson war 2016 der Digitalchef des ehemaligen US-Präsidentschaftskandidaten Marco Rubio und ist einer der bekanntesten republikanischen Wahlkampfstrategen. Er ist Direktor des Centre for Campaign Innovation und des Start-ups Caucus. Zudem trainiert und berät Eric zahlreiche führende Unternehmen und Politiker:innen rund um digitale politische Kommunikation.

Digitale Kommunikation als Verband: Herausforderungen und zentrale Learnings

Gespräch mit Daniela Werner

Daniela Werner ist Leiterin für Marketing und Online-Kommunikation beim Bundesverband der Deutschen Industrie (BDI) e.V. Dieser ist der größte Wirtschaftsverband Deutschlands und daher ein zentrales Sprachrohr für die Artikulation von Wirtschaftsinteressen gegenüber politischen Entscheidungsträger:innen.

Wie geht gutes Community Building und Organizing in der Praxis?

Gespräch mit Pauline Brünger

Pauline Brünger ist Klimagerechtigkeitsaktivistin und Mitbegründerin von Fridays for Future in ihrer Heimatstadt Köln. Sie vertritt die Bewegung in der Öffentlichkeit, koordiniert die digitale Kommunikation und Kampagnen von Fridays for Future Deutschland.

Digitale Kommunikation als NGO. Wie kann politische Wirkung und Veränderung erreicht werden?

Gespräch mit Marco Vollmar

Marco Vollmar ist zuständig für die Presse- und Öffentlichkeitsarbeit, die Bildungsarbeit, die inhaltlichen Kampagnen und die Kommunikation in den sozialen Kanälen des WWF Deutschland. Der WWF ist eine der größten und mobilisierungsstärksten NGOs Deutschlands.

Aktuelle Digital Campaigning Trends für 2021 & beyond

Gespräch mit Teddy Goff

Teddy Goff war Digitalchef von Barack Obama in der Präsidentschaftskampagne 2012 und ist Co-Founder der führenden Digitalberatung Precision Strategies. Dort berät er internationale Unternehmen und politische Akteure rund um digitale Strategien und Campaigning.

Public Sector Krisenkommunikation am Beispiel von Covid-19 und die Bekämpfung von Desinformation

Gespräch mit Bundesgesundheitsminister Jens Spahn MdB

Jens Spahn (CDU) ist seit 2002 Bundestagsabgeordneter für den Wahlkreis Steinfurt-Borken und seit März 2018 Bundesminister für Gesundheit. Er hat als erster Gesundheitsminister in Deutschland das Management einer globalen Pandemie mitverantwortet und war maßgeblich an der Bekämpfung des Virus beteiligt.

Wie kann transformative Veränderung für Parteien aussehen, und wie sollte kommuniziert werden?

Gespräch mit Hanno Burmester

Hanno ist Co-Autor des Buches *Liebeserklärung an eine Partei, die es nicht gibt* und Policy Fellow im Progressiven Zentrum. Mit seinem Beratungsunternehmen UNLEARN berät er DAX-Konzerne, mittelständische Unternehmen und öffentliche Institutionen zur kulturellen Seite der Digitalisierung. In der Vergangenheit hat Hanno in verschiedenen bundespolitischen Institutionen gearbeitet und als freier Journalist recherchiert und geschrieben, unter anderem für den NDR und die *taz*.

Das Public-Arena-Team

Linus Siebert
Projekt Lead & Koordination des *Public Arena Playbook*
Support: Kapitel »Krise, Struktur & Ziele«

Jochen König
Co-Founder
Support: »Ausblick – Public Arena der Zukunft«

Lennart Krotzek'
Senior Political Data Analyst
Support: Kapitel »Fake News & Daten«

Judith Sordon
Social-Media-Managerin
Support: Kapitel »Kanäle«

Simon Bölts
Team Lead Public Campaigning
Support:
Kapitel »Community, Mobilisierung, Krise«

Greta Hofmann
Team Lead Public Affairs
Support: Kapitel »Analyse«

Jan Töpfer
Head Political Communications
Support: Kapitel »Analyse & Check-In«

Jan Schnorrenberg
Political Communications Manager
Support: Kapitel »Positionierung & Analyse«

Feray Sezgin
Political-Communications-Managerin
Support: Kapitel »Kultur«

Stefan Wacker
Founder Wack.it und ehemaliger CDO
Support:
Kapitel »Targeting«

Ole Fischer
Projekt Support *Public Arena Playbook*
Support: Kapitel »Content, Vision & Mission«

Moritz Jansen
Team Lead Community Management
Support:
Kapitel »Community«

Max Mottas
Motion & Graphics Designer
Support: Layout der Grafiken

Maike Kühn
Senior People & Culture Managerin
Support: Kapitel »Kultur«

Deep-Dive-Bibliothek

Wir haben die nützlichsten Lektüren und Bücher zu den jeweiligen Kapiteln gesammelt, die nochmals tiefergehendes Wissen und praktisches Know-how bieten. Du kannst sie für eine bestimmte Spezialisierung oder auch einfach nur zur Inspiration nutzen.

Leitbild: Vision & Mission

Loonshots – Hot to nurture the crazy ideas that win wars, cure diseases and transform industries, Safi Bahcakk (2019).

Werteorientierte Unternehmensführung: Cultural Transformation Tools für Performance und Profit, Richard Barrett (2016).

Made to Stick – Why some Ideas survive and others die, Chip Heath & Dan Heath (2008)

Purpose und Vision – Wie Unternehmen Zweck und Ziel erfolgreich umsetzen, Franz-Rudolf Esch (2021).

The Vision Code: How to create and execute a compelling Vision for your business, Oleg Konovalov (2021).

Leitbild: Ziele:

The Strategy Book, Max McKeown (2011).

33 Gesetze der Strategie, Robert Greene (2015).

Simplicity. Starke Strategien für einfache Produkte, Dienstleistungen und Prozesse, Chris Brügger/ Michael Hartschen/ Jiri Scherer (2017).

Decision Maker's Playbook: 12 Mental Tactics for Thinking More Clearly, Navigating Uncertainty, and Making Smarter Choices, Simon Mueller (2019).

Set-up: Analyse

How to be Strategic, Fred Pelard (2020)

Strategische politische Kommunikation im digitalen Wandel: Interdisziplinäre Perspektiven auf ein dynamisches Forschungsfeld, Michael Oswald/ Michael Johann (2018).

Optimizing Digital Strategy: How to Make Informed, Tactical Decisions that Deliver Growth, Christopher Bones (2018).

Set-up: Struktur

High-Impact Tools for Teams: 5 Tools to Align Team Members, Build Trust, and Get Results Fast, Stefano Mastriogiacamo (2021).

Digital Business Leadership: Digitale Transformation – Geschäftsmodell-Innovation – agile Organisation – Change-Management, Ralf T. Kreutzer (2016).

Set-up: Kultur, Feedback und Diversität

Digitale Unternehmenskultur – Strategien für die moderne Arbeitswelt, Josef Herget (2021).

Unternehmenskultur und Führung: Den Wandel gestalten – Methoden, Prozesse, Tools, Norbert Homma/ Rafael Bauschke (2015).

Unternehmenskultur gestalten: Systematisch zum nachhaltigen Unternehmenserfolg, Josef Herget (2020).

Set-up: Daten

The Chief Data Officer Management Handbook: Set Up and Run an Organization's Data Supply Chain. Martin Treder (2020).

Becoming a data-driven Organisation: Unlock the value of data, Martin Treder (2019).

Datengetriebenes Marketing: Wie Unternehmen Daten zur Skalierung ihres Geschäfts nutzen können, Jonas Rashedi (2020).

DataStory: Explain Data and Inspire Action Through Story, Nancy Duarte (2019).

Taktik: Positionierung

What's your Story?: Leadership Storytelling für Führungskräfte, Projektverantwortliche und alle, die etwas bewegen wollen, Petra Sammer (2019).

The Thought Leader Way: Leading Your Business with Thought Leadership in an Altered World, Karthik Nagendra (2020).

The Infinite Game, Simon Sinek (2020).

Public Relations: Leitfaden für ein modernes Kommunikationsmanagement, Dominik Ruisinger/Oliver Jorzik (2021).

Taktik: Kanäle

Inbound! Das Handbuch für modernes Marketing, Britta & Tobbias Schlömer (2021).

Follow me!: Erfolgreiches Social Media Marketing mit Facebook, Instagram und Co., Anne Grabs (2018).

Mindful Social Media Marketing: Achtsam und erfolgreich kommunizieren, Bianca Fritz (2020).

Action: Content

Content-Marketing entlang der Customer Journey: Dein Leitfaden für nutzerzentriertes Marketing mit Inhalten, Olaf Kopp/Robert Weller (2021).

Think Content!: Die 2. Auflage des Content-Marketing-Standardwerks. Neue Content-Formate, neue Best Practices, neues Kapitel zur Content-Produktion, Miriam Löffler/Irene Michl (2019).

Create Content!: Konzeption, Kreation, Content-Management, Andreas Berens/Carsten Bolk (2021).

The Copywriter's Handbook: A Step-By-Step Guide to Writing Copy That Sells, Robert Bly (2020).

Action: Targeting

Alle Reports zu den jeweiligen spezifischen Bereichen von *Online Marketing Rockstars* unter omr.com/report.

Praxiswissen Online-Marketing: Affiliate-, Influencer-, Content- und E-Mail-Marketing, Google Ads, SEO, Social Media, Online- inklusive Facebook-Werbung, Erwin Lammenett (2019).

Performance Marketing: Der Wegweiser zu einem mess- und steuerbaren Online-Marketing – Einführung in Instrumente, Methoden und Technik, Ingo Kamps/ Daniel Schetter (2020).

Action: Community

The Community Builder Guidebook: Practical Approaches to Building Engaged Communities, Julian Stodd (2019).

Build Your Community: How to Turn Your Customers, Members and Audiences into a Powerful Online Community: Turn Your Connections Into a Powerful Online Community, Richard Millington (2021).

Digital Community Management: Communitys erfolgreich aufbauen und das digitale Geschäft meistern, Julia Tanasic/Cordula Casaretto (2017).

Action: Mobilisierung

Mindbombs. Was Werbung und PR von Greenpeace & Co. lernen können, Martin Hoffmann (2008).

Get Out the Vote: How to Increase Voter Turnout, Donald Green (2015).

The Oxford Handbook of American Elections and Political Behavior, Jan Leighley (2012).

Einführung in das Campaigning, Andreas von Bernstorff (2017).

Action: Krise

Crisis, Issues and Reputation Management: A Handbook for PR and Communications Professionals, Andrew Griffin (2017).

Professionelle Krisenkommunikation: Basiswissen, Impulse und Handlungsempfehlungen für die Praxis, Jana Meißner/Annika Schach (2019).

Crisis Communication Strategies: How to Prepare in Advance, Respond Effectively and Recover in Full, Amanda Coleman (2020).

Action: Fake News

Fake Facts: Wie Verschwörungstheorien unser Denken bestimmen, Pia Lamberty & Katharina Nocun (2020).

Desinformation aufdecken und bekämpfen: Interdisziplinäre Ansätze gegen Desinformationskampagnen und für Meinungspluralität, Martin Steinebach, Katarina Bader, Lars Rinsdorf, Nicole Krämer, Alexander Roßnagel (Hrsg.) (2020).

Detecting Deception: Tools to Fight Fake News, Amanda Sturgill (2020).

Pubic Arena Zukunft

Mistrust: Why Losing Faith in Institutions Provides the Tools to Transform Them, Ethan Zuckerman (2021).

Liebeserklärung an eine Partei, die es nicht gibt: Warum wir Politik radikal neu denken müssen, Hanno Burmeister/Clemens Holtmann (2021).

Ten lessons for a Post-Pandemic World, Fareed Zakaria (2020).

Power To The People: Wie wir mit Technologie die Demokratie neu erfinden, Georg Diez/Emanuel Heisenberg (2020).

Agenda für eine digitale Demokratie: Chancen, Gefahren, Szenarien, Daniel Graf/Maximilian Stern (2018).

Muster: Theorie der digitalen Gesellschaft, Armin Nassehi (2019).

Digitising Democracy: On Reinventing Democracy in the Digital Era – A Legal, Political and Psychological Perspective, Volker Boehme-Neßler (2020).

Terms of Disservice: How Silicon Valley is Destructive by Design, Dipayan Ghosh (2020).

Literatur-verzeichnis

Kommunikation in der Public Arena

Jørgensen, Rikke Frank (2018): *The Privatised Public Sphere*, HIIG, [online] https://www.hiig.de/en/the-privatised-public-sphere/ [abgerufen am 10.05.2021].

Kneer, Georg/Armin Nassehi (2021): *Niklas Luhmanns Theorie sozialer Systeme: Eine Einführung*, 4. Aufl., Berlin, Deutschland: Fink.

Luhmann, Niklas (2017): *Die Realität der Massenmedien (Neue Bibliothek der Sozialwissenschaften)*, 5. Aufl. 2017, Wiesbaden, Deutschland: Springer Fachmedien.

Nassehi, Armin (2019): *Muster: Theorie der digitalen Gesellschaft*, 3. Aufl., München, Deutschland: C.H.Beck.

Thiel, Thorsten (2021): *Digitale Gesellschaft zur Einführung*, 1. Aufl., Hamburg, Deutschland: Junius Verlag.

Volkmer, Ingrid (2014): *The Global Public Sphere: Public Communication in the Age of Reflective Interdependence*, 1., New York, USA: Polity.

Wessler, Hartmut (2018): *Habermas and the Media (TM – Theory and Media)*, 1., New York, USA: Polity.

Leitbild: Vision & Mission

House, The (2018): How to write your vision and mission statement – The House, Medium, [online] https://medium.com/@thehouselondon/how-to-write-your-vision-and-mission-statement-7de7b558b9fc [abgerufen am 19.04.2021].

Lammy, David (2021): *Tribes: A Search for Belonging in a Divided Society*, New York, USA: Constable.

Osterwalder, Alexander/Yves Pigneur/Alan Smith/Frederic Etiemble (2020): *The Invincible Company: How to Constantly Reinvent Your Organization with Inspiration From the World's Best Business Models (Strategyzer)*, 1., Berlin, Deutschland: Wiley.

Putter, Bretton (2018): The Do's and Don'ts of writing effective Vision and Mission Statements, Medium, [online] https://medium.com/swlh/the-dos-and-don-ts-of-writing-effective-vision-and-mission-statements-63e0d89343b2 [abgerufen am 15.04.2021].

Rinner, Marcus (2019): *Erfolgreich durchs Leben: Wie du deine Vision finden, deine Ziele erreichen, dich besser motivieren, deine Willenskraft steigern und mehr Selbstdisziplin erlangen kannst.*, Berlin, Deutschland: Independently published.

Safarova, Kris (2020): *The Strategy Journal: Learn the skills used by the leading management consulting firms, such as McKinsey, BCG, et al.*, New York, USA: Firmsconsulting LLC.

Sinek, Simon (2011): *Start with Why: How Great Leaders Inspire Everyone to Take Action*, Reprint, New York , USA: Portfolio.

Sinek, Simon (2020): *The Infinite Game*, New York , USA: Portfolio.

Leitbild: Ziele

Brandt, Matthias (2020): *ZIELE ERREICHEN mit System: Wie Sie langanhaltende Motivation entwickeln, Ihr Mindset auf maximalen Erfolg programmieren und durch strategische Planung Ihr Traumleben aufbauen*, Berlin, Deutschland: Independently published.

Lafley, A/Roger Martin (2013): *Playing to Win: How Strategy Really Works*, Illustrated, Brighton, USA: Harvard Business Review Press.

Meurisse, Thibaut (2015): *Goal Setting: The Ultimate Guide To Achieving Goals That Truly Excite You*, Paris, Frankreich: CreateSpace Independent Publishing Platform.

Michael Porter/Chan Kim/Renée Mauborgne (2011): *HBR's 10 Must Reads on Strategy (including featured article »What Is Strategy?« by Michael E. Porter)*, Illustrated, Brighton, USA: Harvard Business Review Press.

Spiering, Ralph (2020): *Gekonnt wachsen: Das Praxisbuch für Unternehmer, Manager und Macher (Professional Publishing for Future and Innovation)*, 1. Auflage 2020, Freiburg, Deutschland: Haufe, Rudolf Verlag.

Tracy, Brian/Petra Pyka (2018): *Ziele: Setzen Verfolgen Erreichen*, 2., erweiterte, Frankfurt am Main, Deutschland: Campus Verlag.

Set-up: Analyse

Etzold, Veit (2018): *Strategie: planen – erklären – umsetzen (Dein Business)*, 1., Offenbach, Deutschland: GABAL.

Georgi, Dominik/Karsten Hadwich/Hermann Diller/Heribert Meffert/Franz-Rudolf Esch/Kerstin Hartmann/Manfred Kirchgeorg/Silke Michalski/Jan Landwehr/Christiane Springer/Hermann Freter/Olaf Göttgens/Dieter Dahlhoff/René Algesheimer/Rolf Weiber/Sebastian Uhrich/Martin Benkenstein/Dieter Tscheulin/Bernd Stauss/Klaus Wübbenhorst/Martin Dietrich/Dieter Pfaff/Hajo Riesenbeck/Nicolas Bourbonus/Robert Hörstrup/Daniel Mühlhaus/Nikolaus Hohl/Dominika Gawlowski/Peter Ising (2009): *Management von Kundenbeziehungen: Perspektiven – Ana-*

lysen – Strategien – Instrumente, 2010. Aufl., Wiesbaden, Deutschland: Gabler Verlag.

Grossmann, Ralph/Günther Bauer/Klaus Scala (2021): *Einführung in die systemische Organisationsentwicklung (Carl-Auer Compact)*, 2. Aufl., Heidelberg, Deutschland: Carl-Auer Verlag GmbH.

Pastuszka, Stefan (2019): *Strategy Explorer – das Strategie Werkzeug für Teams: Für jedes Business die passende Strategie entwerfen (Dein Business)*, 2., Offenbach, Deutschland: GABAL.

Set-up: Struktur

Blokdyk, Gerardus (2021): *RACI Matrix: A Complete Guide – 2020 Edition*, New York, USA:5STARCooks.

Espy, Leigh (2017): *Bad Meetings Happen to Good People: How to Run Meetings That Are Effective, Focused, and Produce Results*, New York, USA: Blue Room Press.

Ferguson, Douglas/John Fitch (2021): *Non-Obvious Guide To Magical Meetings (Non-Obvious Guides)*, New York, USA: Ideapress Publishing

Hacktech Academy (2021): *Cybersecurity For Beginners: Essential Steps For Implementing The Nist Cybersecurity Framework*, Berlin, Deutschland: Hacktech Academy.

Minning, Lauren (2021): How to Build Your Marketing Stack: The 10 Best Tools, Activecampaign.com, [online] https://www.activecampaign.com/blog/marketing-stack [abgerufen am 16.05.2021].

Ozenc, Kursat/Glenn Fajardo (2021): *Rituals for Virtual Meetings: Creative Ways to Engage People and Strengthen Relationships*, 1. Aufl., London, United Kingdom: Wiley.

Pohlmann, Norbert (2019): *Cyber-Sicherheit: Das Lehrbuch für Konzepte, Prinzipien, Mechanismen, Architekturen und Eigenschaften von Cyber-Sicherheitssystemen in der Digitalisierung*, 1. Aufl. 2019, Wiesbaden, Deutschland: Springer Gabler.

Seebacher, Uwe (2021): *Predictive Intelligence für Manager: Der einfache Weg zur datengetriebenen Unternehmensführung – mit Self-Assessment, Vorgehensmodell und Fallstudien*, 1. Aufl. 2021, Wiesbaden, Deutschland: Springer Gabler.

Zukof, Kathryn (2021): *The Hard and Soft Sides of Change Management: Tools for Managing Process and People*, London, United Kingdom: ATD Press.

Set-up: Kultur

Coyle, Daniel (2018): *The Culture Code: The Secrets of Highly Successful Groups*, New York, USA: Bantam.

Herget, Josef (2021): *Digitale Unternehmenskultur: Strategien für die moderne Arbeitswelt (essentials)*, 1. Aufl. 2021, Berlin, Deutschland: Springer Gabler.

Herget, Josef (2020): *Unternehmenskultur gestalten: Systematisch zum nachhaltigen Unternehmenserfolg*, 1. Aufl. 2020, Berlin, Deutschland: Springer Gabler.

Osterwalder, Alexander/Yves Pigneur/Fred Etiemble/Alan Smith/Jordan Wegberg (2020): *The Invincible Company: So schaffen Sie eine Kultur der Innovation und Transformation, die Ihr Unternehmen unbesiegbar macht*, Berlin, Deutschland: Campus Verlag.

Pfeiffer, Sandro Sebastian (2021): *Führungskraft: Das große Leadership Buch – Erfolgreiche Mitarbeiterführung durch praxisnahe Methoden und Techniken inkl. Mitarbeitergespräche und Kommunikationstraining*, 1. Aufl., Hamburg, Deutschland: Eulogia Verlag.

Putter, Bretton (2020): *Own Your Culture: How to Define, Embed and Manage your Company Culture*, Londok, United Kingdom: Independent.

Rosenstiel, Lutz von/Erika Regnet/Michel Domsch (2020): *Führung von Mitarbeitern: Handbuch für erfolgreiches Personalmanagement*, 8. aktualisierte und überarbeitete Auflage 2020, Stuttgart, Deutschland: Schäffer-Poeschel Verlag.

Werther, Simon (2020): *Feedback in Zeiten der Agilität: Digitale Instrumente und analoge Methoden (Haufe Fachbuch)*, 1. Auflage 2020, Freiburg, Deutschland: Haufe.

Set-up: Daten

Blokdyk, Gerardus (2021): *Chief Data Officer: A Complete Guide – 2020 Edition*, Los Angeles, USA: 5STARCooks.

Foster, Jason/Barry Green (2021): *Data Means Business: Level up your organisation to adapt, evolve and scale in an ever-changing world*, Norfolk, United Kingdom: Rethink Press.

Hildebrand, Knut/Marcus Gebauer/Michael Mielke (2020): *Daten- und Informationsqualität: Die Grundlage der Digitalisierung*, 5., erw. u. akt. Aufl. 2021, Berlin, Deutschland: Springer Verlag.

Page, Scott (2021): *The Model Thinker: What You Need to Know to Make Data Work for You*, Reprint, New York , USA: Basic Books.

Rashedi, Jonas (2020): *Datengetriebenes Marketing: Wie Unternehmen Daten zur Skalierung ihres Geschäfts nutzen können (essentials)*, 1. Aufl. 2020, Berlin, Deutschland: Springer Gabler.

Thamm, Alexander/Michael Gramlich/Alexander Borek/Ronald van Loon (2020): *The Ultimate Data and AI Guide: 150 FAQs About Artificial Intelligence, Machine Learning and Data*, New York, USA: Data AI Press.

Treder, Martin (2020): *The Chief Data Officer Management Handbook: Set Up and Run an Organization's Data Supply Chain*, 1. Aufl., New York, USA: Apress.

Taktik: Positionierung

Großklaus, Rainer (2015): *Positionierung und USP: Wie Sie eine Alleinstellung für Ihre Produkte finden und umsetzen*, 2., überarb. Aufl. 2015, Wiesbaden, Deutschland: Springer Gabler.

Kallweit, Barbara (2020): *Ganzheitliche Markenpositionierung: Erfolgreiche Markensteuerung durch richtige Positionierung im Marketing-Mix (essentials)*, 1. Aufl. 2020, Wiesbaden, Deutschland: Springer Gabler.

Ruisinger, Dominik/Oliver Jorzik (2021): *Public Relations: Leitfaden für ein modernes Kommunikationsmanagement*, 3. Auflage 2021, Stuttgart, Deutschland: Schäffer-Poeschel Verlag.

Spall, Christopher/Holger Schmidt (2019): *Personal Branding: Was Menschen zu starken Marken macht*, 1. Aufl. 2019, Wiesbaden, Deutschland: Springer Gabler.

Theaker, Alison (2020): *The Public Relations Handbook (Media Practice)*, London, Vereinigtes Königreich: Routledge.

Wünsche, Christopher/Sebastian May (2021): *Marke macht's möglich: Wie Unternehmenslenker ihre Marke nutzen können, um erfolgreich die Transformation zu meistern*, 1., Berlin, Deutschland: Wiley-VCH.

Zayats, Marina (2020): *Digital Personal Branding: Über den Mut, sichtbar zu sein. Ein Guide für Menschen und Unternehmen.*, 1. Aufl. 2020, Wiesbaden, Deutschland: Springer Gabler.

Zeitler, Oxana (2020): *Lead the Future – Shape your Brand: Personal Branding für CEOs, Top Manager und Business Leader (Haufe Fachbuch)*, 1. Auflage 2020, Freiburg, Deutschland: Haufe.

Taktik: Zielgruppen

Freeman (2018): *Stakeholder Theory: Concepts and Strategies (Elements in Organization Theory)*, Reprint, Cambridge, Vereinigtes Königreich: Cambridge University Press.

Halfmann, Marion (2014): *Zielgruppen im Konsumentenmarketing: Segmentierungsansätze – Trends – Umsetzung*, 2014, Wiesbaden, Deutschland: Springer Gabler.

Häusel, Hans-Georg/Harald Henzler (2018): *Buyer Personas: Wie man seine Zielgruppen erkennt und begeistert (Haufe Fachbuch)*, 1. Auflage 2018, Freiburg, Deutschland: Haufe.

Kirchem, Sabine/Juliane Waack (2021): *Personas entwickeln für Marketing, Vertrieb und Kommunikation: Grundlagen, Konzept und praktische Umsetzung (essentials)*, 1. Aufl. 2021, Wiesbaden, Deutschland: Springer Gabler.

Pätzmann, Jens Uwe/Yvonne Adamczyk (2020): *Customer Insights mit Archetypen: Wie Sie mit archetypischen Metaphern Zielgruppen besser definieren und verstehen können (essentials)*, 1. Aufl. 2020, Wiesbaden, Deutschland: Springer Gabler.

Taktik: Kanäle

Bender, Ana (2020): *Creative Content Kit: A Method to Ideate and Create Content Strategy*, 1. Aufl., Berlin, Deutschland: BIS Publishers.

Eiring, Beatrice (2021): *Guten Content schreiben: So produzieren Sie Mehrwert-Content, der gelesen wird und wirkt*, 1. Aufl. 2021, Wiesbaden, Deutschland: Springer Gabler.

Grabs, Anne/Karim-Patrick Bannour/Elisabeth Vogl (2018): *Follow me! Erfolgreiches Social Media Marketing mit Facebook, Instagram und Co.*, 5. Aufl., Köln, Deutschland: Rheinwerk Computing.

Holmes, Stephanie (2019): *Social Media Marketing: Steigern Sie Ihren Unternehmenserfolg mit Facebook, Instagram, XING & Co.*, Berlin, Deutschland: Independently published.

Kopp, Olaf/Robert Weller/Stephan Tiersch (2021): *Content-Marketing entlang der Customer Journey: Dein Leitfaden für nutzerzentriertes Marketing mit Inhalten*, Berlin, Deutschland: Independently published.

Margraf, Sandra (2011): *Strategisches Multi Channel Management & Social Media im CRM: Entwicklung einer ganzheitlichen Multi Channel Management-Strategie inklusive Social Media (Beiträge zur Wirtschaftswissenschaft)*, 1., Aufl., München, Deutschland: Akademische Verlagsgemeinschaft München.

Marquardt, Anton (2021): *#1 AUF SOCIAL MEDIA: Die Social Media Marketing Anleitung für mehr Reichweite, Kunden und Umsatz (auf Facebook, Instagram, LinkedIn, TikTok & Co.)*, Hamburg, Deutschland: AES Verlag.

Newman, Michael (2021): *Social Media Marketing Strategien: 200 Tipps zum erfolgreichen Aufbau und kommerziellen Nutzung eigener Social Media Kanäle für Unternehmer und Selbstständige*, Berlin, Deutschland: Independently published.

Pflüger, Gero (2020): *Social-Media-Marketing für Dummies*, 1., Berlin, Deutschland: Wiley-VCH.

Schmitt, Michael (2018): *Quick Guide Digitale B2B-Kommunikation: Content, Influencer, Blogs & Co: Wie Sie Ihre Kunden an allen digitalen Touchpoints erreichen*, 1. Aufl. 2019, Wiesbaden, Deutschland: Springer Gabler.

Unbekannt (2021): Social-Media-Plattformen: Ein Überblick über Werbepotenziale und Nutzungsverhalten, Online Marketing Rockstars, [online] https://omr.com/de/social-media-plattformen-ein-ueberblick-ueber-werbepotenziale-und-nutzungsverhalten/ [abgerufen am 13.05.2021].

Action: Storytelling

Adamczyk, Gregor (2018): *Storytelling: Mit Geschichten überzeugen (Haufe TaschenGuide)*, 3. Auflage 2019, Freiburg, Deutschland: Haufe.

Hall, Kindra (2019): *Stories That Stick: How Storytelling Can Captivate Customers, Influence Audiences, and Transform Your Business*, New York, USA: HarperCollins Leadership.

Müller, Marie Elisabeth/Devadas Rajaram (2021): *Social Storytelling: Wie Storytelling heute in Social Media funktioniert*, 1. Aufl., Köln, Deutschland: Rheinwerk Computing.

Pyczak, Thomas (2020): *Tell me! Wie Sie mit Storytelling überzeugen. Mit vielen Praxisbeispielen. Für alle, die erfolgreich sein wollen in Beruf, PR und Marketing*, 3. Aufl., Köln, Deutschland: Rheinwerk Computing.

Action: Content

Professional Guide to Instagram Marketing, OMR Report, [online] https://omr.com/report/produkt/professional-guide-to-instagram-marketing/ [abgerufen am 14.05.2021].

Bly, Robert (2020): *The Copywriter's Handbook: A Step-By-Step Guide to Writing Copy That Sells*, 4. Aufl., London, Vereinigtes Königreich: HENRY HOLT.

Eiring, Beatrice (2021): *Guten Content schreiben: So produzieren Sie Mehrwert-Content, der gelesen wird und wirkt*, 1. Aufl. 2021, Wiesbaden, Deutschland: Springer Gabler.

Hirschfeld, von Sascha Tobias/Tanja Josche (2017): *Lean Content Marketing: Groß denken, schlank starten. Praxisleitfaden für das B2B-Marketing*, 2. Aufl., Sebastopol, USA: O'Reilly.

Klein, Thomas (2021): *Der neue Corporate Influencer: Effizientes Social-Media-Marketing mit einem internen Content Creator*, 1. Aufl. 2021, Wiesbaden , Deutschland: Springer Gabler.

Kmenta, Roman (2020): *Was soll ich bloß posten? – 150+ kreative Content-Ideen für Ihr Social Media und Online Marketing: Perfekt für Unternehmer, Berater und Coaches*, Berlin, Deutschland: VoV media.

Mues, Maggie/Martin Grahl (2021): Professional Guide to Content Marketing – OMR, OMR Report, [online] https://omr.com/report/produkt/professional-guide-to-content-marketing/ [abgerufen am 10.05.2021].

Action: Targeting

Caruth, David (2016): Social Media Advertising: The Unchartered World of Marketing for Small Businesses, 1. Aufl., New York, USA: CreateSpace Independent Publishing Platform.

Jarvis, Jeff (2020): In Defense of Targeting – Whither news?, Medium, [online] https://medium.com/whither-news/in-defense-of-targeting-9329272e9c9d [abgerufen am 29.04.2021].

Jaursch, Julian (2020): Defining Online Political Advertising, Stiftung Neue Verantwortung (SNV), [online] https://www.stiftung-nv.de/en/publication/defining-online-political-advertising [abgerufen am 29.04.2021].

Joseff, Katie/Joel Carter/Samuel Woolley (2021): The disturbing implications of increasingly narrow political ad targeting, Brookings, [online] https://www.brookings.edu/techstream/the-disturbing-implications-of-increasingly-narrow-political-ad-targeting/ [abgerufen am 15.05.2021].

Kamps, Ingo/Daniel Schetter (2020): *Performance Marketing: Der Wegweiser zu einem mess- und steuerbaren Online-Marketing – Einführung in Instrumente, Methoden und Technik*, 2., überarb. u. erw. Aufl. 2020, Wiesbaden, Deutschland: Springer Gabler.

Lammenett, Erwin (2019): *Praxiswissen Online-Marketing: Affiliate-, Influencer-, Content- und E-Mail-Marketing, Google Ads, SEO, Social Media, Online – inklusive Facebook-Werbung*, 7., überarb. u. erw. Aufl. 2019, Wiesbaden, Deutschland: Springer Gabler.

Marshall, Perry/Thomas Meloche/Bob Regnerus (2020): *Ultimate Guide to Facebook Advertising*, 4. Aufl., New York, USA: Entrepreneur Press.

Pein, Vivian (2020): *Social Media Manager: Das Handbuch für Ausbildung und Beruf. Der offizielle Ausbildungsbegleiter des BVCM*, 4. Aufl., Köln, Deutschland: Rheinwerk Computing.

Political content – Advertising Policies Help (o. D.): Google, [online] https://support.google.com/adspolicy/answer/6014595?hl=en [abgerufen am 16.05.2021].

Press, Julia M. (2021): *SOCIAL MEDIA MARKETING STRATEGY MANAGER: An 2021 Social Media Marketing Strategy Organizer , Post planner , campaigns logbook for small businesses to track social media advertising Large 8.5x11 in*, New York, USA: Independently published.

Action: Community

Bacon, Jono (2012): *The Art of Community: Building the New Age of Participation*, 2. Aufl., Sebastopol, USA: O'Reilly and Associates.

Block, Peter (2018): *Community: The Structure of Belonging*, 2., revidierte Aufl., San Francisco, USA: Berrett-Koehler Publishers.

Brandes, Ariane (2020): *Die Macht der Community: Wie Sie zum Community-Manager werden und erfolgreich ein Online-Netzwerk aufbauen*, München, Deutschland: Redline Verlag.

Chowdhury, Alok (2018): Community Management 101: Everything You Wanted To Know About Building Your Community From Scratch, Medium, [online] https://medium.com/strategic-content-marketing/community-management-101-everything-you-wanted-to-know-about-building-your-community-from-scratch-aafb539a55a9 [abgerufen am 12.05.2021].

Gallistl, Clara (2019): *Das COMMUNITY BUILDING Handbuch: Nachhaltig sinnstiftende Gemeinschaften bilden*, 1. Aufl., Berlin, Deutschland: epubli.

Jones, Carrie Melissa (2020): Lessons from Four Years of Community Building – Community Building and Strategy, Medium, [online] https://medium.com/community-building-and-strategy/lessons-from-four-years-of-community-building-64b922c04174 [abgerufen am 14.05.2021].

Jones, Carrie Melissa/Charles Vogl (2020): *Building Brand Communities: How Organizations Succeed by Creating Belonging*, San Francisco, USA: Berrett-Koehler Publishers.

Millington, Richard (2021): *Build Your Community: How to Turn Your Customers, Members and Audiences into a Powerful Online Community: Turn Your Connections Into a Powerful Online Community*, New York, USA: Pearson Business.

Vogl, Charles (2016): *The Art of Community: Seven Principles for Belonging*, San Francisco, USA: Berrett-Koehler Publishers.

Action: Mobilisierung

Almeida (2019): *Social Movements: The Structure of Collective Mobilization*, Illustrated, Berkeley, USA: University of California Press.

Becker, Gregory/Ben Herold/Lila's Publishing Llc (2020): *How to Start a Non-Profit Organization: Advanced Guide of Principles, Methods and Effective Strategies for Running and Operating a Successful Non-Profit Organization*, New York, USA: Lila's Publishing LLC.

Friend, Emma (2020): Ed Markey's Relational-First Organizing Approach – Emma Friend, Medium, [online] https://medium.com/@emma.h.friend/ed-markeys-relational-first-organizing-approach-137bbfc4852 [abgerufen am 21.05.2021].

Green, Donald/Alan Gerber (2019): *Get Out the Vote: How to Increase Voter Turnout (English Edition)*, 4. Aufl., Washington D.C., USA: Brookings Institution Press.

Grote, Jürgen (2020): *Social Movements and Organized Labour: Passions and Interests (Mobilization on Social Movements, Protest, and Culture)*, Illustrated, Abingdon, Vereinigtes Königreich: Routledge.

Leege, David/Kenneth Wald/Brian Krueger/Paul Mueller (2002): *The Politics of Cultural Differences: Social Change and Voter Mobilization Strategies in the Post-New Deal Period*, Princeton, USA: Princeton University Press.

Porta, della Donatella/Mario Diani (2020): *Social Movements: An Introduction*, 3., London, Vereinigtes Königreich: Wiley-Blackwell.

Rebira, Guta (2019): *The Role of Social Media in Mobilizing Social Movement*, Chisinau, Moldawien: LAP LAMBERT Academic Publishing.

Rosa-Luxemburg-Stiftung/Metall-Jugend/Jane McAlevey/Jan-Peter Herrmann (2021): *Macht. Gemeinsame Sache.: Gewerkschaften, Organizing und der Kampf um die Demokratie*, 1. Aufl., Berlin, Deutschland: VSA.

Watt, Richard Painter Leanne (2020): Taking Get-Out-The-Vote Strategies to the Next Level:, Medium, [online] https://medium.com/@leannewattphd/taking-get-out-the-vote-strategies-to-the-next-level-1f8225074627 [abgerufen am 02.05.2021].

Action: Krise

Blokdyk, Gerardus (2021): *Rapid Response Team A Complete Guide – 2020 Edition*, New York, USA: 5STARCooks.

Boykiv, Yuriy (2021): Five Steps To Planning an Effective Crisis Communications And Rapid Response Plan, Inc.com, [online] https://www.inc.com/yuriy-boykiv/five-steps-to-planning-an-effective-crisis-communications-rapid-response-plan.html [abgerufen am 15.05.2021].

Coleman, Amanda (2020): *Crisis Communication Strategies: How to Prepare in Advance, Respond Effectively and Recover in Full*, London, United Kingdom: Kogan Page.

Coombs, Timothy (2019): *Ongoing Crisis Communication: Planning, Managing, and Responding*, 5. Aufl., New York, USA: SAGE Publications, Inc.

Fiederer, Susanne/Anabel Ternès (2016): *Effiziente Krisenkommunikation – transparent und authentisch: Mit zahlreichen Praxisbeispielen*, 1. Aufl. 2017, Wiesbaden, Deutschland: Springer Gabler.

Griffin, Andrew (2017): *Crisis, Issues and Reputation Management: A Handbook for PR and Communications Professionals (PR in Practice)*, London, United Kingdom: Kogan Page.

Immerschitt, Wolfgang (2015): *Aktive Krisenkommunikation: Erste Hilfe für Management und Krisenstab (essentials)*, 1. Aufl. 2015, Wiesbaden, Deutschland: Springer Gabler.

Meißner, Jana/Annika Schach (2019): *Professionelle Krisenkommunikation: Basiswissen, Impulse und Handlungsempfehlungen für die Praxis*, 1. Aufl. 2019, Wiesbaden, Deutschland: Springer Gabler.

Wheeler, Adrian (2018): *Crisis Communications Management (PRCA Practice Guides)*, Illustrated, London, United Kingdom: EMERALD GROUP PUB.

Wiske, Jana (2020): *Krisenkommunikation komplex: 11 Analysen prominenter Fälle mit medialer Einordnung und Nachbetrachtung beteiligter Experten*, 1., Köln, Deutschland: Herbert von Halem Verlag.

Action: Fake News

Brodnig, Ingrid (2021): *Einspruch!: Verschwörungsmythen und Fake News kontern – in der Familie, im Freundeskreis und online*, 1. Aufl., Wien, Österreich: Brandstätter Verlag.

Hohlfeld, Ralf/Michael Harnischmacher/Elfi Heinke/Lea Lehner/Michael Sengl (2020): *Fake News und Desinformation: Herausforderungen für die vernetzte Gesellschaft und die empirische Forschung*, 1. Aufl., Berlin, Deutschland: Nomos.

Köhler, Tanja (2020): *Fake News, Framing, Fact-Checking: Nachrichten im digitalen Zeitalter: Ein Handbuch (Digitale Gesellschaft, Bd. 30)*, 1. Aufl., Berlin, Deutschland: transcript Verlag.

Mccraw, David (2021): *Truth in Our Times: Inside the Fight for Press Freedom in the Age of Alternative Facts*, Reprint, New York, USA: Griffin.

Nocun, Katharina/Pia Lamberty (2020): *Fake Facts: Wie Verschwörungstheorien unser Denken bestimmen*, 7. Aufl. 2020, Berlin, Deutschland: Quadriga.

Nocun, Katharina/Pia Lamberty (2021): *True Facts: Was gegen Verschwörungserzählungen wirklich hilft*, 2. Aufl. 2021, Berlin, Deutschland: Quadriga.

Shu, Kai/Suhang Wang/Dongwon Lee/Huan Liu (2021): *Disinformation, Misinformation, and Fake News in Social Media: Emerging Research Challenges and Opportunities (Lecture Notes in Social Networks)*, 1. Aufl., 2020, Berlin, Deutschland: Springer.

Steinebach, Martin/Katarina Bader/Lars Rinsdorf/Nicole Krämer/Alexander Roßnagel (2020): *Desinformation aufdecken und bekämpfen: Interdisziplinäre Ansätze gegen Desinformationskampagnen und für Meinungspluralität (Schriften zum Medien- und Informationsrecht, Band 45)*, 1. Aufl., Baden-Baden, Deutschland: Nomos

Ausblick: Was die Public Arena der Zukunft braucht

Bernholz, Lucy/Hélène Landemore/Rob Reich (2021): *Digital Technology and Democratic Theory*, Chicago, USA: University of Chicago Press.

Contucci, Pierluigi/Andrea Omicini/Danilo Pianini/Alina Sîrbu (2019): *The Future of Digital Democracy: An Interdisciplinary Approach (Lecture Notes in Computer Science, Band 11300)*, 1. Aufl., 2019, Wiesbaden, Deutschland: Springer.

Ess, Charles (2020): *Digital Media Ethics (DMS – Digital Media and Society)*, 3., London , Vereinigtes Königreich: Polity.

Graf, Daniel/Maximilian Stern (2018): *Agenda für eine digitale Demokratie: Chancen, Gefahren, Szenarien*, 1. Aufl., Basel, Schweiz: NZZ Libro.

Hindman, Matthew (2018): *The Internet Trap – How the Digital Economy Builds Monopolies and Undermines Democracy*, Princeton, USA: Princeton University Press.

Hofmann, Jeanette (2019): *Politik in der digitalen Gesellschaft: Zentrale Problemfelder und Forschungsperspektiven, Bd. 1*, 1. Aufl., Berlin, Deutschland: transcript Verlag.

Pausder, Verena (2020): *Das Neue Land: Wie es jetzt weitergeht!*, 2. Aufl., Hamburg, Deutschland: Murmann Publishers.

»Key Elements and Functions of a New Digital Regulatory Agency« (2021): Shorenstein Center, [online] https://shorensteincenter.org/key-elements-and-functions-of-a-new-digital-regulatory-agency/ [abgerufen am 27.07.2021].

»Together, we can rebuild the system« (o. D.): www.humanetech.com, [online] https://www.humanetech.com/rebuild [abgerufen am 27.07.2021].

Klimaneutral
Druckprodukt
ClimatePartner.com/12752-1803-1001

Zum Ausgleich für die entstandene CO_2-Emission bei der Produktion dieses Buches unterstützen wir den Betrieb eines Wasserkraftwerks im Virunga-Nationalpark im östlichen Kongo. Das Projekt trägt zum Klimaschutz bei, indem auf die Abholzung des tropischen Bergregenwaldes zur Holzkohlegewinnung verzichtet wird und der Lebensraum der letzten Berggorillas in freier Wildbahn erhalten bleibt. Der gewonnene Strom wird in das lokale Stromnetz eingespeist und dient als Alternative zur Holzkohle.

Bibliografische Information der Deutschen Nationalbibliothek
Die Deutsche Nationalbibliothek verzeichnet diese Publikation in der Deutschen Nationalbibliografie; detaillierte bibliografische Daten sind im Internet über http://dnb.de abrufbar.

Druck und Bindung: Steinmeier GmbH & Co. KG, Deiningen

ISBN 978-3-86774-703-5

Besuchen Sie uns im Internet: www.murmann-verlag.de
Ihre Meinung zu diesem Buch interessiert uns!
Zuschriften bitte an info@murmann-publishers.de
Den Newsletter des Murmann Verlages können Sie anfordern unter newsletter@murmann-publishers.de